感恩太極

扎西解析传统杨式太极拳八十五式

Gratitude for Taichi

扎 西 口述 李海水 杨大卫 整理

人民体育出版社

图书在版编目（CIP）数据

感恩太极：扎西解析传统杨式太极拳八十五式 / 扎西口述；李海水，杨大卫整理. -- 北京：人民体育出版社，2011 (2025.8重印)

ISBN 978-7-5009-4170-5

Ⅰ. ①感… Ⅱ. ①扎… ②李… ③杨… Ⅲ. ①太极拳—研究—中国 Ⅳ. ①G852.11

中国版本图书馆CIP数据核字(2011)第209293号

感恩太极：扎西解析传统杨式太极拳八十五式

扎西　口述　李海水　杨大卫　整理
出版发行：人民体育出版社
印　　装：北京中科印刷有限公司

开　本：787×1092　16开本　　印　张：17.75　　字　数：280千字
版　次：2011年10月第1版　　　印　次：2025年8月第14次印刷
书　号：ISBN 978-7-5009-4170-5
印　数：81,001—86,000册
定　价：71.00元

购买本社图书，如遇有缺损页可与发行与市场营销部联系
联系电话：（010）67151482
社　　址：北京市东城区体育馆路8号（100061）
网　　址：https://books.sports.cn/

谨以此书献给我的恩师赵斌先生

赵斌先生（1906—1999）

杨澄甫宗师（1883—1936）

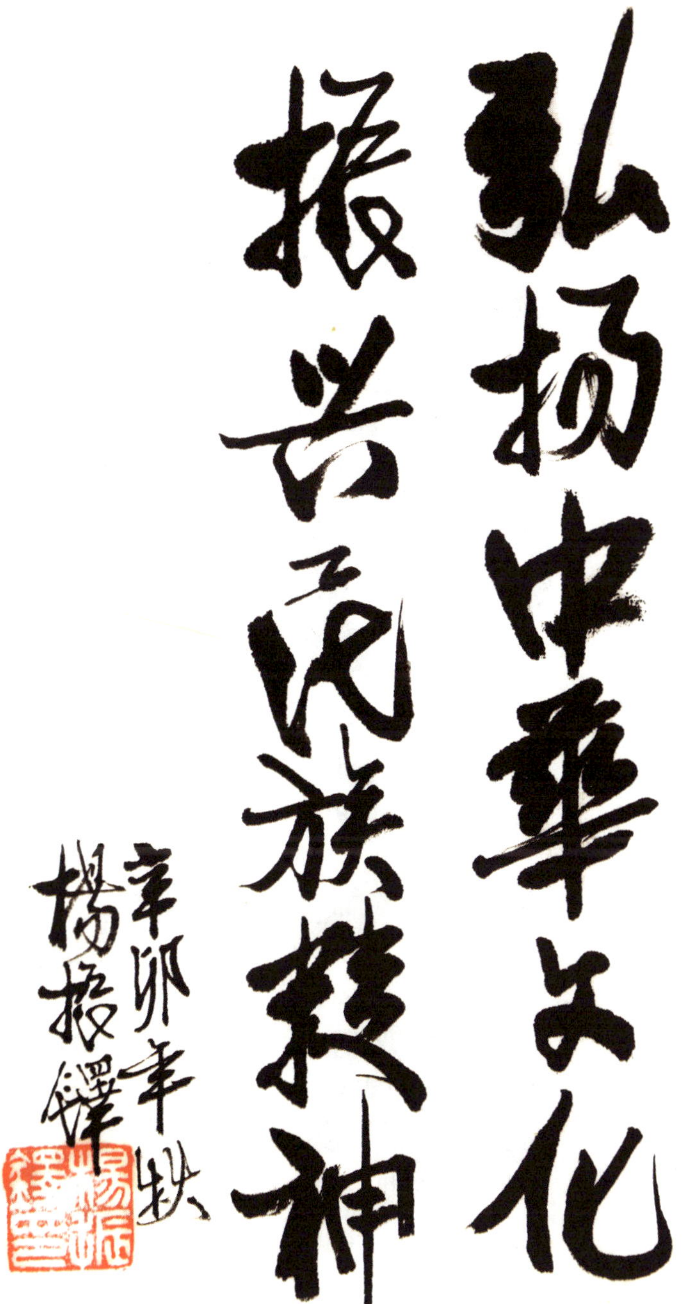

杨振铎先生为本书出版题词

杨振国先生为本书出版题词

扎西与傅钟文老师合影

扎西与杨振铎老师合影

扎西与徐才先生合影

扎西与杨振基老师合影

扎西与杨振国老师合影

扎西与赵幼斌先生合影

扎西与徐忆中先生合影

扎西与李正先生合影

扎西与傅声远先生合影

扎西与杨志芳先生合影

扎西与翟金录先生合影

扎西与路迪民先生合影

目 录

序一

赵幼斌先生

西安永年杨氏太极拳学会会长

杨式太极拳第五代传人

中国武术七段

乐为扎西新作作序

从她第一次进入我的家门，屈指算来，我与扎西在太极拳里相识，已近40年的历史。这40年来，共同的热爱和追求使我们情同姐弟。对于她本人拳艺、德行的评价，人们已经说过很多很多，这里不再重复。就我个人几十年来的感觉，扎西是少数民族中非常优秀的女性代表，也是我们太极拳界非常优秀的女性代表。

扎西执着。自她扶病登门拜家父学拳，迄今几十年间，面对多次来自自然界抑或人世间的风霜雨雪，她初衷不改矢志不渝，对学习、研练和传播杨式太极拳从来没有过丝毫懈怠，日日不辍，长年为伴。也许是因为杨式太极拳救了她的命，她早就把杨家拳当做了自己生命中的一部分；她把对赵斌老师的忠诚，把自觉传承杨式太极拳事业，当做了毕生的追求。

扎西纯粹。她来自雪域高原，那里的山山水水养育了她，令她成为一个纯朴、善良的人。人生苦短，如何在有限的时间里，让自己做一个对社会有用的人？虽然彼此没有就此沟通过，但我深信，这是扎西想得最多的一个问题。当今世态，斑驳缤纷诱惑多多，但无论是处于什么样的境地，扎西始终心无旁骛，坚持走自己的路，将传承作为她唯一的人生。

扎西超脱。因为人生目标明确，她处事为人泰然恬淡。例如，她不但几十年如一日地授拳乃至桃李天下，而且这几十年来对学生和徒弟从来不收分文学费。尽管她有固定的退休收入，却也谈不上丰厚，因此这种做法实在难得。

扎西用心。她的文化水平虽然不高，但对杨式太极拳感悟良深。授拳之余，她常有体会文章发表，也曾出版过拳术书籍。现在她的新作付梓出版后，我认真拜读了，基本的感受是：她的文章内容实事求是，在太极拳的源流方面是尊重历史的，也就是说坚持尊重杨家的一贯说法；对技术问题知道什么说什么，她能准确理解、体悟杨式太极拳的定型拳架及其内涵；在体用方面，也阐述得很深刻、清楚。她的文章与她平日习拳一样，自始至终以杨澄甫的学说为依据，以赵斌所传为依据。她的作品有如她的人生，实在、质朴。

家父曾赞许："扎西品高拳粹，是我的武状元！"的确，在我的眼中她是德艺双馨的师姐。我衷心希望扎西的高尚情操和全心全意为人民服务的精神在我们杨式太极拳学会、在整个武术界不断发扬光大；希望扎西的美好愿望在我们每个人心头不断传递；更盼望扎西师姐健康长寿，为杨式太极拳事业再做贡献！

欣逢师姐八十寿诞，新作面世又飘墨香，双喜临门可歌可祝；谨以此文相贺，是为序。

翟金录先生

中国永年国际太极拳联谊会创会秘书长

序二

卓越的太极践行者

在2001年春三亚“首届中国太极拳健康月”大会上，国家武协树立了两个典型，其中一位就是我的大师姐扎西。这是前一年在北京策划大会时，我推荐给大会组委会的。他们考察后，认为扎西在拳理、拳法、武艺、武德等多方面，足可以为武林楷模，所以用《中华武术》增刊的形式加以表彰。岁月如火，生命如歌，转眼十年过去了。《感恩太极》一书，把扎西师姐丰富的练拳领悟，进行了细腻的梳理和总结，手捧书稿，喜出望外，感触颇多。

《感恩太极》，突出了扎西对太极宗师赵斌先生的感恩，突出了对传统太极拳文化的感恩，突出了对我们这个美好时代的感恩。感恩，是人们精神境界的高级情愫，是高品位人格的必然组成。扎西的感恩，其内在心灵和外在实践是统一的。她把恩师当做再生父母来孝敬，她把太极拳文化当做民族瑰宝来传承，她把美好时代当做千载难逢的盛世来珍惜。她的精神世界十分饱满。

扎西老师对太极拳文化的修为达到极致。他跟随赵斌宗师习拳，十多天胃口变好，失眠改善；一个月腿肿减轻，不用拐杖；半年后告别病榻与药罐，脸色红润，身体健壮。15年后，体会到内劲是从松里出来，且“松从紧中求”。练到高级阶段，“身体内在有了能量流动和收放时，就会有一个汇集、储存和收养这些能量的空间”，丹田内动了，自己的“体认、体知、体证、体悟”

印证了“处处总此一虚实”。

扎西的功夫是循序渐进，一步一个脚印，走过了初、中、高三个阶段，达到神明。从套路、器械、推手、桩功，“真实不虚”。每次让老伴把她锁在小棚子里，每天两个小时，一站就是六年。她练功的经历，就是我们的精神财富。她对腰要“松、沉、直、顶”，对胯要“松、沉、平、开”的体会，非常精确，有自己的东西。比如讲到“搂膝拗步”，她讲“当前脚掌轻轻落地的同时，两胯向左右撑开，裆劲下沉，使内气由腰送至两脚，待两脚有向上的反弹力时，才转腰前推。”“脚上有了手上才会有。”句句真切，字字千金。非悟道深厚者，讲不出来。还有“能吊裆者可虚裆，能裹裆者可圆裆”，此话经典好记。比如“打搂膝拗步，手出去了，就不要往回抽，一抽就不饱满了。”此话非常精微，管用！

“心诚则灵”，是扎西师姐的精神特质和成功之路。她出生的青海藏区，弥漫着藏传佛教的文化氛围。佛教对“诚”的强调，构成扎西的品格特征。真诚的心理素质，使她在接受老师传递的太极信息，在接受“太极场”的能量方面，有一种极好的吸纳状态。这是她取得骄人成就精神层面的原因。这一点，对我们启发是多方面的。心诚，与太极理论“气以直养而无害”是相通的。2005 年，在一次讲座后的晚宴时，我曾当面请教北大中文系老主任吴小如先生，何谓“气以直养而无害”？他讲：“一身正气，表里如一，诚实正直，可以使人气血畅通，内气充盈。”扎西师姐的实践是一例验证。

感谢李海水、杨大卫，他们不仅对扎西老师感情极深，而且本人的太极功夫极佳，传统文化的功底也很厚，能准确细腻地把扎西老师的人生经历和太极体悟总结出来，概括出可教可学的丰满、敦厚、辉煌的“扎西精神”，奉献给社会一份丰盛的文化大餐。他们的辛劳是可想而知的。我们内心感谢他们师徒群体，并祝福他们安康！

杨宗杰先生

原永年《太极》杂志总编

序三

其人当传，其书当读

在杨式太极拳第四代传人中，有一位著名的女传人：濮冰如。在杨式太极拳第五代传人中，成就了一位著名的女传人：扎西。

传人也者，承上启下，承传技艺者也。扎西，其承上者，乃一代太极宗师、达人赵斌先生；并请益于杨振基、杨振铎、杨振国、傅钟文、傅宗元诸前辈。其传下者，可见咸阳“满目桃李”；岂止咸阳，更远播海内。

扎西，茫茫人海中极普通的一员：她经历着普通人所常见的酸甜苦辣；但更是一位极不普通的一员：她所经受的挫折和煎熬似乎总比常人要多。其命乎？此天之所以不公于她，抑或要成全于她？愈挫愈勇，不向命运低头！看来，是苍天要成全于她了！

“君子性非异也，善假于物也”。扎西所恃者，乃太极拳也！太极拳在扎西遭遇一个极大的困难时期，走进了她的生活。从此，太极拳帮助扎西愈走愈坚强，而扎西呢？她不断地以自己脚踏实地的足迹，诠释着太极拳的不凡功能，影响和带动了更多的人走进太极殿堂。

我们看扎西老师的太极拳功架，浑厚沉着，眼神刚毅，开展中不失含蓄，虽静时已寓动意。观其论述，则“身体内部有一种既有规律又没有规律的能量在运行，就产生了身体内在的虚实转换和开合变化”“太极拳以身体内在的虚实开合转换为主体”等等，语言朴素，感受真实，知多少说多少，“知之为知之，不知为不知，是知也。”

《感恩太极》，当我从杨大卫、汤智强两位青年手中拿过这本样书时，透过封面上扎西老师那写满脸庞的慈祥睿智、沧桑淡定，只有感恩，全无怨尤，传递出的是其人沐浴于太极之光、笑看艰难坎坷的心灵皈依！

我看着两位青年人对此书的热情，浏览着书中李海水等人充满感情的诗词文章，我想：太极拳不只是老年人的专利，太极拳也不仅仅是一种简单的身体运动方式，一位太极拳传人的社会价值，也不仅仅局限于一项拳艺的传承。不走进太极殿堂，焉能说得明白？

其人当传，其书当读。

序四

自序

我叫扎西，是一个普通的藏族妇女，生于 1932 年 10 月，祖籍在青海省互助县。结婚后跟随丈夫去了西藏工作，在那里工作生活了十多年。

1974 年，一场大病让我不仅离开了西藏的工作岗位，也让我历尽病痛磨难，几经生死考验。当年在西安求医问药的艰辛而痛苦的经历，至今依然历历在目、刻骨铭心。还好天无绝人之路，在我生命垂危、求生无门之际，经好心的邻居王印琳介绍，幸运地遇到了恩师赵斌老师。蒙恩师不弃，不仅传授给我太极拳，还帮我树立战胜病魔的信心，教导我乐观生活，奇迹般将我从死神手里一点点拽回人世。

赵斌恩师是我真真切切的再生父母，是我一生一世也感激不尽的恩人。

这几十年来，我牢记恩师“恒、专、不骄”的箴言，刻苦练拳，不敢有丝毫懈怠，希望能在拳艺上有所成就，以回报他老人家的再造之恩。可惜虽然有一些小小的体悟，毕竟天资愚驽，未有大的造化，愧对恩师的苦心栽培。加上自己没有文化，不善表达，难以将自己的切身体会与心得升华为系统的理论文章，更担心自己的缪误贻误了他人，因此一直不敢轻启著书立说的念头。

近些年来，找我学拳的人越来越多，而我随着年岁渐高，授课时体能与精力上渐感吃力。许多人劝说我放下思想包袱，将多年习拳教拳的心得汇集成册普及于世，以能减轻授课压力，并惠及更多的学拳大众。众多弟子与学生也通过多种方式恳请我能消除顾虑，将师门正脉用笔墨传承下来，为后学留下参照资料。我的大弟子李海水更是积极筹备，组织人手，希望协助我实现出书的心愿。

如再推托不仅辜负了大家的厚爱，也辜负了恩师往日对我的期许。因而借助大家的力量，以我口述讲解的内容为准，由李海水、杨大卫等执笔整理共同完成此拙作。

拙作名字叫《感恩太极》。“感恩”是几十年来我内心深处对赵斌恩师以及诸多前辈、同仁最真切的想法。经历过疾病折磨和几度与死神擦肩而过后，我非常了解那种状况下人的无助与绝望，我衷心希望不要再有人经历类似的痛苦。我很幸运，遇到了恩师，帮我度过了难关，不仅生存下来，现在还健健康康的，比许多的同龄人身体还要好的多。我希望能与大家分享这份幸运，希望能帮助大家认识到传统太极拳的好处。这份感恩的心情一直激励着我，尽自己一点微薄之力，多为大众为社会做点有益的事情。

出这本书有这样几个目的：

一、回报师恩与几位前辈对我的栽培。恩师把我从死神手中救了回来，教授我太极，教育我做人，我要报恩，让他老人家含笑九泉。傅钟文老师、傅宗元老师、杨振基老师也不嫌弃我愚钝，待我如己出，虽然三位老师已经仙逝，对他们的恩情我总是感怀在心。还有杨振铎老师、杨振国老师、傅声远师兄、赵幼斌师兄，他们都对我谆谆教诲，恩情深厚。

二、传承和发扬传统杨式太极拳。恩师教授我的杨式太极拳是正脉传承，保存了杨澄甫宗师晚年定型拳架的原貌，广为同行喜爱。我跟随在恩师身边学习了二十多年，中途还多次得到多位杨氏正宗传人的指点与教导，多年来虽然没有大成就，却还是有些心得体会，写出来与大家分享，不为出名谋利，只想能为后人学习这趟拳时提供一点点启发与帮助，为传统杨式太极拳发扬光大填块砖，加块瓦。

三、回报大家，回报社会。太多的人给我帮助，为我付出了辛劳，让我无以回报。太极拳救了我，我希望更多的人能够受益于太极拳。另外，在我生病的日子里，组织上安排我到内地就医。病好了，由于不能再回高原工作，组织上就让我继续在内地疗养，给我发工资，保障了我的生活来源，我发自内心感谢国家。我有今天，与社会的不弃是分不开的。

拙作共分六章。

第一章是“坎坷人生路，逢春靠太极”，讲的是我的太极情缘。大体讲述了我过去的一些故事以及与太极结缘的经过，还有练拳阶段与后来从事太极拳传播的事情，也算是一个小小的自传记录吧。我最初出书想法中是没有这部分内容的，原本只想说说对拳的认识与一些习拳的体悟，没想说我个人的人生经历与遭遇。海水劝我把这些故事讲述出来，一方面，太极拳让我有缘与许许多多的朋友结下了深厚的情谊，应该予以记录；另一方面，我亲身感受过许多大师的亲自教诲，这些都是非常重要的历史资料，我有责任讲述给后人听，让他们了解一些技艺传承背后的故事与文化。这章节的内容由我的弟子齐香銮记录与汇总，李海水、杨大卫与拳友汤智强整理编写。

第二章“浅说杨式拳，认识八十五”，讲述了我所知道的杨式太极拳的发展历史，以及如何认识她、如何入门、如何习练等五个方面。其中第一至第四节主要由杨大卫执笔，第五节主要由李海水执笔，主要内容是根据我的讲授整理而成。

如何认识杨式太极拳，以及学习传统杨式太极拳如何入门和练习的总体要领，根据我口述的内容，由李海水和杨大卫共同执笔整理完成。

第三章“观拳架于微，解析十三势”，主要由杨大卫执笔完成。大卫从小跟我学拳，认真刻苦，也很有悟性，他利用学习的空暇时间帮我进行文字整理，多次与我推敲套路中的每一个细节，并将整理后的文字逐字逐句念与我验证。这章节主要是讲套路练习中每个动作的练法和我个人的体会。从动作外型入手，依次讲解动作的劲路转换、攻防含义、练习要点以及体内的虚实开合。苦于语言贫乏难以表达，许多的体会无法用文字表述出来，甚是遗憾。恩师大作《杨氏太极拳真传》一书，高山仰止，世人很难逾越。我自不量力但愿不贻误后人。

第四章标题是“循迹圣贤路，浅论太极拳”，是由李海水与杨大卫共同执笔完成，汇总了我们对习练太极拳常见而又重要内容的一些谈话。我没有什么水平，有许多辞不达意的地方，内容深度就仰仗这两位高材生了。希望大家能多指出其中的不足，帮助我提高。

第五章“简答弟子问，诲人无倦时”，主要是由李海水执笔完成，筛选了一些教拳过程中大家常见的问题，以一问一答的形式展现，包含了许多我教拳的心得体会，表述得比较肤浅，但我的意思都基本写出来了。

第六章“风雨同修路，真情慨万千”，汇集了包括同门师兄弟与一些弟子写的文章，其中有许多对我褒奖感谢的话。与大家的真切情谊是我平日最珍视的，是我一生中最宝贵的财富。许多弟子都为这个章节写了文章，最后刊登到书里的只是其中一部分，是由李海水和杨大卫筛选出来并做修改的，海水说从这些文章中可看到一种精神，对后人学拳做人都有帮助，我不知道是啥精神，既然对大家有好处，那就放上吧。

丑媳妇终于要见公婆了，我很是忐忑不安。由于自己没有文化，虽然很用心用功地想把书写好，但许多遗憾与错误难以避免，但愿不要让大家太过失望。如果这本书能给大家一些启发或帮助，那首先还是归功于苦心教导过我的恩师和几位先辈，还有许多长期以来真诚关心、帮助我的弟子和拳友们。

我要感谢杨振铎老师为拙著题写书名并题词；感谢杨振国老师为拙著题词；感谢赵幼斌先生、翟金录先生、杨宗杰先生为拙著写序；感谢路迪民先生、张世昌先生为拙著撰稿；感谢李海水、杨大卫为此书组织、策划、整理、审稿以及整体把关等付出的心血；感谢弟子黄俊池、齐香銮、杨志泰、魏甄有、张阁等在百忙中进行文字整理和审校；感谢北京的汤智强先生，本书的设计、编排制作以及出版印刷等，都是在他费尽心思的帮助和努力下完成的；感谢北京的韩瑞瑞女士为本书的建言献策、审校修改；感谢弟子刘兰萍、贾秀敏、司青安、陈翠萍、负新民、纪春波、王辉、郑强、宋平等为本书写作提供素材和帮助，还要感谢我的老伴李万寿，多年来他一直默默无闻地支持我，理解我，是他的鼎力支持与无私付出，才让我可以专心练拳教拳，我的所有成果都是他的付出换来的。

需要感谢的人太多了，最后，以藏族的语言表达我的敬意与谢意：愿大家扎西德勒（吉祥如意）！

第一章
坎坷人生路　逢春靠太极

壹 坎坷人生路 逢春靠太极
——扎西的太极情缘

写在前面的话

李海水

在恩师眼里，出书是一件非常神圣而艰难的事。直到两年多以前，我与杨大卫、汤智强等一再给她做思想工作，才逐渐打消了她的顾虑，重燃起了她多年前的心愿。十几年前，恩师曾考虑过出版一本关于杨式太极拳八十五式的书，作为对赵斌师爷多年教导的一点回报。为此花了几年的时间与心血，未料完稿之际因种种原因，手写稿与资料一并付诸东流，让恩师的心愿落空。

此次同意出书后，恩师就开始清点资料、整理回忆，协助我们拍摄拳照、圈定内容。看着靠助听器才能听清声音的恩师，费劲而认真地回答我们的一个个提问；看着白发苍苍的老人家为了让拳照更规范，一遍又一遍地演示直至汗流浃背；听着时常深夜打来与我商议书稿内容的电话，我不禁多次感动得热泪盈眶。

我跟随恩师学拳二十多年，作为大弟子会经常与她在一起，应该算是比较了解她老人家的人之一。恩师是杨式太极拳第四代名家、太极名宿赵斌大师的首位女弟子，是杨式太极拳第五代较有影响的一位传人，但她为人谦逊低调，在许多人眼里是一位朴素而平凡的老人。在太极拳界，无论面对赞誉还是诋毁，她淡然面对，不予不争，一生恪守传统，俯身在社会底层默默耕耘。

在恩师的眼里，太极拳对她有莫大的恩情。“太极拳救了我的命，我希望它能帮助更多的人！”她怀着对太极拳深深的感激之情，倾自己所能，义务授拳，无声地践行着自己的承诺与感恩。

在过去的四十多年里，恩师将传统杨式太极拳八十五式工工整整地传授给了成千上万的人，造福了无数的人们。如今她已是耄耋之年，依然奔忙在自己一手创建的太极拳学会的各个站点间，面向大众的免费辅导班开了一个又一个，办了一期又一期。只要学员们对太极拳感兴趣，愿意学，她总是不厌其烦地悉心教授，不辞辛劳，竭力燃烧着生命最后的热情。

著名武术家张桐先生曾经称赞恩师说："扎西就像一个播火者，她走到哪里，就把光明带到哪里。"这位平凡的老人与太极拳有着深深的情缘。因为太极拳，她的人生中有了许多不凡的故事；因为太极拳，她的生命中也多了许多非凡的传奇。

这一章汇集了扎西恩师人生中的一些故事，展现一些真实的过去，呈现了故事背后她的真切感情。为了便于故事的讲述以及大家的阅读，文章中在对恩师的称呼上采用了直称名字的形式，这不掩盖我们对她的尊敬。文章中许多关于拳术的内容，因编写人员本身的角度影响与层次限制，不能尽呈前辈们所学，十分遗憾，希望不要因此影响到大家对他们的认同。

"拳虽小技，大道存焉"，传承太极拳不仅仅是技艺的传承，更是一种崇武尚德的武道传承。我相信，恩师的这些故事与真情，能为大家展现她那精粹拳技的来之不易，能让大家看到老人为坚守信念的忍辱负重，能让后学了解她对正脉传承的义无反顾，能与大家一起分享一种不凡的精神。

一 "我怀念我的家乡与亲人"

1932年10月，扎西出生在青海省互助县一个半农半牧的普通藏族家庭。这里地处高原，有着广袤无垠的原野，参天的林木，密布的河流。土族、藏族、汉族与回族等多民族群体聚居在一起，和睦相处。

与青海大多数的藏族家庭一样，扎西的家族也虔诚地信奉严守戒律的格鲁派藏传佛教。长辈们善良正直而不苟言笑，对孩子们的管教非常地严厉。

扎西的父亲一边务农一边做一些小买卖，他为人正直，乐善好施，在邻里中颇有威望，人缘非常好。他在族里兄弟中排行老三，大家都尊称他为三爷。扎西的母亲温柔贤惠、勤劳朴实。始终保留着藏族妇女传统的习俗，从饮食起居到衣着服饰总是一丝不苟，平日里她专心于相夫教子，把家务操持得井井有条。他们共生育了十个孩子，三男七女，扎西排行第九。

几个哥哥都受过正统的汉文化教育，也继承了三爷的聪明能干，很早就能帮助父亲挣取家用。在那个年代，普通人家的女孩是没有机会学习文化知识的，扎西与姐妹们小时候主要随着母亲学习料理家务，缝补刺绣，是母亲的得力帮手。母亲除了教她们做家务，做针线活儿外，还经常教孩子们做人的道理，教育他们要与人为善，无论做什么事，都要一丝不苟，善始善终，千万不能半途而废。父亲的影响、母亲的教育，使扎西从小就养成了规规矩矩做人、踏踏实实做事的良好习惯。

1937 年，扎西六岁，一件不幸的事情降临到这个幸福的家庭，并给她内心留下了一道不可磨灭的伤痕。那时正值抗战时期，青海远离战场，受影响较小。地方军阀趁中央无暇顾及，便与当地政府勾结一气，大肆砍伐互助县内的木材运往内地换取钱粮。扎西家附近有条大河，各地砍伐来的木材聚集在村落里后再成批通过河流运走，在等待运走的期间，监运军官责令村民看管好自家门口的木材不得遗失。当时村里充斥了大量的闲散军人与抓来干活的民夫，以往宁静祥和的村庄变得混乱不堪，盗窃村民财物的事情时有发生。

扎西的家人轮番看守着门口的木材，生怕出现闪失，可不幸的事还是发生了。一天深夜，几个耐不住寒冷的外地民夫偷走了几根去烤火，被监运的士兵抓个正着。监运军官不追究民夫偷窃的责任，却要以打一百军棍来严惩看护不严的户主三爷。负责村务的甲长连夜跑来告诉三爷，要么赶紧逃跑避祸，要么私下里花钱打点一下。善良的三爷担心逃跑会殃及到全家老少，就放弃了

李万寿、母亲与扎西在西安兴庆公园

逃走的念头。可那几年兵荒马乱，三爷的生意惨淡，家里本已很长时间入不敷出，如要花费钱财通融军官的话，家境将更加窘迫。但他也知道，一百军棍下去，自己非死即残，将来只会是家里的累赘。于是耿直好强的三爷选择了不归路，在深夜里逐个亲吻了孩子后，借口出去喂马，投河自尽了。

父亲的走给家人留下了长久而苦涩的伤痛，扎西幼小的心灵受到了巨大震动。很长时间里，她想不明白父亲为什么一定要选择离去，让活着的人陷入长久的悲痛。她第一次深切地感受到，父亲离去的痛是那么刻骨铭心。父亲去世后家中顿时面临巨大的生活压力。兄长在母亲的帮助下扛起了养家糊口的重任，一家人艰难度日，直到几年后家境才有了一些好转。

“我怀念我的家乡与亲人。我母亲性情温和善良，也非常坚韧顽强。以前家境好时她常常接济那些有困难的人。父亲走后，为了养活家人，母亲没日没夜地劳作，用她弱小的身躯扛起了一家生计的重任，有了吃的先给孩子们，她自己常常只能吃点剩下的，有时一点也吃不上。再苦再难的时候，也没有见她有过放弃，没有听到她有一丝抱怨。”

母亲对扎西的性格有着深远影响。

二 “我就是干活不磨洋工而已”

1949 年，在母亲的主持下，十七岁的扎西嫁给了邻乡十九岁的李万寿。两家是世交，他们之间的婚约是早已定好的。这种婚姻的形式看上去没有现代恋爱那么自由，两人却相濡以沫，一起经历着风雨，携手到如今。

1964 年春节合影（前排李万寿夫妇与小儿子，后排左为二弟，右为三弟）

解放后藏族人民的生活发生了翻天覆地的变化，扎西的生活也和藏区的社会主义建设紧紧联系起来，她们也能与男人们一起外出参加集体劳动，妇女们的积极性被充分调动起来。

在生产队，扎西表现最为积极，她就像给自己家干活一样，脏活累活都抢在前面，从不偷懒耍滑。在挑粪施肥时，别人用两只筐她用四只，为的就是施完肥回来时另外两只又装满了，好节省点时间。不管给她分配什么样的工作，她总能又好又快地完成。在群众中有着很好的口碑，劳动时大家都愿意与她分在同一个小组，领导对她也是时常委以重任。

1958 年，扎西因在劳动中出色的表现，作为农牧区的先进代表，被评为青海省劳动模范。同年 11 月，赴北京参加全国妇女建设社会主义积极分子代表大会。

这是扎西生命中一次光芒闪耀的大会，也是让扎西一生都倍感鼓舞与温暖的大会。这次大会上，扎西受到了刘少奇、周恩来、邓小平等党和国家领导人的亲切接见并合影留念。这是她第一次离开青海，第一次坐火车，第一次到首都北京，第一次亲眼见到雄伟的天安门。

“我觉得自己只是做了一些应该做的份内之事，只是干活实在点，不磨

1958 年全国妇女建设社会主义积极分子大会

洋工而已，与许多劳模相比，我为社会作的贡献太小了。组织上评选我为省劳模，还作为青海牧区的代表参加全国大会，虽然非常光荣，但我内心压力也很大呢，觉得自己过去做的太不够了！”对于过去工作上的成绩，扎西总是这么淡淡地描述。

1958 年，李万寿兄弟三人作为藏汉语翻译应征入伍，随 54 军进藏。1960 年冬，扎西随丈夫到西藏林芝地区。考虑到扎西是省劳模，在裁剪缝纫方面又很有经验，最初组织上准备安排她做服装裁缝方面的负责工作。可当时副食加工厂急需人手，扎西就主动申请去了副食加工厂，做了一个普通的一线工人。“我是劳模，国家给了我那么高的荣誉与地位，在国家最需要

人手的时候，这是我应该带头去做的。”到了副食加工厂后，她虚心向同事们学习，很快就适应了这个新的工种，工作也越来越出色。

1962年下半年，中国在中印边界进行了自卫反击战，西藏处于战争的前线，青壮年们都上前线援战去了。扎西与同事们在后方，夜以继日地加工生产部队急需的物资，以保障前线的供应。当时扎西怀着七个多月的身孕，拖着笨重的身体，最多时曾连续七天七夜没有休息，一直坚持在工作岗位上。

“虽然没有看到前线的炮火，但我们每个人都非常紧张。老李那时也到前线去了，很久都没有消息。每天我都坐立不安，脑子里的弦绷得不能再紧了。当时我和同事们只知道拼命地完成上级指派的任务，希望能对前线的亲人们有点帮助。那是我第一次切身感受到战争的残酷，虽然前后也就一两个月的时间，但感觉比过了几年还长。”

1970年前后李万寿在那曲商业局工作照片

因为那段时间精神和体力上都太过紧张和劳累，加上产后天气太冷受了寒气，扎西落下了严重的风湿病，之后这个病折磨了她十几年。

三 “想活下去，却看不到希望”

1970年的上半年，三十八岁的扎西经常感到背部不适，最初以为是工作太劳累没有休息好，并没在意。直到疼痛日益加剧，影响到正常的工作，才去西藏军区医院检查。医生在扎西的肺部查出枣那么大的一块阴影，初步诊断为肺部肿瘤，但一时不能确诊是良性还是恶性，要求三个月后复查。医生叮嘱她一定要多休息，不要劳累。

回到单位的她很快就忘记了医生的要求，一如既往不知疲倦地工作。那个年代，国家正处于非常困难的时期，物质极度匮乏，作为劳模带领大家克服困难，对大家有着重要的榜样力量，扎西总是觉得自己有责任带领大家走出困境。

李万寿、扎西与大儿子、儿媳

三个月后扎西到医院复查，肺部的肿瘤已快速扩大。她被安排到兰州军区医院作了进一步的检查，并确诊为肺部恶性肿瘤。为了根除病灶，医生决定锯断扎西的三根肋骨，切除右肺三叶中的两叶。

在等候手术期间，扎西心里第一次有了一种莫名的惶恐。“以前，我在工作与生活中也遇到过不少的困难，但咬咬牙就过去了。一直觉得困难都是能克服的，只要有决心有毅力，没有什么过不去的坎。在医院里，看到那些经过身边的痛苦的病人，我的心也揪起来了，开始担心以后自己一病不起可怎么办呀！”

扎西在药物的麻醉与精神的麻木中做完了手术。虽然手术还算成功，但不幸的是，仅存的一叶右肺，因术后粘连而失去功能。这样的结果是扎西做梦都没有想到的。

因为肺部失去了一半的呼吸功能，她再也回不到空气稀薄的高原生活，再也不能从事原来的重体力工作。医生甚至建议她不要再从事任何工作了。离院前，听着医生的话，扎西大脑一片空白，她没有想到命运会和自己开这么大的一个玩笑，没想到自己的余生将不能再工作，不能再回到熟悉的青藏高原，从此要成为家人的累赘与负担。

悲伤的丈夫心痛地望着扎西，医生私底下告诉李万寿，手术虽然成功，但是病人存活时间并不会太长，五年以上就很幸运了，不会超过十年。

出院后，组织上安排扎西到西安继续就医养病。丈夫李万寿因工作原因不能离开西藏到西安陪伴和照顾她，只能利用休假时间往返于那曲与西安之间。那时交通很不方便，李万寿从西藏到西安需要十来天的时间，在西安短暂停留，帮扎西置办些生活必须品后就要匆匆赶回去。因为扎西的病倒，两个孩子不得不送到青海长辈那里帮助抚养。这个四口之家，像一叶残破的小舟漂浮在浪高漩急的激流中，随时都有可能倾覆。

虽然单位承担了扎西大部分的医疗费，但是原本就收入微薄的夫妻俩，还要赡养家中老小，除去日常所需和术后的医疗费用，所剩无几，更无力请专人照顾病中的扎西。因营养一直跟不上，身体虚弱的她，稍微活动一下就气喘吁吁，头晕目眩。风湿病带来的腿部肿疼日益加重，钻心的疼痛常常让扎西彻夜难眠，倍受煎熬，连给自己熬药与做饭都成了十分艰难的事情。

“那时真是苦呀，身体虚弱得没有一点力气，腿脚肿得动不了。从炕上下到地上，先要把两条腿挨个搬下炕沿，这就得好半天，中间还得歇一歇，上炕也是这么困难。下到地上离了拐杖我就走不了道。那时我还不到四十岁呀，我想我这辈子怎么得了，什么也做不了，只能拖累家人。老李会被我拖累垮的，他从藏区来一趟西安要十来天，一路上劳累奔波，老这么来回跑，工作怎么办？身体也吃不消呀！”说起那时的困苦，扎西每次都止不住泪流满面。“一天，我看着那些熬药的瓶瓶罐罐，觉得这辈子没有任何希望了，自己活着只是家里人的负担，没有什么意义了，一气之下，我就砸了那些药罐，躺到床上等死……”在这举目无亲的城市，扎西贫病交困，心情低落到了极点。

或许是上天亦有不忍之心，在扎西心灰意冷、绝食两三天后，饥饿感让本已昏昏沉睡的她又恢复了清醒，也让她的理智逐渐恢复平静。幼年时父亲离去，给她与家人带来的痛苦还记忆犹新，想到自己这么做给远方的丈夫、孩子与其他亲人带来的痛苦，扎西不禁一身冷汗。她挣扎着爬起来，吃了点东西，放下了寻短见的念头。可一看到自己的现状，扎西不禁又泪流满面，放声痛哭。“那时侯，我真的觉得自己求生无门，求死也无门。我想好好活着，好好地活下去，可我看不到好起来的一丝希望啊！”这样的苦难，让扎西切身感受到了生活中残酷的现实，也让扎西触碰到了生命中绝望的冷酷。

四 “恩师给了我活下去的勇气”

好心的邻居王印琳过来看望扎西，安慰她说：“谁都有生病落难的时候，你千万不要想不开呀，为了家人孩子一定要撑下去。你每天就这么躺着可不行，得起来活动活动。我给你引见一个人吧，他在兴庆公园教太极拳，跟他学的人很多，其中有不少都是身体不太好的，这个拳健身祛病的效果很好，我看你可以练练。明天我扶你去看看吧，治不治病咱先不想，去走动一下总比你这整天躺着要强的。”王印琳很可怜这位在西安无依无靠的藏族大姐，平时有空常来关照扎西的生活，是个热心善良的人。多年后扎西都忘不了她的这份好，搬到咸阳后也常常回西安看望这位好心人。

“你看我站都站不稳，人家愿意教我么？”扎西很忐忑地问。

“去问问看嘛，问了才知道人家教不教呀。这个老先生是个热心人，我看没问题的。”王印琳的话让扎西心头闪起了一点点求生的亮光。

也许是因为有了一点希望，第二天，扎西挣扎着早早起床，还吃了一点东西，然后拄着拐杖在王印琳的搀扶下步履蹒跚地离开了家门。

扎西永远都忘不了那次与恩师见面的情景。

由于身体虚弱，走到老先生家里时扎西已经疲惫不堪。长期的疾病折磨让扎西情绪低落，内心产生了深深的自卑感，从进门开始，连头都抬不起来。王印琳向老人介绍了扎西的情况，恳请老人帮她一把。

老人爽朗地一笑，看着扎西问：“你是藏族人，会唱‘二郎山’吗？”

扎西摇摇头，

老人接着说：“不会唱不要紧，要振作精神，听我来给你唱！”说完，就神情激昂地用脚打着拍子唱了起来：“二呀么二郎山，哪怕你高万丈，解放军铁打的汉，下决心坚如钢，誓把公路修到那西藏……”

嘹亮的歌声回荡在扎西的耳旁。扎西被老人的情绪感染了，抬起头问：“你看我这样能学拳吗？”

“当然能！”老人十分肯定地说：“有病不要紧，该治就治，该吃药还得吃。关键是你要振作精神，要对自己有信心，千万不要悲观和消沉，练太极拳对你的身体一定会有好处的，我可以教你，你也一定会好起来的！”

朴实的一段话，像一缕温暖的阳光照进了扎西冰冷的心里，让悲观迷茫的她看到了一丝活下去的希望。老人那爽朗豁达的笑声，乐观积极的精神，乐于助人的胸襟，自那一刻起便深深铭刻在了扎西心里，并深深地影响了她后半生的处世为人。

这位老人就是杨式太极拳一代大师赵斌先生。

赵斌先生祖籍在杨式太极拳的发源地河北省永年县，系杨式太极拳第三代宗师杨澄甫先生的侄外孙。他从小出入杨家大门，深得宗师的喜爱，拳术上亦得其亲传。大革命时期，国难当头，他弃笔从戎，参加北伐战争。之后毕业于黄埔军校第六期，曾在杨虎城将军第十七路军西安绥靖公署做战术教官。抗日战争时期，在冯玉祥将军麾下独立第五旅任参谋长。抗战胜利后，他厌倦国民党的内战争斗，解甲归田，隐居于西安乐居场专事授拳。先生学识渊博、淡泊名利，在太极拳界是一位德高望重的前辈。

在赵斌先生的鼓励下，扎西开始了艰难的学拳历程。

对于身体虚弱到极点的扎西来说，那段时间是一次艰辛痛苦的考验。赵斌先生开始时只是教她一个最简单的起式动作，他开导扎西：“学拳不要着急，你先把这个动作记住，回去后慢慢练熟，过几天你再来我家，我再教你其他动作。你的身体好些后，我每次就多教你一些。”后来赵斌先生回忆说：“扎西第一次来找我时身体太虚弱了，说话上气不接下气的，站上一会儿腿就颤得厉害，不扶个东西就站不稳当。我心想这学生可能坚持不了练拳，要坚持下去可不是一般的毅力呀！”

回到家的扎西虽然疲惫不堪，精神上却振作起来了，她认真反复地练习着老先生教授她的这个动作。她回忆说：“与恩师第一次见面，虽然没有说多少话，但他的鼓励给了我很大的勇气和信心。我那时候是个废人了呀，医生说我一辈子什么都干不了了，我自己也觉得活着只能等死了。可恩师第一次见面就那么肯定地说我一定能好起来，他那话让我一下子觉得自己还有救，让我心里一下子有了盼头。虽然当时只教了我一个动作，但回到家后我就一遍一遍地练，我信他说的话呀！”

四天后，扎西拄着拐杖再次来到了赵斌先生家里，在老先生面前演示了这个动作，她的认真与执著感动了在场所有的人，赵斌先生鼓掌为她叫好："只要你坚持这么练，你的身体一定会好起来的，从明天起，你就来公园跟我们一起练吧。" 自此以后，扎西每天都早早起来，一路蹒跚地来到赵斌老师在公园的授拳地点，正式开始了与赵斌先生学拳。

五 "我练太极拳，是为了救自己的命"

"从我住的地方到恩师教拳的兴庆公园有一趟公共汽车，为了早点到拳场，每天我很早就出发到车站等头班车。时间长了，与头班车的司机和售票员都熟悉了。身体差的那段时间，每次上下车，他们总会到门口来搀扶我一把。"抱着对生命一丝的希望，她咬牙坚持着："别人学拳的目的大都是为了健身养生或者是技击，我是为了救自己的命，为了让自己活下来。那段时间学拳真是苦呀，我也不知道自己怎么熬过来的。当时风湿病非常严重，两条腿肿得不能打弯，也站不稳，两只脚肿得连鞋都穿不进去，有段时间干脆直接穿着毛袜子走路。从公园门口的车站走到练拳的场地，一般人走个五六分钟就到了，我那时需要扶着拐杖走四十来分钟，慢慢挪着走，走几步就得歇一歇。恩师开玩笑鼓励我说'扎西，你每天只要坚持走到这里就是胜利。'"

赵斌先生耐心地教授着这个特殊学生，对她一点点的进步都给予鼓励。为了帮扎西记住动作，他一遍又一遍地示范，直到她学会。为了适应扎西虚弱的身体，他减轻动作的难度，以便让她慢慢地跟进。

"恩师从不嫌弃我身体弱、脑子笨，总是不厌其烦地教了一遍又一遍，鼓励我，给我打气，直到我做对为止。没有他老人家的全力搀扶，我是没法重新站立起来的。他让我逐渐找回了自信，性格又像从前一样乐观开朗起来！"

李万寿来西安看到扎西练拳这么辛苦，这个钢铁般的汉子也流下了心痛的泪水。可他看到扎西遇上赵斌先生这么好的老师，这么耐心地给她教拳，就硬着心肠鼓励她一定要好好珍惜、好好学，千万不能辜负赵老师的一片苦心。

从刚开始练几个动作腿脚就坚持不住，需要不断停下来休息，到第二个月身体能慢慢适应，勉强坚持下来几个连贯动作，再到半年后一趟拳不用中途歇息就能坚持打完，扎西竟然奇迹般地将传统杨式太极拳八十五式的套路全部学了下来。太极拳的动作虽然看上去轻轻柔柔，实际上对身体各方面的要求非常高，对基本功的要求一点也不比其他拳种低，身体上下内外都要求高度地协调一致。一趟拳 30 分钟下来，即便是正常人，通常也是汗流浃背，更何况是扎西。其中付出的艰辛与汗水是常人难以想象的。

不过让她惊讶的是，从学拳第十多天开始，身体奇迹般地发生了变化。开始吃东西多了，胃口越来越好，多年的失眠症也得到了改善。到一个来月时，她发现自己的腿肿在慢慢减轻，走路时不需要再扶拐杖了，精神头也好了很多，身体开始有点力气。这些身体变化极大地鼓舞了她学拳的热情。她像着了魔一样全心身地投入到学拳练拳中，废寝忘食。学拳半年左右时，扎西彻底告别了病榻与药罐，脸色开始有了红润，身体健壮了许多。

赵斌先生对扎西的坚韧与执著非常赞赏，也非常欣喜她的惊人进步。在他传授的学生中，能像扎西这样认真刻苦练拳的，并不多。因而他对扎西也提出了更高的期望和要求："我的三姥爷杨澄甫宗师结合其祖、父两辈练拳授拳的宝贵经验，删繁去粗，萃取精华，到晚年时才逐渐形成了这趟定型拳架。当时不知有多少仁人志士和带艺投师的高手都来求教于他，他们视这趟拳架为至宝。不仅仅因为它既适于养生保健，又适于强身技击，还在于这趟拳架蕴含着诸多先贤们的心血与智慧，其中的武学精要是有心人才能参透的。它风格大气、结构严谨、架势舒展、动作和顺、刚柔相济，这些特点你要用心体悟，好好去领悟它。"

恩师的期许与讲解让扎西认识到，这趟传统杨式太极拳是有很深的理论体系和系统的实践方法，蕴涵了丰富的东方哲理与智慧。随着身体的逐渐康复，她不仅更加喜欢太极拳，而且在自己心里种下了一颗感恩的种子，这种子悄悄在她心田生根发芽。

为了让扎西更进一步了解太极拳，赵斌先生让她逐渐加大练拳的强度和难度，苦练基本功。赵斌先生说："学练太极拳，一定要坚持多练。一遍两遍只算热身熟悉套路，三遍四遍才会上功夫，只有多练，功夫才能上身！"渐渐地，扎西可以连续打上两三遍拳也不感觉累了，拳架也越来越规范。赵斌常对扎西讲，对先师杨澄甫的太极拳，必须老老实实地学，扎扎实实地练，不得随意改动，同时要有患相思病的精神，认真学习拳理拳法，才能有所收获。

扎西在西安动物园门口练拳（1978 年）

“我没有多少文化，只能加倍努力，把恩师讲的要领一点一点地记在脑子里，再一点一点地往自己身上练。每天除了吃饭、睡觉，就是反复揣摩和练习，只要有疑问，就去向恩师请教。有一次恩师给我讲拳时强调坐掌，我就按恩师讲的做，可是恩师又讲坐掌的同时要把手腕、手指都松开，我却怎么也体会不到松的感觉。这个问题一直困扰着我好多年，直到十几年后，身体内在有了内劲和开合的感觉时，才体会到恩师强调坐掌的重要性，才知道松是怎么一回事。太极拳难啊，像我这样没有文化的人，只能不断地练，不断地琢磨，才能明白恩师说的一点点道理。”

1974 年 4 月扎西将整个八十五式的套路学完后，赵斌先生并不着急教授扎西太极推手和器械，而是一遍又一遍地给她梳理拳架。“赵老师说，拳架就是基本功，一切都是从套路里练出来的。学拳要不断地改拳，对拳架要不断地精雕细琢。等到拳架规范了，工整了，太极拳就要往里打，往内在练，不看你的姿势而看你的气势。行拳到细微之处，要如涓涓细流暗自潜转，在整体神韵上亦要像行云流水，气势如虹，连绵不断，滔滔不绝。”

“赵老师文化高啊，有时候他说的话，我听了记在心里，可是又不明白，我觉得这辈子最大的遗憾就是没有上过学，没有念过书。赵老师说，‘扎西，你今后除了学好套路之外，还要研习太极拳的理论和推手，要学习太极器械，这些不仅仅只是为了强身健体，也不仅仅只是为了技击，而是一种文化和武学的修养。’我听了心里又害怕又担心，自己本身识字不多，怎么才能看懂那些太极拳的书和理论呢？于是我遇到不会或者不懂的字我就问别人，买了本字典放在床头。这样才能勉强懂一些。”

赵斌先生并不嫌弃扎西没有上过学，反而更加欣赏她身上的那股韧劲和质朴，他相信扎西为了太极拳什么困难都是可以克服的。在平日里，赵斌先生也对扎西倾注了更多的时间，将拳论中的一些道理由浅入深地讲解给她听，让她多从生活中去体会，例如让扎西观察一些动物的举动，观察其运动时各个环节之间的协调配合。以及在日常生活中的行、走、坐、卧，甚至做饭切菜、上楼梯的时候，都要当做是在练拳。这些生活化的教导，潜移默化地加强了扎西对拳理拳法的理解。

随着扎西在拳术上的不断进步，短短几年时间，她的拳架由像模像样到规规矩矩，由规规矩矩又到圆活沉稳，她逐渐成为学员当中的榜样。赵斌先生夸赞她的时候，她总是害羞地往队伍后面躲。“赵老师性格豪爽，有时候开玩笑夸奖我，我羞得不知道往哪里躲，因为自己没有文化，我心里总是自卑地不敢和大家交流。后来赵老师就说‘扎西，你的拳现在比较规范了，你以后就站在队伍前面，给大家带拳。’我当时想着，自己练成啥样都不知道，还能给大家带拳？但是恩师的话又不能不听，我知道他老人家是鼓励我，于是我就硬着头皮上，打拳的时候，我静下心来，按照恩师平时传授的要领，一心练拳。”因为扎西拳领得好，慢慢地跟在扎西身后的人越来越多。赵斌先生非常高兴，对扎西说：“这么多人都跟着你学，你就帮着我来教他们吧！”就这样，扎西一边自己苦练一边开始了教拳。

扎西在西安租住的房子外练剑

六 “太极拳救了我，我希望它帮助更多的人”

1978 年，在赵斌先生的授意下，扎西正式在西安动物园门口设点授拳，开设了她的第一个辅导站。由于她教拳认真有耐心，动作规范，而且是义务教授，来学拳的人越来越多，一年左右的时间就发展到了五个辅导站，扎西每天奔波在这些站之间给大家授拳。

扎西在西安动物园门口授拳

“老李那时候还在西藏，虽然我身体康复了，但是由于我肺部的原因，还是不能回到西藏去陪他。当初一个人在西安治病的时候，想都没想过自己还能活下去，现在练太极拳不仅康复了，而且身体越来越好，我感觉总有使不完的劲。是恩师和太极拳让我得以重生。是太极拳救了我，我希望它能帮助更多的人，让更多人受益。恩师为我付出那么多的心血，常言说得好啊，滴水之恩当涌泉相报，何况是救命之恩，我得知恩图报啊！恩师每天那么辛苦地给大家教拳，作为他的学生，在可以帮他老人家时，就应该义不容辞地替他分担这份辛劳！”这份感恩之情在扎西的生命中意义非凡，也是激励鼓舞她为大众义务授拳的动力源泉。

就这样，扎西留在了西安教拳，一教就是 11 年 10 个月。

从一开始，扎西就坚持分文不取地授拳。到现在已将近四十年，在这四十年里，她亲自教授的学生就有6500余人，遍布世界各地。“赵老师救了我，他老人家教我拳时没有收过钱，我现在又怎么能收别人的钱呢？我要以此来报答恩师对我的救命之恩。其次，国家在我身患重病时，给我提供了优越的治疗条件，病后安排我到西安居住疗养，不上班还照样发工资，使我没有经济上的后顾之忧。没有国家的照顾，我靠什么养活自己？现在我身体好了，总不能碌碌无为地活着，我应该回报国家，回报社会。第三，在我病重时，许多好心人都帮助过我，他们大都是普普通通的大众，收入都不高，挣钱很不容易，像住西安时那些好心邻居、公交车上的司乘人员、过马路时搀扶我的无名朋友等等，我无法一一回报他们。来找我学拳的人中有很多都与他们的状况一样，我好好教他们，就算是对当年帮助过我的人一点点回报吧。第四，太极拳对我有救命之恩呀，经历过疾病让我求生无门的困苦，体会过疼痛让我绝望的折磨后，只希望不要有人再与我一样经历了，如果我身体好了就拿拳谋私的话，良心怎么能安呀！义务教拳是我一生都要坚持的，不管别人怎么说，理不理解，我都不会改变的！”

“有些人不明白我为什么要坚持这么做，包括我的一些弟子对我的做法也不太理解。其实，我不反对别人授拳时收点费用，付出了劳动有点收获是应该的。但我不收费是因为我的情况有点特殊。”

“许多拳友把我看成太极拳健身祛病的典范，我非常乐意做这个典范，这也是真实情况。当年我做手术时医生预计我只能再活个几年，顶多不超过十年，我现在比医生预计的最长时间还多了三十来年了呢，这全拜太极拳所赐呀！”

因为扎西通过习练太极拳治好了自己的重病，加上她教拳认真有耐心，对学员热心负责，所以来找她学拳治病的人格外地多。“教拳的时候，碰到了很多和我一样路都走不了的病人。有一个小伙子用自行车驮着他母亲来找我：‘老师，我妈病成这样，能在您这里学拳么？’我就学着赵老师的口气说：‘你妈没有问题，走不了没关系，先跟着活动活动，我也是这样过来的。’赵老师教拳是‘有求必应’，我也一直遵循着像他一样去做。不管你能不能学成，我都教给你，这是我跟赵老师学来的。好多过来找我学拳的人，都是和我过去一样，我同情他们啊。”

耐心教授拳友

“在我教拳的这几十年里，学员通过学太极拳让身体变好的例子数不胜数，特别是在慢性病，心脑血管病以及体质虚弱等方面的保健和康复作用更为突出。记得有一个叫做赵春兰的拳友，有严重的心脏病，一年中得有七、八个月在医院里度过，自从跟我学拳后，气色改变了很多，精神也焕发了，几年后还在西安市举办的长跑比赛中获奖。还有一位叫戴永春的老先生，当年 61 岁，身体很差，经常昏厥。几次都让家人误以为死了，给他穿好寿衣时又活了过来。后来这老先生学了拳，坚持得很好，病真的也就慢慢好了，前些年听说还在世呢。这样的例子还有很多。”

“当然，太极拳虽然有许多神奇功效，但它不是灵丹妙药，也不包治百病。生病了首先还是要到医院诊治，及早治疗。我并不是想通过这些例子来说明太极拳是医术，对疾病是万能的。只想通过我的感受告诉大家，太极拳在健身祛病方面确实有许多让人意想不到的效果和好处，但它涵盖的内容太多了，我们对它的了解和认识还远远不够。现在有很多专业人士在研究这个课题，我想将来一定会有人很系统地说清其中的道理。”

练拳、教拳成了扎西生活的全部内容，一年到头她基本没有固定的休息日，节假日也不例外。这种活法也许有人觉得太枯燥乏味，但扎西却觉得很充实，很有意义。“很早以前，一有空闲我就用来练拳，不好好练就觉得对不起恩师，对不起关心我的人。1989 年我搬到了咸阳以后，大部分时间用来推广杨式太极拳、培训骨干队员，以及到各处建站设点，比在西安时还要忙。”

深埋在她心中报恩的这颗种子，已经开始枝繁叶茂，为更多的人们送去了福荫。

七 “练太极拳更重要的是追求内在的东西”

赵斌先生与太极拳界许多名家交情深厚。为了提高扎西的拳艺、开阔她的视野，赵斌先生引荐她结识了傅钟文、傅宗元、杨振基、杨振铎、杨振国等许多前辈与名家。

“傅老师很关心我，他是赵老师的妹夫。来西安的次数也比较多，每次傅老师来，赵老师就把我叫过去，跟随左右伺候着傅老师，多学点东西。他老人家和恩师一样，每次都耐心地给我解答问题，常常亲自示范动作来加深

1985 年杨振铎老师为扎西的太极拳辅导站讲拳时合影（坐者左起赵幼斌、杨振铎、傅声远）

我对要领的理解。杨振基、杨振铎、杨振国老师对我也很好，即使我没有文化，他们也都不嫌弃我，有啥给我说啥，还来我家里手把手教我。他们杨家人没有把我当成外人，就跟自己的徒弟一样。这些前辈的大义和善良一直都在激励着我，我发自内心地感激他们。”

这些大师的恩情激励着扎西更加刻苦地练习。他们的无私与大度也让扎西下定决心，要把弘扬和传播杨式太极拳作为自己的使命。傅钟文大师曾在全国交流大会上当着众人的面，竖起大拇指夸赞道“扎西的演练，保持了杨家拳的原型，松柔沉稳，是正宗的传统套路。”

虽然通过几年的刻苦习拳，扎西的身体康复健壮了，拳架也得到了很多前辈的认可，但是扎西知道，恩师曾经跟她讲过，太极拳不仅仅只是一个拳架和套路的问题，要想真正学好太极拳，必须还要掌握太极推手、太极器械，在这样综合的训练下，才能获得太极拳内在的东西。但考虑到自己因手术锯断了三根肋骨，而且又是个四十来岁的女同志，怕是很难有机会跟着前辈们学习推手。赵斌先生觉察到扎西的思虑与盼望，他知道，虽然扎西如此刻苦练拳实属不易，但是想要进一步提高她的拳艺，必须要学习推手。“当时恩师决定教我推手，也是件很为难的事情，因为自己身体条件的原因，加上又是个女同志，不好找个男搭档一起练习，但是恩师摈弃偏见，从最基础的单手平圆开始教我。和教拳一样，恩师从来都是一个环节掌握好后才进行下一个环节，一丝不苟。他要求我练单手推平圆时，单臂一次推 1 个小时，我当时只是想着，恩师对我那么好，我得对得起他老人家，所以就使劲咬着牙坚持下来，推到最后浑身跟散了架一样。恩师说推手练的是听劲、化劲和发劲的功夫，开始和练拳的要领一样，虚领顶劲、松肩沉胯、含胸拔背、以腰带手等要领都要守得住，还要做到充分彻底地放松，这样才能感觉灵敏，能够越练越灵活越轻松。我一边坚持着练，一边体会恩师讲的要领，练到后来推一个小时一点也不觉累。”在赵斌先生的鼓励与细心教导下，扎西系统地学习了推手中单推挽、双揉肘、四正手、活步推手、折叠手、大捋、单势发劲

1977 年傅钟文老师与西安拳友（右五为傅钟文、右四为赵斌、右一为扎西）

等等。同时，赵斌先生请推手名家傅宗元大师来西安时，也把扎西带在身边，让扎西亲自感受傅宗元老师推手时的内劲。

“前辈们的指点，让我真正了解到太极拳为什么是内家拳，我也渐渐明白练推手的目的不仅是为了技击，更重要的是追求太极拳内在的东西。”

“赵老师、傅老师常说拳要往圆满了打，圆满的意思就是任何一个地方不要有凸凹，处处转折都要连贯。劲路是连贯不断的，在转折点处也是不断的，只是走的路线变化了，这就是圆满。好比洗一个脸盆，手擦着盆子的内侧转着洗一样，用劲均匀才能洗的干净。圆满对于太极拳的开合和八面支撑都有帮助，各个劲别之间不断续，总需完整一气，处处饱满。打搂膝拗步手出去了，就不要往回抽，一抽就不饱满了。赵老师和傅老师当年的很多教导，有些我是练了十几年才有一点体会的。这些老前辈为我费了不少心，我总觉得不好意思，像我这样的人不值得让他们这样付出啊。”

八 “无论学什么，难在执着贵在于精”

1991 年扎西与陈立清大师合影

“恩师是一位思想开放，心地无私的人。他为了让弟子门生更好地学习太极拳，总是利用一切条件和机会，为大家提供最好的学拳环境。”说起恩师对自己学拳的引领之恩，扎西非常感慨。她忘不了恩师介绍她认识陈式太极拳大家陈立清老师的场景。陈立清老师是陈式太极拳十一代传人，国家首批太极拳大师。她功夫精深莫测，性情豪爽豁达，言语风趣幽默，是一位名副其实的女中豪杰。

“那次恩师领着我去见陈立清老师，恩师与陈老师一见面就说：‘您的太极拳打得非常好，我的学生扎西练拳非常刻苦，拳也打得不错，天下太极是一家，拳理都是相通的，希望陈老师多多指导我的学生啊！’陈老师给人授拳讲拳向来是很严格的，一般人找她拜师求学很不容易。但恩师这么说，陈老师想也没想就很爽朗地答应教我了。”

随着扎西拳技和推手功夫的长进，赵斌先生觉得还必须开拓她的视野，要认识到其他太极拳门派和拳种的优势，鼓励扎西取长补短，要以能者为师，因而每次武术界朋友聚会，他总是带着扎西，为扎西铺路搭桥。

“我与陈老师性格上非常投缘，她性情爽朗豪迈，为人通达真挚，无论在为人还是在拳艺上都让我受益匪浅。她了解我与杨家拳的难舍情谊后，对我说：‘太极拳可以百家姓，但太极劲是一个东西，各派大同小异而已。前人早就说了：‘太极本无法，动即是法。’没必要管它哪门哪派，我们需要探讨的是这个动法，这个动的道理。太极流派只是上山不同的路，在巍峨险峻的山面前，你需要掌握的是爬山的技巧与识别方向的能力，从哪条路上走没有多少关系的。你坚持练习杨家拳就行，拳练千遍其理自现，我希望你能练它上万遍。这趟拳倾注了杨澄甫先生毕生的心血，有你一生探索不完的奥秘。’陈老师的一席话打消了我心里的顾虑，也保全了我研习杨式太极拳八十五式的心愿。无论学什么，难在执著，贵在于精。”

与陈老师的相处使扎西意识到要学好太极拳既要博取众家之长，又要由专入深，精取一门。她俩经常在一起研习拳艺，练习推手，相惜相敬，亦师亦友。“太极拳经过几代人的努力和传承才形成了不同的风格流派，每一个门派都集中了很多人的智慧。单就杨式太极拳就有那么多的内涵，像我这样的人钻研一门都很难了，更没有奢望去学习别的拳种。但是和陈老师学习发现，虽然她练的是陈式，我练的是杨式，但是拳理都是相通的，追求的内在东西都是一样的。”

直到 2008 年陈老师去世时，扎西与陈立清老师都保持着密切的往来。陈老师离世后，她的儿子在整理遗物时发现了一件诗作手稿，是专门描写她与扎西之间的情谊。“咱俩相识不一般，你生高原我住川。你是藏族我是汉，结缘都爱太极拳。年年请我咸阳去，你做美味我尝鲜。八十老儿行不便，你又年年来西安。尊师爱徒是你长，重德精艺令人赞。人生知己万选一，自古真情在人间。”

九 “我只是个小拇指头，永远都是”

1980 年 3 月，在赵斌先生的大力促成与筹办下，正式成立了“西安永年杨氏太极拳学会”。学会成立后，西安的杨式太极拳队伍不断壮大，成员也越来越多，很快就发展成为全国知名的大型体育协会。扎西作为赵斌先生的得力助手，教拳任务排得满满的，经常忙得连饭都顾不上吃。在繁忙的教拳中让扎西的拳技无形中也提高了不少。

1986 年金秋，国家首次将太极拳、器械和推手列为全国正式比赛项目，并在山西太原举办了首届全国太极拳械比赛。各个省市无不高度重视，尽遣高手参加，其中包括许多已是名声不小的太极拳家，如丁水德、陈正雷、马虹、崔仲三、陈龙骧等。在赵斌先生的举荐下，扎西代表陕西省参加了这次比赛。

“让我去参加比赛我心里既担心又没有底，虽说当时练拳、教拳也有十来年了，但是一同参加比赛的拳友很多都是有着深厚家学的太极拳传人，还有国家队的专业运动员。我年龄又大，又是个半路出家的，实在是没有信心。但是恩师的鼓励与期盼又使得我想着一定要以最好的状态报答他，所以当时

1986 年 10 月首届太极拳比赛中的扎西

在省上训练的时候，每次我都比别人早两个小时到训练场，自己给自己定任务。张桐老师看见我说‘扎西，就凭你这股吃苦的劲，一定没问题的’。在他的鼓励下，我增强了自信，精神饱满地去了太原。”

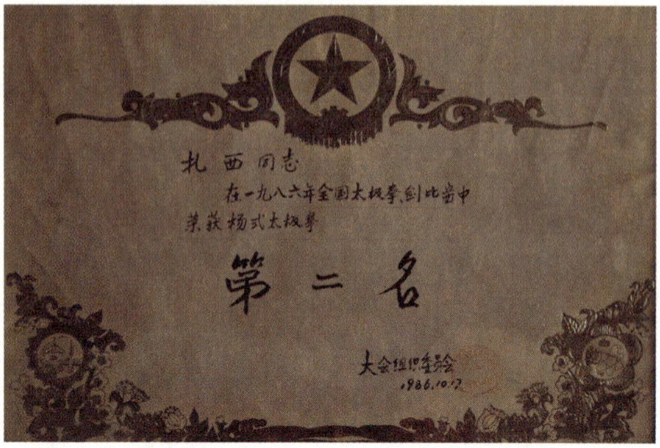

1986 年全国首届太极拳、剑比赛获奖奖状

虽然赛场上高手林立，但是扎西凭借十几年苦练积累的扎实功底，将杨式太极拳的大气、浑厚、圆转、灵活等特点展现得淋漓尽致、气势磅礴。其高超的拳艺震惊了全场，赢得了观众的赞叹与裁判们的一致好评。在金、银、铜牌只取一名的激烈竞争下，她一举拿下杨式太极拳的银牌。

赛前没有人预想到扎西会取得如此好的成绩，她平日默默无闻，外表上毫不起眼。因而她的获奖一时间引起了媒体的高度关注，记者们得知扎西曲折学拳治病的经历后，对扎西与赵斌大师给予了更多的报道，他们师徒二人的感人故事出现在诸多媒体上。许多文章给扎西冠以“藏族太极第一人”“太极健身典范”“太极女王”等等称谓，赞誉有加。

得闻扎西在太极拳比赛中获奖，赵斌大师欣然提笔写下：“扎西名气甲天下，冠军弟子都知道。今后发展不可量，赵斌听说乐涛涛”。夸她是“冠军魁首，当之名副其实。”赵斌竖着大拇指，对刚从山西载誉归来的扎西说道：“你能取得今天的成绩，是因为真正做到了恒、专、不骄啊！”扎西觉得很不好意思，对恩师说：“我的拳都是恩师手把手教会的，是恩师教得好才有我这一点点成绩呀，我当不起您竖起的这大拇哥，我只是个小拇指头，永远都是。”赵斌大师风趣地说：“小拇指头也是领先的，你在做左右搂膝拗步时，小

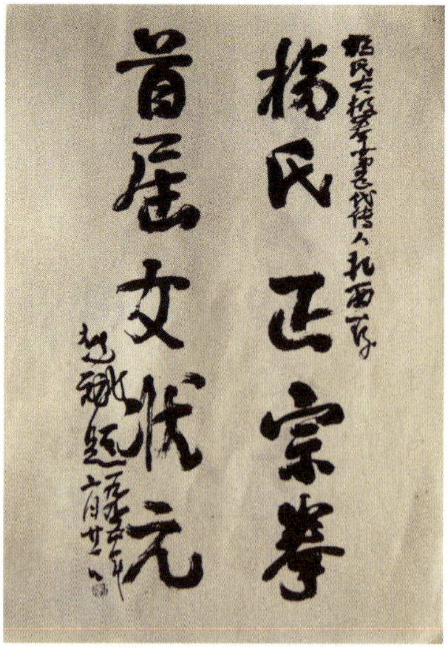

赵斌先生为扎西赠书题字

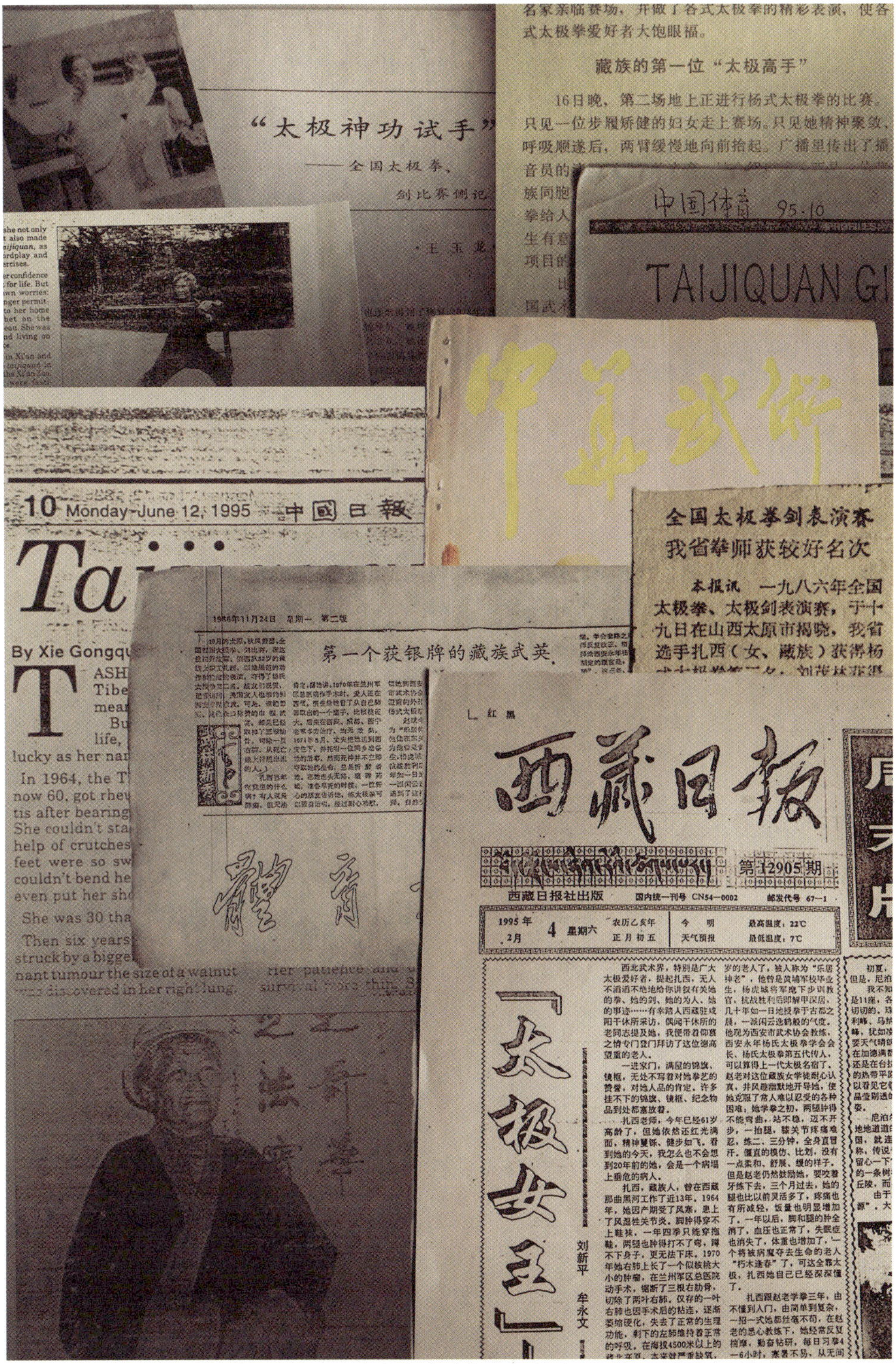

扎西获奖后媒体纷纷报导

拇指头在前面，做白鹤亮翅时，小拇指头在最上面，小拇指头很了不起呀！”十年后，赵斌先生将著作《杨式太极拳正宗》一书赠予扎西，并在书的第一页为扎西提笔写下“杨氏正宗拳，首届女状元”。

“得奖虽然是一件高兴的事情，但是回到西安后，我的思想压力反而更大了，我自己是什么水平心里很清楚。记得傅老师当年说他练了七十年拳还没有练好，我心里想着，要是傅老师都练不好，那我更练不成了，只能锻炼个身体。他老人家当时说这话的时候，我心里吓了一跳，七十年啊，他说他没有练好，到底有没有练好呢？可能是客气话吧。傅老师曾经还说他连杨澄甫宗师的十分之一还没有学到，那是谦虚，连二十分之一都没有学会的，不就是我么。得奖回来后，找我学拳的人更多了，我想着不能只顾教拳自己也要花更多的时间把功夫往身上练，于是我在教拳的时候就反复示范，而且特别注意每个动作的衔接与转换，比如教大家单鞭，我就从这一式的前几式开始示范，这样通常一天下来有些动作能练上个百八十遍，教拳练功两不误。有时候早上出门前，我就在楼下打两遍拳，天一亮到了拳场再带着大家打两遍。想起恩师和傅老师的话，我不得不努力啊。”

十 “拜了师，传承的责任就更大了”

1989 年春天，李万寿先生从西藏的工作岗位正式退休，组织上分配给他在咸阳西藏干休所内一套 60 多平米的住房，扎西从西安迁居到咸阳，夫妻俩终得团聚。

临别时，赵斌先生对扎西说：“咸阳是个好地方，秦始皇就是在那里成功统一六国的。你要把传统杨式太极拳带到咸阳去，在那里好好传播，造福于当地百姓。今后你要想办法将太极拳传到兰州、宁夏，传到青海去，传到你的家乡去！”那天正好傅钟文老师也在场，他意味深长地对扎西说：“你是藏族人，要把传统杨式太极拳传授给藏民，造福藏族同胞，要传到西藏去！”

从 1974 到 1989 年，十五年的时间里，扎西从开始跟赵斌先生学拳到帮助恩师教拳，再到独立的设点传拳，赵斌先生的悉心关怀和她自己的努力研习，渐渐地她认识到习拳不仅仅是为救自己，救那些和自己一样的病人，还有更重要的使命和意义，那就是作为赵斌恩师和诸多前辈们的传人，她有更多的责任和义务，将杨式太极拳正脉传承下去，为此她必须更上一层楼，努力去体悟太极拳更深层次的内涵。扎西带着两位前辈对她的嘱托，离开了西安。

西藏干休所位于咸阳市的北边，座落在西藏民族学院的一角。家一安顿好，扎西就到附近寻找适合练拳的场地，她选中了民院体育场旁的一块空地，这里空间比较大，树木高大，绿草盈盈，是个练拳的好地方。这也是扎西在咸阳最早的授拳场地。直到后来学拳的人太多，扎西担心影响学院的正常教学，就主动地挪到附近的公园。“选好场地后，我独自在那里练拳，很快就有不少人围观，一位老同志上前问我：‘您叫什么名字？太极拳打得这么好，能不能教我们啊？我在干休所住，院里还有很多人想学。’我说：‘我叫扎西，您去给干休所的领导讲讲，把想学的人组织一下，我可以教大家！’没想到几天后干休所的所长亲自找到我家，请我给大家教太极拳，我看到所长对这件事情很重视，态度也很真诚，既感动又高兴，愉快地接受了邀请。在1989年3月25日，我们成立了咸阳第一个传统杨式太极拳八十五式的辅导站。”

令扎西没有想到的是，辅导站开班后就一发而不可收，拳友们都被扎西

1994年扎西在西藏民院授拳

热心真诚、不厌其烦的认真精神所感染，奔走相告，一批又一批的学员前来学拳，很多民院外的市民也来学。随着学拳的人越来越多，扎西就重点培养一些辅导员和教练员。几年时间里，他们都取得了市里颁发的教练员证，开始在民院外设点教拳了。经过她几年的努力，传统杨式太极拳在咸阳得到了广泛的普及与发展。整个咸阳市练习传统杨式太极拳的人越来越多，每天清晨，身着各色传统太极服的晨练人群已成为古城一道亮丽的风景。

2009 年参加邯郸国际太极拳大赛的西藏自治区队

在此同时，扎西并没有忘记“把太极拳传到西北，传到西藏去”的承诺。“早在 1984 年从西藏那曲来西安治病的杨志焘大夫跟我学拳后，回到藏北高原教了一些学员。来咸阳之后，我又教了许多在西藏民族学院学习的藏族大学生，他们毕业后都回了西藏工作。西藏自治区党校校长牛治富先生跟我学拳后，在西藏大学、自治区党校成立了辅导站，他们的努力使得太极拳传播到了西藏。而我只是做了一点我力所能及的事情。”在 1994 年和 1995 年，中共西藏自治区党委和自治区人民政府先后授予扎西“老龄先进个人”和“全区民族团结先进个人”的荣誉称号。

赵斌先生在 82 岁时才正式开门收徒，扎西有幸成为先生的入门弟子，并位列女弟子之首。“赵老师不肯收徒弟，后来很多人追的不行。我也知道自己瓶子里没有醋，咣当个啥，所以一直不敢找恩师提拜师的事。有一天幼斌来咸阳找我，说赵老师要收徒叫我过去，我给幼斌说：‘赵老师肯定不收我，你把我叫去咋办啊？’幼斌说：‘收哩，你跟我走。’这样我就去了。到了以后，赵老师说：‘你不要磕头，我收你。’我说：‘不磕头我算什么呀。’后来就磕头拜了赵老师。拜师以后，我思想上有了更大的压力，担心自己传拳的时候把拳架子传错了或者半途而废，感到传承责任大得很呢。”

自 1978 年扎西代师授拳起，有许多学员就长期跟随她学拳，其中不少

1992 年 4 月 19 日，赵斌先生收扎西为徒

人训练十分刻苦，领悟能力也强，他们对传统太极拳有着孜孜不倦的追求和良好的武术功底，对扎西也非常尊敬和爱戴，希望能跟随她进一步深入学习太极拳。赵斌先生看在眼里，乐在心里。1992 年 11 月 23 日，在赵斌先生的直接授意下，扎西在咸阳也正式开门收徒。截止到 2010 年 10 月 22 日，前后共收了七批弟子，共计 99 人。其中大部分弟子都是跟随她十几年、二十几年后才拜师入门。

扎西的第一次收徒仪式，是由杨氏第五代嫡系传人、西安永年杨氏太极拳学会会长、赵斌师门掌门人—赵幼斌先生亲自主持。在大弟子人选问题上，她非常慎重，按常理来讲，排序应该以学拳时间长者为先，不分长幼。但她认为大弟子作为师门的班长，自己百年之后作为师门的继承人必须慎重选择，一

赵幼斌掌门亲自主持扎西第一次收徒仪式

定要德艺俱佳之人。扎西与赵幼斌先生商议后，最终立李海水为自己的入室大弟子。

传统的拜师仪式中，弟子应该尽己所能向师父献上一份厚厚的拜师压贴礼，以示心诚意坚。师父对弟子的这份心意往往是照单笑纳的，这也是约定俗成的规矩。扎西收徒却只象征性地收个零头以示不坏规矩，弟子们多给的她都会退还回去。“我和老伴儿每月的退休费足够我们的生活所需了，我们的生活条件比很多弟子都好，他们还要养活一家老小，我不能给他们增加经济上的困难。收徒，靠的是师徒缘分，授徒，继的是传承大业。收徒不是为了扬名，更不是为了图利。”在这商品经济的社会中，扎西对名利一贯就是这样的淡漠和泰然处之。于是，她对待弟子就像对待自己的孩子一样，从来没有私心，从来都是为孩子们着想。谁生活上有了困难，扎西和老伴总是想尽一切办法帮他们。大弟子李海水深情地说道：“师父真是比亲娘还亲，有一次住在师父家改拳，白天她那么劳累地教我们，中午还要为我们做饭，到了晚上，辛苦了一天的师父为我端来一盆洗脚水，让我泡泡脚好好休息一下，看着满头白发的恩师，我忍不住哽咽起来，泪水模糊了双眼。恩师，是我一生最感激、最敬佩的人。”

“收了徒，就有了传承的责任，所以我每年都要分期分批给弟子们办班改拳。从开始盘架子，捏架子，到身法、手法，从劲路到劲点，再到内在与外形的协调配合，我都会毫无保留地讲解与示范，每个弟子就和自己的孩子一样，不能厚此薄彼。拜了师，弟子们就有了传承的责任与义务，我必须让他们意识到这一点，牢记这一点，不能只重艺不重德。”

扎西回西安看望恩师

扎西迁居到咸阳后，仍经常回西安看望恩师，平日与恩师也常有书信往来。赵斌先生曾给扎西写过一封信，“我的状元弟子扎西会长，手书敬意，

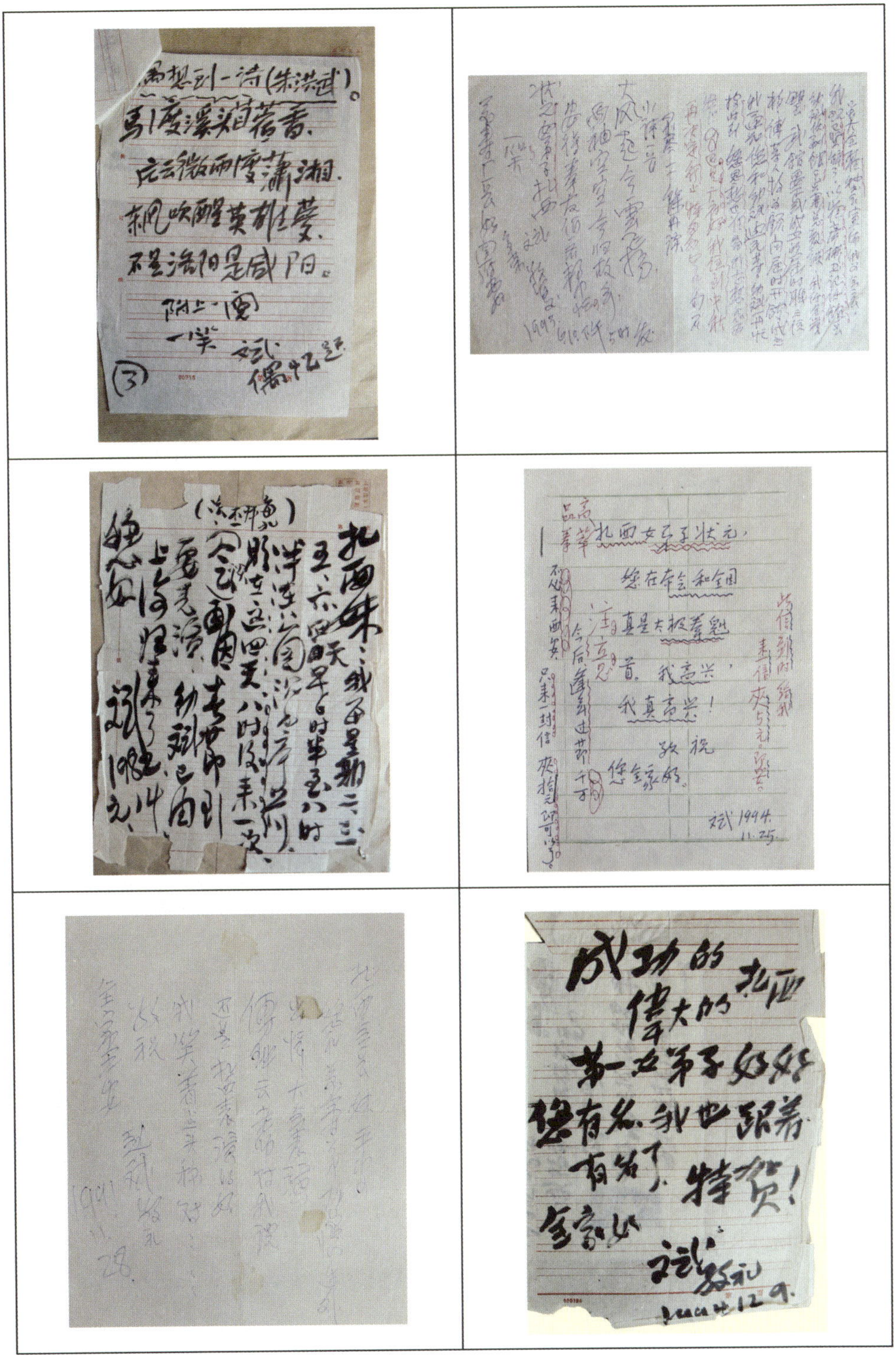

赵斌大师写给弟子扎西的豪迈书信

以拳论不成问题的传人排序：第一代杨禄禅，第二代杨班侯，第三代杨澄甫，第四代赵斌，第五代扎西”。并在信中写了王之涣的一首诗：“白日依山尽，黄河入海流；欲穷千里目，更上一层楼。”另外又诙谐地写道：“欲穷千里目，都登咸阳楼。”

赵斌先生写信总是随心所至，有感即发，他还是个书法家，其书法风格豪迈，不拘一格。在他与扎西的书信联系中，各种不同的信纸都有，还有不少烟盒纸、包装纸，甚至报纸空白边等，书写的笔是也多种：毛笔、铅笔、钢笔等都用。书写格式也是信马由缰，毫无拘束，内容幽默诙谐，充满智慧。

1999 年 2 月 6 日，扎西敬爱如父的赵斌先生逝于西安寓所，享年 94 岁。“自 1999 年 10 月 7 日，恩师骨灰移葬故土永年广府后，邯郸的每届太极拳年会我都会组队参加，一个重要的原因是去广府祭拜恩师，因为他老人家长眠在那里。恩师给予我的帮助是无法衡量的，他在我心目中的重要地位是无法用言语表述的，我欠他的恩情一辈子也还不清。”

十一 “我心爱的小儿子……”

在扎西的生命中，还有一件刻骨铭心的事情。知情的人都会尽量避开这个话题，不去触动她那沉痛悲伤的记忆。每年的那一天，扎西都会把自己独自锁在屋里待一会儿，对着那陈旧斑驳的照片，默默地流泪。

小儿子在北京大学

“我有两个儿子。大儿子叫李多吉，生于 1957 年。小儿子叫李西林，1964 年生于西藏林芝。我怀小儿子时，物质缺乏，营养不足，生下后我奶水很少，怕养活不了，加上环境十分缺氧，一年后送回青海老家，由他奶奶带养五年，后因要上学就送到拉萨由他二叔二婶抚养。小儿子听话懂事，虽然我们没有陪在他身边，但他能理解我们的苦衷，从来不埋怨。他脑瓜好使，聪明好学，并以优异的成绩考上了北京大学，就读法律专业。从北大毕业后，他被分配到青海省司法厅，在西宁市工作。小儿子性格和善、懂事孝顺，工作上积极认真、乐于助人，家人和同事都十分喜欢他。1992 年的 7 月 25 日，就在他毕业回西宁不久，他在路过一个僻静巷子时，正遇上几个疯狂的歹徒抢劫钱财，持刀行凶，西林见状冲上去与歹徒搏斗，残忍的歹徒捅了他数刀，不幸遇难……”

噩耗传到咸阳，如惊天霹雳，扎西和老伴悲恸欲绝，瘫倒在地。由于精神受到过度刺激，一夜之间，她白了头发。再一次遭遇到人生最大打击的她一下子跌入到谷底。“这突如其来的打击使我实在难以支撑，整整十几天我茶饭不思，几近死去。满脑子都是儿子的音容相貌，只要一想起他，我就难过得不能自拔……”老伴李万寿看着扎西更是难过，他强忍着悲痛，悄悄地把家里与儿子有关的东西都收了起来，不断地宽慰扎西。

看着年迈的恩师和老伴遭受如此的打击，许多弟子和学员也都轮流来到家里安慰和陪伴他们。有些弟子领着老两口出门转转，想办法差开他们脑子里对儿子的思念。有的为了让他们吃点东西，想方设法给他们做些好吃的。赵斌先生专程委托夫人和儿子幼斌去咸阳看望扎西。“我没有想到他们会来看我，一见到他们，我泪流满面，师母握着我的手说：‘你师父让我们告诉你，我的扎西是最坚强的，一定能迈过这个坎，你要保重身体，好好地活着，西林才能安息呀’”幼斌也在一旁劝慰：“师姐，事已如此，你要往前看，很多人都惦记着你，在等着你教拳呢，你可一定要挺住啊。”

第二天老伴陪伴扎西来到拳场，大家都自发地穿着白色练功服，肃穆整齐地在打着拳。扎西看着大家以这种形式来鼓励安慰自己，泪水又一次模糊了她的双眼。面对着他们用心演练着的太极拳，面对着大家企盼的眼神，扎西的内心慢慢平静下来。师父的关爱、亲人的呵护、拳友们的期盼使她悲伤的思绪开始弥散，伤心与痛苦逐渐化为了感动与振作。她想到了当年恩师为她唱“二郎山”的情景；想到刚学拳时的那段艰苦日子；想到来咸阳时，恩师和傅老师的嘱托以及师门传承的重任。渐渐地扎西走出了悲伤的阴霾，重新回到了她默默耕耘的太极拳场，恢复了以往的坚韧与执著。

一个弟子回忆当时的情景时说道：“我们心疼师父，可是师父更心疼我们，她好像是一个不知疲倦的铁人一般，在遭受这样的打击后，依然能够站起来，教拳比以往更用心、更忘我。看到师父这样都能挺过来，我们就下定决心一定要好好学拳，不能让她老人家失望。”

十二 “太极拳传承的不仅是技艺，更是一种精神”

扎西来到咸阳的五年当中，随着她培养出来的教练员、辅导员队伍的不断壮大，辅导站陆续发展到50来个，辐射到周边的三原、礼泉、泾阳、永寿、蔡家坡等县，扎西在临近的甘肃、青海、宁夏等省市也有了学员。成立咸阳杨式太极拳学会的条件日渐成熟。

1994年扎西正式向咸阳市民政部门提出成立学会的申请。1995年5月10日“咸阳永年杨式太极拳学会”成立，扎西任会长兼总教练。

“成立学会的目的就是为了让大家有个研习和传承拳艺的组织，光靠我一个人的力量是有限的，弟子们帮忙，大家一起努力才能使太极拳传播开，传承下去。”学会的成立得到了咸阳市领导的高度重视，许多领导亲自到会祝贺。扎西还特意邀请了杨振基、裴秀荣、杨振铎之孙杨军、香港的马伟焕以及广府多位名家出席，并且在与会期间给拳友们做了精彩的演练和学术报告。遗憾的是赵斌先生因年事已高，没能前来。但赵斌先生亲以书信道贺，并附诗一首“马渡溪头苜蓿香，片云微雨渡潇湘；东风吹醒英雄梦，不是洛阳是咸阳”。并附信说明了“永年”二字的双重含义：一是永年为传统杨式太极拳的发源地；二是习练

1995年赵幼斌掌门给扎西授咸阳学会会旗

传统杨式太极拳者会永葆青春，益寿延年。并委派其子赵幼斌先生前来代父进行授旗仪式。

学会成立后，扎西更是一心放在如何提高大家的拳艺上，随着长年的苦练和教学相长，她的拳艺也在不断提高。“搬到咸阳以后，我一直按照恩师教我的方法站桩。他曾说功夫要往深里练就必须要坚持站桩，只有身体站得松透了，内在有了感觉，才能体会到太极拳的奥妙。我不懂恩师说的奥妙是指什么，只知道按他老人家说的老老实实地站，每天两个小时，就在我家楼下那间放杂物的小房子里，老伴把房门反锁，两个小时后再来开门，一直坚持站了六年。”

“有一天老伴没来开门，我站完了没有收功，接着就练了几个动作，结果发现稍稍一用意一抬手做动作时，腹部就有一种内在的动感，随之就有一股子劲从脚下涌起，节节贯穿地运于手上，像是气灌满了一样，这个感觉很奇妙，我担心是不是自己练错了，也不敢去问人家。第二天我又试着站桩后开始练拳，结果还是一样，而且忽隐忽现的。这样的状况过了几年，我才逐渐找到一点规律，发现这或许就是太极拳所说的开合吧，意念稍一动，身体内在就动，随之外形也就有开合。如果光想着动外形，里面就不会动，我是个没有文化的人，不知道这样的感觉怎样说出来，这大概就是恩师所说的奥妙所在吧。”

扎西的拳艺虽已日臻成熟，但是她还经常自己花钱请一些名家来做交流，开阔弟子们的眼界。她说：“想起当年赵老师对我那么好，还给我引荐很多大师，帮助我提高拳艺，更没有门户之见。我不能耽误了我的学生，所以每当结识了一些太极拳名家时，我就想办法请他们来咸阳。学会每年办一次年会，年会上请这些名家给大家表演、做学术报告，指导和传授学员们一些习拳经验，这些都是我力所能及的。”

对于扎西来说，学会要发展下去就要想办法提高弟子们的拳艺水平，不能只停留在拳架的层面。“我觉得，太极拳的传播和推广，眼光要看得远一点，为了健身而普及太极拳是对的，它能造福更多的人。但是太极拳的传承不能够仅仅停留在这个层面。前辈们那么尽心尽力地传授，为的是把这个文化和精神传承下去。”从2005年开始，扎西从学会退了下来，专心办提高班，开始教授弟子们推手。

在扎西努力推进下，学会活动开展得有声有色，几年时间里，学会会员发展到了3000多名，在每次国内外太极拳交流大会上，咸阳永年杨式太极拳学会总能以飒爽的英姿、规范大气的拳架赢得喝彩和尊敬。2006年，国家体育总局以及中国武术协会为庆祝24式简化太极拳推广50周年而举办的太极拳比赛大会上，咸阳永年杨式太极拳学会被评为全国先进学会。

由于是义务授拳，扎西和老伴的工资除了日常生活保障外，都投入到他们心爱的太极拳推广上。许多外地以及国外的太极拳爱好者也陆续来到咸阳找她学拳，她的家也几乎成了外地学员的免费旅馆。对于有些生活困难的外地学员，扎西经常悄悄地帮他们出住宿费，还帮他们买好返程的车票。

每当有外地学员前来求教时，她总是觉得人家大老远地跑来，不能够亏待人家。经常陪伴在扎西身边的弟子说道："师父就是坚持师爷说的有求必应，不管什么样的人，什么样的水平，带着什么样的目的来学拳，她都用心对待。有些学员什么也没学过，师父就从开头给他讲起，自己累得满头大汗，也不让弟子们帮教。有些学员慕名前来试试水，师父也是认真对待，一视同仁。"另一位弟子讲到："有一次重庆来了几个学拳的朋友，下午练拳中间休息的时候，师父让我去她家提一些她洗好的苹果来。我提过来以后发现里面有两个塑料袋，一个装的是新鲜的苹果，一个装的是有点发蔫的苹果。师父就把那些新鲜的苹果分给了外地的学员，把发蔫的苹果留给自己和我们几个弟子。她老人家就是这样处处为别人考虑的。"

扎西的言行就是弟子们无声的榜样,她那无私的精神和朴实无华的性格，潜移默化地影响和感染着她的弟子们。她传承的不仅是太极拳的技艺，更是一种精神。弟子们在不断成长中也回报着像母亲一样的恩师。这些年来，他们跟随师父，协助师父，和师父一样风里来雨里去地传播着杨式太极拳。有不少弟子在其他省市也打开了局面、成立了学会，他们学着扎西，无论走到哪里就把太极拳传播到哪里。也有些弟子一直坚持义务授拳，以此来回报自己的恩师。

提到自己的弟子，扎西深情地说："我的孩子都不在身边，弟子们就是我的孩子，他们天天围绕在我身边 ，我和老伴各个方面都得到了照顾，默默付出，辛劳而无半句怨言。没有他们，我的心愿是不可能实现的，人们常常把夸赞与感谢记在我的名下，实际上很多事情是我的这些弟子们完成的。"

十三 “为了老伴和家人，为了太极拳，我也得开这一刀”

“一生中，有恩于我的人太多了，无法回报也回报不尽，唯愿尽我残烛之力，不使心有亏欠。如果说我的生命因为太极拳而得以延续的话，那么让我生命倍感温暖与幸福的人就是我的老伴。这份对太极拳的深深感恩，也包含了对他的感激。我在太极拳上的任何一点成绩，都是和老伴的支持与付出分不开的。”

扎西的老伴是一个敦厚善良、粗犷大气的藏族汉子，退休前任那曲地区驻拉萨市办事处主任，性格耿直，重情重义，待人诚恳，憨厚朴实。他一直用伟岸的身躯为这个家庭遮风挡雨，尽管经历无数坎坷磨难，他始终不离不弃，与扎西生死相依，患难与共。为了扎西的太极拳事业他牺牲了许多，退休后更是全心全意、默默无闻地支持和帮助着扎西。平日里他承担了大量的家务，使扎西有更多的时间和精力料理太极拳的事务。每当有外地学员来咸阳学拳时，他会悄悄地提前帮学员联系好住宿，付了住宿费，学员临走时，

幸福的四世同堂

他又悄悄地为学员准备好书和光盘，以备扎西相赠。无论扎西带领弟子去哪里参加大赛或交流，李万寿总是形影不离地跟在队伍后面，默契地为扎西分担，做好后勤工作。这些繁琐的小事已经成了他日常生活的主要部分。

“无论去哪里，有老李陪伴我，心里就踏实。这么多年我们从未想过到哪里逛逛，去哪儿开会，都是会结束就回来。我觉得亏欠他太多。”他们老两口的平淡生活和深厚感情感染着身边的很多人。

2006年冬，命运又一次和七十四岁的扎西开了个玩笑。在一次授拳中，她面色苍白，几近晕倒，在弟子们的劝说下才来到医院检查。结果是“结肠血管畸形破裂”引起的肠道大量出血。

“大夫问我说‘你年龄大了，不开刀行不行？’我说，不开不行啊，我老伴身体还好，我还要多陪他几年。还有许多人还等着我去教拳，我还要给弟子们办几期提高班，不能就这样丢下他们。为太极拳、为老伴我也得开这一刀。”

此时的扎西心里都是他人，唯独没有自己，她是属于大家的，属于太极拳的。就这样，她同时做了胆囊、阑尾切除术和部分肠管切除吻合术。住院期间，虽有弟子们值班细心照顾，但是老伴始终寸步不离扎西的床边。病房里老两口手拉着手默默相守在一起。

出院后的扎西不顾医生劝告，休息不到一个月又奔赴山东给那里的弟子办了一期培训班。回到咸阳后，又赶上几个外地学员前来求教，扎西顾不得休息，又投入到教拳当中。有一天她坐下来休息，手捂着肚子，感到腹部的伤口有些不舒服。去医院检查，结果是刀口疝，又住进医院，做了第二次手术。由于伴有肠组织粘连，这次手术又不得不切除了部分大肠，在伤口处贴了一块16厘米的人工补丁。术后由于失血过多，加上老年人造血功能减退，身体一直很虚弱。

“我感觉自己老了，怕是活不长，放心不下弟子们，他们有些人练到了关键的层次，需要我帮助他们提高，还要开几期推手提高班，我自己练出来一些内在的东西还没有来得及告诉他们……”晚年的扎西总是有一种紧迫感，所以她更加卖命地教拳、传拳，她唯一的希望就是弟子们能够有所继承，将杨式太极拳的正脉传承下去。

经常陪伴在她身边的弟子说道：“开始我们都在劝师父，看着她老人家那么辛苦，我们总希望能帮她分担一些，可是有时候外地的学员来了，师父说人家大老远跑来，就是为了能够跟她学拳，她要对得起人家，就得亲自示范，手把手地教他们呀。要是不让师父教拳，就等于要了她的命，因为她就是为太极拳而生的。”身边的弟子们不忍心师父这么辛苦，多次劝她要以自己的身体为重，劝她保护好自己，就是大家的福分，可是扎西全然不顾这些，她总是处处想着别人。

就当大家都在劝说她休息的时候，只有一个人默默不语地支持着她。这就是扎西的老伴李万寿。他虽然看在眼里，更是疼在心里，可是只有他最理解扎西，知道扎西的心愿和所想。“我们现在也没有什么可以留给大家的了，弟子们对我们就像对亲生父母一样，多少年陪伴在我们身边。扎西心里只有一个想法，就是抓紧一切时间，让弟子们再上一层楼，能够把太极拳往深里练，往内在里练。”老伴李万寿说道。

“多少年来，我早已习惯了老伴对我的关心呵护与照顾，而我却对他关心不多。直到 2009 年底，身体一直非常健康的老伴却突然感到胸闷气短摔倒在地，这才让我突然意识到，我一直专心忙着自己酷爱的太极事业，忽略了他的情感与身体，我欠他的太多太多了。老伴住院期间，我一直陪伴在他的病床前，弟子们怎么劝我也不想回家休息，我内心有愧于他啊。他出院后，我每天都会陪着他外出散步，我希望与他长相厮守，一起度过生命的最后一段。”

一份感恩，用一生去书写，那是因为认识到生命的本质与可贵。一份感恩，用一生去守护，那是源于内心无私的大爱。“坎坷人生路，

2009 年李万寿、扎西在赵斌恩师陵园

逢春靠太极”，扎西身上的种种精神，总是像光一样照亮着他人。她以一种无限的觉悟成就了自己的人生，又以自己有限的生命传承了无限的事业。如今这两位耄耋之年的老人仍然和弟子们朝夕相处，孜孜不倦地忙碌着，愿他们能够健康幸福，长寿延年。他们的一生携手共进，传承的绝不仅只是拳艺，也不仅只是文化，而是一份朴实无华的人间真情，一份对生命无悔的人间真情！

第二章

浅说杨式拳 认识八十五

贰 浅说杨式拳 认识八十五

一 杨式太极拳的类型和体系

关于杨式太极拳传承渊源有不同的说法，先师赵斌先生（1906–1999）、傅钟文先生（1908–1994）都坚持杨式太极拳传承于陈家沟陈长兴，并尊张三丰为太极拳的始祖。关于杨式太极拳创始人杨禄禅宗师如何从学于陈长兴，杨式太极拳为何与陈式太极拳有显著不同？我的师兄路迪民先生对此做了大量研究，发表了《杨禄禅陈家沟学拳考》[①]。针对目前太极拳界对杨禄禅学拳历史问题的几种不同看法，一一进行考证和甄别，旁征博引，史料丰富，印证了先师与傅钟文先生的观点。结论大致如下：

杨禄禅自幼好武，长大后以挖煤或做杂粮摊助理为生。一日，在太和堂药店门前发现有人寻衅闹事，被药店掌柜轻易抛出丈外。遂经药店掌柜引荐，长途跋涉，慕名投拜陈家沟陈长兴。相传三下陈家沟，前后十八年，终获太极拳之真谛。或言杨禄禅闻知该拳由武当张三丰所创，又遍访道家宫观，另得奇人传授。杨家历来的说法，称该拳由武当张三丰所创，传至近代由王宗岳传蒋发，蒋发传陈长兴，陈长兴传杨禄禅[②]。

路先生的考证在此不做详述。同时，我觉得一种拳术和思想的发展离不开它的具体时代和社会背景，因此，应将太极拳的创立和发展放到更大的历史和社会环境中来看，她的产生，体现了诸多先贤们对于生命智慧的感悟。同时，太极拳的形成与老子的《道德经》、道家修身的哲学思想、养生观念，有着密切的传承和演变关系，她是中国传统文化的一种体现，并且渗透在人们的日常生活当中。

杨式太极拳能被称为一个门派，是因为它在产生、演变、发展和定型的过程中，形成了一个独特的拳术体系。从表现形式上，有多种支系、多种套路和多种演练风格；在拳理拳法上，有着自己独特的认知和经验总结；在太极拳文化上也有着自身的特色和习俗；这些丰富的表现形式和理论著述，留给我们后人很多财富。唯有在百家争鸣中，相互交流，相互学习，才能取长补短，才能窥见太极拳的博大精深和无穷奥妙。

杨式太极拳由鼻祖杨禄禅(1799—1872)创始,经其子杨凤侯(生卒不详)、杨班侯（1837−1892）、杨健侯（1839−1917），再到其孙杨兆林(凤侯之子)、杨兆鹏(班侯之子1892−1938)、杨少侯(健侯之子1862−1930)、杨兆元(健侯次子)及杨澄甫(健侯三子，1883—1936)，九人三代100多年间研习和传承，在清末将太极拳由河北永年县广府镇的乡下带到京城。在民国期间，又由北京传至上海、杭州、南京、广州等地，以至影响到社会各阶层。杨家的后人及其各地门徒在新时代将其推广至整个世界，造福后人，这是功德无量的事情。

“太极拳”这个名称也产生在杨家第一代、第二代在创拳、传拳的过程中。有说是有识之士为杨禄禅所练之拳术起名为“太极拳”；有说“太极拳”名字的由来与义和团运动有关；有说“太极拳”之名始于王宗岳“太极之拳论”；也有说“太极拳”名称为杨禄禅邻里武禹襄所提。种种说法，都在说明太极拳是在前人不断地努力和经验总结中，以太极之文化和哲理、中医之实践和认知、结合传统宇宙观和身心观等，与拳术逐渐融合在一起，形成了自成体系的一种拳术。她不是一个人的功劳，而是几千年文化的一种沉淀和在特定历史时期的具体表现，亦是先贤们智慧结晶的表达。在当今社会，当太极拳演变成一种时尚的运动时，拳味发生了变化。如果你把她当作体操来练，那么她永远是体操；如果你把她当作是古人的智慧来练，那么你也能够体会和获得这些智慧。你怎么对待她，她就会怎么对待你。因此，练拳要对先贤、对拳术本身有敬畏之心。

杨家的拳架在三代人的努力过程中，不断锤炼，不断丰富，不断演化，再加上杨家各自的门生高足再研再传，使之形成多样化的演练形式。有快拳、有慢拳、有套路长的、也有短的；有所谓大架、中架、小架、低架、高架等；也有形成班侯拳系的、健侯拳系的、少侯拳系的；有的则以鼻祖杨禄禅所传承下来自成一家的，如杨禄禅传富周所形成的“府内太极拳”，杨禄禅传王兰亭所形成的“老杨家太极拳”等等。这些，都是充满智慧的，都是先贤们花了巨大心血继承和发展而来的。

赵斌恩师之子赵幼斌先生将其归纳为三种类型：一是早年流传下来的各种老架；二是从早期拳架或杨澄甫定型拳架演变而成的拳架；三是杨澄甫先师的定型拳架③。并且对杨式太极拳不同类型的拳架的特点进行了说明。也有研究者将杨式太极拳分为：大架、中架与小架，有“少侯走小架，健侯走中架，澄甫走大架”之说，有的则是从传承关系上予以归类。

我觉得从拳术本身来说，都是从“体”和“用”、“练功”与“用功”、“养生”与“技击”等方面衍生而来的。因而有开展或紧凑；或快、或慢；或高、或低；或繁、或简的表现形式，先贤们在教授弟子们的时候，都是因材施教，也不可能只教一个套路，一种打法。因而习练杨式太极拳的路径、方法以及侧重各有不同，但是到最后都是殊途同归的。修炼的目的只有一个，但是路径却有千万种，这就是先贤们创拳的智慧。你是抱着何样的目的学拳，跟随何样的师父，又是适合于何种习练的路径和方法，决定了你习练的路径和深度。

① 路迪民，《杨禄禅陈家沟学拳考》，载于《武当》，2005 年 01 期。
② 路迪民，《杨式太极拳三谱汇真》，人民体育出版社，2008 年。第 193 页。
③ 赵幼斌，《杨式太极拳架类型和特点》，载于《武当》，2005 年 05 期。

二 传统杨式太极拳八十五式

传统杨式太极拳八十五式，是由杨家第三代宗师杨澄甫先生晚年所创的“定型拳架”而来。宗师的“定型拳架”到底有多少式，时至今日，其各地门徒，在传承演练的招式及其风格上都不尽相同。如杨振铭先生（杨澄甫长子）、赵斌先生（杨澄甫侄外孙）、傅钟文先生（赵斌的妹夫）分为 85 式，杨振基先生（杨澄甫次子）分为 91 式，杨振铎先生（杨澄甫三子）分为 103 式。杨澄甫宗师之高徒牛春明先生分为 81 式，崔毅士先生分为 108 式，李雅轩先生分为 115 式。虽然在计算动作的方法上和数量上以及个别动作名称上有所不同，但是基本上都是在杨澄甫宗师 1931 年所著《太极拳使用法》和 1934 年所著《太极拳体用全书》中的拳照和动作顺序上演变而来的。

路迪民先生就杨澄甫宗师的著作《太极拳使用法》（1931）和《太极拳体用全书》（1934）中拳式动作的排序做了校勘，指出《太极拳体用全书》中，刊登的杨澄甫晚年定型拳架，动作名称和顺序排列一共 81 式。而与赵斌先师所传 85 式比较有 4 处名称算法不同：第一处，杨澄甫宗师的第 1 式为“太极拳起势”，赵斌先师传的 85 式分为两个名称，即第 1 式为“预备式”和第 2 式为“起势”；第二处，杨澄甫宗师的第 37 式为“左右打虎式”，赵斌先师为第 38 式“左打虎式”和第 39 式“右打虎式”；剩下两处均为将两个“单鞭下势”分为“单鞭”和“下势”①。这样 81 式加上 4 式的名称也就成了 85 式。在其他杨澄甫传的定型拳架中，有的将“左右搂膝拗步”分别计算为“左搂膝拗步”和“右搂膝拗步”，将“云手”的重复动作分解为“云手一”“云手二”“云手三”，将“野马分鬃”也做了左右的区分，等等，因而在动作数量的计算方式上形成不同。由此可见，先师在定型拳架后，只是对动作的顺序做了精心安排，却并未具体规定如何计算和编号这些动作。

在传承过程中，不同老师的演练风格，对拳架的理解和体悟不同，因而在个别动作的练法上也有不同的侧重点。例如由“提手上势”接“白鹤亮翅”一动，有些老师侧重“肘击、肩靠、胯打”，有些老师侧重在旋转中右臂翻挑、上托，左臂下採，一下一上有海底捞月之势。因而也就造成了所谓的定型拳架的不同练法，这些都是事物发展的合理现象。杨澄甫宗师的亲族传人和门徒在新中国成立以来，为太极拳的推广和传播作出了巨大贡献，使得“杨澄甫定型拳架”成为目前流传最广的传统杨式太极拳。根据不同师承关系的发展，这些定型拳架在中国也体现了一定的地域特征。不同地域的传人，呕心沥血，将传统杨式太极拳传播开来，使之得以在不同地区继承和发展。虽然这些拳架在风格形式上有所区别，但都源于或者继承于杨澄甫宗师的定型拳架，并且在实践中从内容和拳理上都丰富了杨式太极拳的体系，体现了大师们的智慧，也在不同的侧面展现了杨澄甫宗师定型拳架气势浑厚、舒展大方、立身中正、松活圆满、绵绵不断、轻灵沉稳的风格和特点。

杨澄甫宗师传承下来的，也并非只有“定型拳架”一种练法和套路。但是，为什么“定型拳架”在民国时期受到诸多有识之士的追捧，以至于如今，它是流传最广、演练人数最多的一种杨式太极拳架呢？除了杨澄甫宗师及其门下弟子的努力和推广之外，其中最重要的原因还在于这套拳架所蕴含的内容本身。

杨家经三代研习，到了杨澄甫宗师一代，对拳术已经有了深刻的体悟，并且总结出了丰富的教学经验。而面对日益增多的太极拳爱好者，以及“习武救国，强族强种”的社会环境，亟需一种有效的、具有多功能的教学和练习方式，使更多的人能够受益。因此，在其深厚的家学基础上，集中了杨家三代及其传人练拳和传拳经验，对杨式太极拳做了一定的改革，将杨家拳的精华和修炼要旨集中在一套训练体系当中。在宗师遗著《太极拳体用全书》中，除了有定型拳架的套路之外，还有单人、双人推手的练习方法，有关于拳架技击招数的展现，在理论方面有“太极拳练习谈”和“太极拳十要”等心得。因而“定型”并非是一个拳架的定型，而是对杨式太极拳修炼方法，以及修炼体系的高度总结和概括，可谓是杨家拳的集中体现和集大成者。

这也是为什么像陈微明（1881–1958）、牛春明（1881–1961）等年长于澄甫宗师，又跟随澄甫之父健侯先生学过拳，后又拜于澄甫宗师门下的原因。跟随澄甫宗师学拳的，要不就是先得健侯先生、少侯先生亲传，如田兆麟、王其和、汪永泉、张虎臣等，要么就是有识之士、带艺投师的，如李雅轩、崔毅士、董英杰、郑曼青、叶大密、褚桂亭、武汇川等，都终成一代名师，可见澄甫宗师之智慧与高明。

宗师在《太极拳体用全书》的《例言》中强调：“太极拳只有一派，无二法门。不可自眩聪明，妄加增损。”“私心妄改，以误传误，易失体用之真传”这个法门是什么？就是练习太极拳要明白和遵守的基本道理和准则。宗师又在《例言》中说道：“太极拳之主体，贵在动静有常。故练时举步之高低，伸手之疾徐，运动之轻重，进退之伸缩，气息之宏细，顾盼之上下左右，腰顶背腹之俯仰，须知各有常度。”知道了这个“常度”，也就是明确了习练的基本准绳。宗师将太极拳的理论与实践方法都蕴含在了“定型拳架”之中，只是看你能不能识得它的真面目了。

这个“准绳”，不是一个动作标准化的要求，而是一个符合太极拳准则的坐标。很多人由于自己身体的习惯，在开始学拳时不理解，做起来觉得别扭，比如身体放松、以腰带动四肢、实腿转换、圆裆开胯；或者单腿支撑时，胯根外旋里收等要求，但是当你照着这个准绳练，你就会发现其中奥妙了，因为这是帮助你通向太极之路的一扇门，你不按照这个准绳去练，不守太极拳的规矩，练八辈子也练不出功夫来。

但是不要将这个规矩变成一个死的“标准化”，太极拳打到最后，都是有手似无手，有形似无形，没有开始的准绳规矩，也就不可能有后来的无形神韵。外在上看着无形，实则是身体里面习练出了有形的东西。身体内在的东西你是看不见的，却是习练得来的客观存在。

那为什么“定型拳架”还有不同的演练风格呢？不能说人家不对，而是他们都保持了定型拳架练习的准绳，在此基础上由于师承、领悟不同而形成了不同的演练风格。就像一个娘生出的孩子，外表虽长得不一样，但是基因是相同的，你不能改变她的基因，否则就变种了。

恩师赵斌先生、傅钟文先生、傅宗元先生（傅钟文先生之弟 1914-1984）都是先后随澄甫宗师学拳、教拳，属杨式太极拳的亲族传人。在“定型拳架”的划分上，为何分为 85 式呢？我带病学拳期间，只顾傻学傻练，却从不敢问恩师这样的问题。后来庞大明先生在其著作《杨式太极拳阐微》一书中，提起他和傅宗元老师的一段对话：

我在跟傅宗元先生学拳时，先生对我讲：‘杨澄甫先生在定型这个套路的时候，是严格按照太极原理编排的，杨式太极拳叫八五式太极拳，也可以称八十五式太极拳（先生一面讲，一面从地上捡起一个小树枝在地上不断画着、写着）。叫八五式，八代表八卦、五代表五行，八五十三，寓意太极十三势，告诉人们太极拳里面有个十三势，为什么叫十三势，而不直接叫太极十三势呢？因为八五只得十三，而没有太极呀，85 式就是太极，也就是说 85 与八五合起来才能称为太极十三势。’讲到这里，先生故意停顿下来不讲，只是慈祥地笑看着我。我皱着眉头，纳闷地望着先生。好长一段时间谁也没有讲话。我在琢磨，怎么 85 与八五合起来就成了太极十三势了呢？

琢磨了很久，怎么也理解不了 85 与太极拳有什么关联。无奈我只得问先生：‘八五是两个数，它们可加、可减、可乘、可除，而 85 是一个数，它怎么变化呢？’先生当时没有直接回答我的问题，只是在地上写字，但是写的是阴、阳，金、木、土、水、火。坎、离、兑、震、巽、乾、坤、艮，甲、乙、丙、丁、戊、己、庚、辛、壬、癸、子、丑、寅、卯、辰、巳、午、未、申、酉、戌、亥，立春、雨水、惊蛰、春分、清明、谷雨、立夏、小满、芒

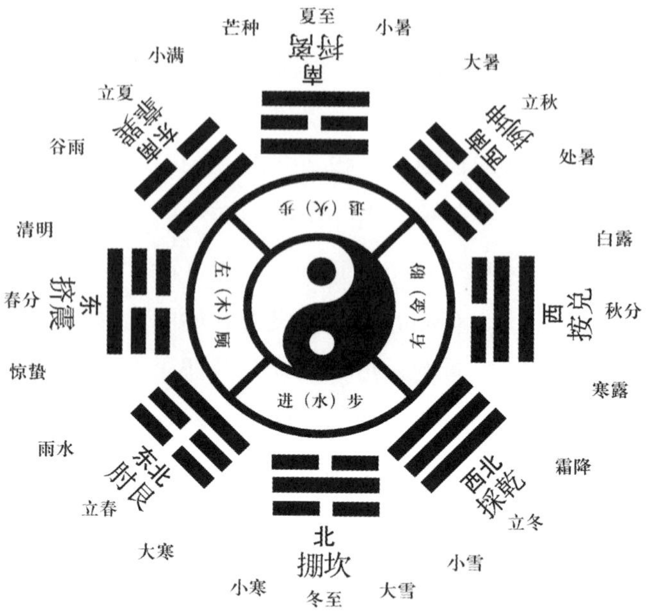

八卦图示意

种、夏至、小暑、大暑、立秋、处暑、白露、秋分、寒露、霜降、立冬、小雪、大雪、冬至、小寒、大寒。先生写完后，他抬起头来笑着对我说：“你查查我写了多少个字就明白了”。我不解地问：“你写了 85 个字，这不是阴阳、五行、八卦、十天干、十二地支、二十四节气吗？”先生回答：“对！你要记住，这就是太极所包含的内容，从现在起，我会慢慢告诉你，它们是怎样与太极拳相结合的，太极拳怎样将它们体现在武术中的。（当时先生指着地上的字说）这 85 个字就是太极，八五得十三势，它们合起来就是太极十三势。”先生看着我疑惑的表情笑着对我说：“不要紧，以后再给你讲十三势行功法的时候都离不开这些内容，慢慢你就理解啦。”[2]

读到这段文字，我才恍然大悟。为什么先师们称这趟定型拳架为八十五式，八门五步：掤、捋、挤、按、採[3]、挒、肘、靠，前进、后退、左顾、右盼、中定，是因为她万变不离其宗，因而太极拳亦被称为“十三势”。这里头的玄机，是需要有心人去参透的啊。澄甫宗师在《太极拳体用全书》的《例言》中说道：太极拳本易之太极八卦。曰理，曰气，曰象，以演成。孔子所谓范围天地之化而不过，岂能出于理气象乎？惟理气象乃太极拳之所胚胎也。三者得能兼备，而体用全矣。然象则取法太极八卦，气则不出于阴阳刚柔，理

则主宰变易不易，以穷其化。学者尤宜先求其象，以养其气，久之自然能得其理矣。正是指出了进入太极拳道修炼的法门。

① 路迪民，杨式太极拳三谱汇真，人民体育出版社，2008年。第17—23页。

② 庞大明、何丽萍、庞英睿，杨式太极拳阐微，河南科学技术出版社，2009年，第164—165页。

③ 挘同“采”。多数著作中用简化字“采”来表明太极八法之一。本书采用“挘”，以强调此劲法与其他劲法一样，均劲发于腿，主宰于腰，形于手指。

三 什么是太极拳的“体”和“用”

澄甫宗师的定型拳架对后世太极拳的普及和推广产生了巨大的影响和推动作用。国家体委在此基础上，编订了简化24式、48式、88式太极拳以及段位考核的标准套路等。对推广普及太极拳，促进全民健身活动和社会主义精神文明建设，促进社会和谐发展发挥了巨大的作用。

太极拳的特质之一是“体用兼备”。为了提高习练者的健身效果和技击功用，更深入地认识太极拳，有必要对太极拳的“体”和“用”做进一步探讨。

什么是太极拳的“体”和“用”？通常讲盘练架子就是“体”，推手就是“用”，我觉得这样的说法太过具象和片面。杨家所传的“太极拳体用解”①中说：“理为精气神之体，精气神为身之体。身为心之用；劲力为身之用。”理和精、气、神合在一起就是“体”，被称作“天道”，身心和劲力合在一起就是“用”，被称作“人道”。所以澄甫先生认为：“心、身有一定之主宰者，理也；精、气、神有一定之主宰者，意诚也。诚者天道，诚之者，人道。俱不外意念须臾之间。”

“体”就是太极拳修炼要达到的本质——天人合一。“用”就是实践“道”的路径。只有对自然带有诚心诚意的敬畏之心，才能在身体上得到、领略到自然赋予人的恩赐，这就是为什么太极拳讲究对心的修炼，对意念的修炼，最终是要理解你自己的身体是自然的一部分，是和宇宙的规律变化息息相关的。练拳实际上就是在修道。

“要知天人同体之理，自得日月流行之气。其气、意之流行，精神自隐微乎理矣。……若特以武事论之于心、身，用之于劲力，乃归于道之本也，故不得独以末技云尔。” 这就讲如果将“用”单纯理解成技击和打法，就成了末技，是武技而非武道。我们就是要通过练习太极拳去认识人身体之内所蕴含的大自然的规律，能够将身体内的自然规律和外界的自然规律结合在一起，达到和谐统一的同时，学会控制它和利用它，这就是体用兼备的本意，也是为什么太极拳叫内家拳，因为她将自然之中的规律融进了拳术当中。大自然中有的金木土水火，人体也有。大自然中有的八种自然现象，人体中也有。乾坤阴阳为一大天地，人身为一小天地。因此说太极拳难练，就是因为你难以识破她的面目。

太极拳的“体”就是通过练习得知身体内在能量的积累是和自然规律相关联的。它包含着生理、心理、医学、力学等基本要素，也包含着中国传统的宇宙观、世界观以及思维方式。这个“体”的修炼都包含在拳架、推手、器械的练习当中。澄甫宗师在《太极拳练习谈》中讲到：“太极拳之程序，先练拳架（属于徒手），如太极拳、太极长拳；其次单手推挽、原地推手、活步大捋、散手；再次则器械，如太极剑、太极刀、太极枪（十三枪）等是也。”这样的程序就是太极拳修炼当中的一个最为有效的法门，是基础中的基础，核心中的核心。在这个法门当中，“体”和“用”是相辅相成，互为体现的。

“体”就是通过太极拳的基本原理，修炼方法，最后使得身体产生内在的能量，这个内在的能量也是大自然赋予我们的。而“用”就是学会控制和掌握自然规律和能量。例如练太极拳时讲“松”，松不下来就体会不到气血、劲力的贯通。气血、劲力不贯通就体会不到劲起于脚、发于腿、主宰于腰、形于手指，更体会不到以心行意，以意导气，以气运身是怎么回事。没有体就不会有用。再比如讲呼吸，太极拳有肺呼吸、丹田呼吸和体呼吸。肺呼吸的是有氧运动，吐故纳新，从自然中汲取养分；丹田呼吸练得是横隔膜和脏腑，推动心火下降，心肾相交，水火既济，体内才会有了气感，配合以拳势动作，丹田有开有合，若有若无，忽隐忽现，气遍全身不稍滞。进而身体毛孔微开，云蒸雾起，全身轻灵通透。这就是“炼精化气，炼气化神，炼神还虚”的路径。你若没有“体”就掌握不了呼吸的要领和原理，也不会收到好的健身效果，更不会用来养生和技击。

“太极体用解”中最后说道：“劲由于筋，力由于骨。如以持物论之，有力能执数百斤，是骨节、皮毛之外操也，故有硬力。如全体之有劲，似不能持几斤，是精气之内壮也。虽然，若是功成后，犹有妙出于硬力者。修身、体育之道，有然也。” 肌肉发达、力量大的人，提起数百斤用的都是硬力。而太极拳经过放松训练，使四肢与躯干的劲力协调配合起来，通过腰的主宰，把人体上身与下身的很小的力量合起来，达到高度的协调和同步，从而看似柔弱、绵软的动作，实则形成了强大的内劲。这就是澄甫所说“绵里藏针”的艺术。而这种看似柔和、如行云流水一般的动作，却妙于使用硬力者。王宗岳说：“察四两拨千斤之句，显非力胜，观耄耋能御众之行，快何能为。”说的就是以弱胜强的道理。老子说：“天下至柔莫过于水，而攻坚强者莫之能胜，以其无以易之，弱之胜强，柔之胜刚，天下莫不知。”“上善若水，水善利万物而不争。”这些说的都是大自然的规律。

不管是体和用，体现在拳上，都是对“道”的体悟、体认和体证，都是对自然规律的发现和把握。因而习拳可明心见性，可对人生和宇宙有所洞察和感受。

①“太极拳体用解”出自杨家祖传《太极拳老拳谱32目》，此谱一直保存在杨澄甫夫人侯助清女士手中，1961年转交其子杨振基。杨振基先生于1993年在其著作《杨澄甫式太极拳》中首次将原件影印公布。

四 谈太极拳如何入门

学练太极拳首先要对它有一个明确的定位。它不是广播操，不是晨练舞蹈，不是活动腰腿的热身运动，它是有系统、有理论、有实践、有历史、有文化的中国武术。杨澄甫宗师的《太极拳之练习谈》是早期系统讲解太极拳如何入门的经典拳论。开篇说道：“太极拳，乃柔中寓刚、棉里藏针之艺术，于技术上、生理上、力学上，有相当之哲理存焉。”这是对太极拳清晰的定位，单纯地把太极拳理解为健身手段或武术中的攻防实战，都是片面的。

太极拳的本质是一门身心修炼的艺术，其大无外，其小无内。因而，习拳要有不断超越自我的精神和理念，唯有如此，在技艺上和德行上，身体上和心灵上才能有所收获，才能和大自然有所感通。由艺而德、由下学而上达，这是习拳人的追求，也是人生的境界。正如王新午在《太极拳法阐宗》中说道："故健身应用之目的，终可至于修养。以成高尚道德与人格，是为习太极拳最终之结果。换言之，即庄子所谓技而近乎于道者也。"[①]习武先习德，德是一种敬畏，一种品质，一种感动他人的力量。

太极拳如何入门？拳经上说得很明白："入门引路须口授，功夫无息法自修。"这两条路是相辅相成的。"口授"必须要有明师指导，无论师父是否出身名门，地位是否尊卑，只要他在太极拳上是明白的人，练到身上的人，性命双修的人，都可以为明师。旧时候跟师父学拳，师父要考验弟子三年，同时弟子也要检验师父三年，然后才会决定是否拜师学艺。而今选择师父，不要只看其名望，看其地位，而要有鉴别心、审慎心和敬畏心，如果功利性太强，势必也会影响到你对拳术的理解。

学太极拳不能只靠看光盘和读书自学，一定要有师父言传身教、口传心授、手把手地教才能入门。练到不同的阶段，师父会指引你通往下一个门槛。

澄甫宗师在《太极拳练习谈》中说道：

故研究此道者，需经过一定之程序与相当之时日，虽然良师之指导、好友之切磋故不可少，而最紧要者，是在逐日自身之锻炼。否则谈论终日，思慕经年，一朝交手，空洞无物，依然是门外汉者，未有逐日功夫。古人所谓，终思无益，不如学也。若能晨昏无间，寒暑不易，一经动念，即举摹练，无论老幼男女，及其成功则一也。

学拳除要有明师指导之外，还要勤学苦练，有恒心、有毅力。恒心和毅力是一种对信念的执著。恩师赵斌先生在1984年为西安永年杨氏太极拳协会题写"恒、专、不骄"四字箴言。将"恒"放在首位，就是说习拳要有百折不挠、持之以恒的决心和毅力。唐僧要是没有恒心，就不可能去西天取得真经。有了恒心，你的心就会变得平静，变得不动摇，不会被外界的欲望所干扰，就有了精神和心灵的力量。在此基础上，身体力行地去坚持，去实践，

"若费一日之功力，即得有一日之成效，日积月累，水到渠成。"赵斌先师曾说，练习拳架套路时，一遍是热身，两遍是熟悉套路，三遍四遍才会长功夫。

有了明师指导，加之持之以恒地刻苦练习，还要经常和同行之间切磋交流。虽然不同门派练法不同，但最终结果都殊途同归。同门或者不同门类之间有着很多可以学习借鉴的心得体会，要多与同行交流，不要有门派之见，以能者为师，取长补短，方能提高。尊师、重道、爱友是习拳入门的捷径。

对于学好太极拳来说还有一条很重要，那就是悟性。这个因人而异，每个人资质不同。但是有时候有资质的聪明人也会反被自己耽误了。澄甫宗师说道：

然同志中，专心苦练、诚心向学、将来不可限量者故不乏人，但普通不免入于两途，一则天才既具，年力又强，举一反三，颖悟出群，惜乎稍有小成，便是满足，遽迩中辍，未能大受；其次急求速效，忽略而成，未经一载，拳、剑、刀、枪皆已学全，虽能依样葫芦，而实际未得此中三昧，一经考究其方向动作，上下内外，皆未合度，如欲改正，则式式皆须修改，且朝经改正，而夕已忘却。故常闻人曰："习拳容易改拳难。"此语之来，皆由速成而致此。

对于习拳而言，悟性高固然很好，但是学一式要专一式，学一门要专一门。涉猎要广，研习要精。故而恩师将"专"作为第二条准绳。不仅习拳要专一门，而且练习的过程中也要精神专注，要守得住自己的内心，心静则专，精神贯注则开合有致、虚实分明。套路外形上容易模仿，但是内在的东西是模仿不来的，一定是对每一招式有深入体悟，才能窥见其中的奥妙所在。对初学者而言，在老师的指导下，先要讲究动作的准确性，注意身形内外、上下的要领，要明白每招每式的意涵，这样才能更进一步地深入。不可贪多，学一式要有一式的收获，多问几个为什么。恩师将"不骄"作为第三条准绳，即习拳、改拳不要有所间断，更不可随意更改动作，要拳不离手曲不离口。"不"就是不能打破和随意更改规矩。"不骄"作为第三条准绳，说的是不论对拳还是对人，都要有谦卑之心、敬畏之心、和蔼之心，不要骄傲自满。"恒专不骄"既是讲习拳入道的方法，又是讲做人的准则。傅钟文老师将其归纳为"勤、恒、礼、诚"亦是如此。

我们讲了习拳入门要具备的四个基本条件：明师指导，勤恒苦练，与同道交流，要有悟性。除此之外，在身形要领方面，澄甫宗师给初学者指出以下几点要求：

1. 周身骨节，均须松开自然。其一，口腹不可闭气；其二，四肢腰腿，不可起强劲。此二句，学内家拳者类能道之，但一举动，一转身，或踢腿摆腰，其气喘矣，起身摇矣，其病皆由闭气与起强劲也。

宗师所说的第一句话，就是太极拳入门的真谛：周身骨节，都需松开自然。可是，无论初学者还是具有一定基础的练习者，这个“松”却是最难做到的。开始学拳，要有意识地引导你肢体的各个关节，一一松开，寻找一种对拉拔长的感觉。初学者还总爱问一个问题，那就是太极拳如何呼吸？有时候老师讲得太复杂，学习者反倒不会呼吸了。因此，对于初学者而言，呼吸要自然，不可闭气，不可配合动作强呼强吸。等到套路熟悉，基本要领掌握了，呼吸自然会变得细而长，匀而慢。再往后，练习到了一定层次，身体内在有虚实开合的变化时，就更能体会到呼吸的重要性了。开始学习套路，就是学习如何使得你的手脚服从指挥，手脚不听指挥的时候，不可强硬用力，要在放松中体会，贵在自然。

2. 习练时头部不可偏侧与俯仰，所谓要“头顶悬”，若有物顶于头上之意，切忌硬直，所谓悬字意义也。目光虽然向前平视，有时当随身法而转移，其视线虽属空虚，亦为变化中一紧要之动作，而补身法手法之不足也。其口似开非开，似闭非闭，口呼鼻吸，任其自然。如舌下生津，当随时咽入，勿吐弃之。

此处是对于头部的要求。如何做到“顶头悬”和“虚领”，接下来的习拳总体要领中会谈及。澄甫宗师说到了眼神、口鼻、唾液等都是极其细微之处，学者要细细体会，才能领悟其中道理。眼是神之主帅，心灵的窗户，内心的表达。练拳时虽然平视，似看非看，但却在紧要之处具有一定的杀伤力。宗师所言，眼神能够弥补身法和手法上的不足，是说用眼神也能震慑住敌人。习武高手，能用眼神震慑住对方的魂魄。口鼻是调节和控制呼吸节奏的关键，推手时往往在一呼一吸之间见出真功夫。有人说太极拳重呼不重吸，比如练法中强调“哼、哈、咳、呵、嘻、呼、呬、吹、嘘”等，但是我认为吸和呼一样重要。

3. 身躯宜中正而不倚，脊梁与尾闾宜垂直而不偏；但遇开合变化时，有含胸拔背、沉肩转腰之活动，初学时必须注意，否则日久难改，必流于板滞，功夫虽深，难以得以致用矣。两臂骨节均须松开，肩应下垂，肘应下曲，掌宜微伸，手尖微曲，以意运臂，以气贯指，日积月累，内劲通灵，其玄妙自生矣。

此处讲的虽是身形上的要领，却也是在讲内外如何贯通的方法。初学者要注意身体脊柱垂直的重要性，无论做什么动作，都要保持脊柱上下垂直，旋转是以脊柱为轴，腰为动力，方能灵活。要学会每招每式都用腰来带动，身体的旋转、手臂的曲伸、脚下的起落，等等，处处都是用腰。腰手联动，方能体会到“太极有手似无手”的整体效果。在此基础上，全身放松，使脚下地面的反作用力节节贯穿上来，才能“以意运臂，以气贯指”。

太极拳打起来美观，是因为它身法要求中正安舒，不仰不俯，和做人是一个道理。武式太极拳创始人武禹襄故居的门上就有句对联：“立定脚跟竖起脊，拓开眼界放平心”。“立定脚跟”是步法，太极拳讲求平衡和稳定，都是脚下的功夫。“竖起脊”是身法，也是发劲和技击要领。“拓开眼界”是眼法，内心平坦，眼界开阔，视线焦点有收有放。“放平心”讲的是心法。习练太极拳要与人为敬，心平气和。先贤们看似在说拳，实则在说做人的道理，只有追求更高的境界，才能拳人合一，天人合一。

4. 两腿宜分虚实，起落犹似猫行。体重移于左者，则左实，而右脚谓之虚；移于右者，则右实，而左脚谓之虚。所谓虚者，非空，其势仍未断，而留有伸缩变化之余意存焉。所谓实者，确实而已，非用劲过分，用力过猛之谓。故腿曲至垂直为准，逾此谓之过劲，身躯前扑，即失中正之势。

此处强调脚下的虚实，也是身体重量的变化。太极拳在运动过程中，脚下的虚实都是在不断变化的，它决定了身体重心是否稳定。初学者要分清每一动作脚下的虚实是如何区分和过渡的。脚下的虚实转换决定了劲力的转换，要注意在迈步或后撤步时，身体重量不能主动前移或者后坐。要在虚实过渡的转换中，体会劲力起于脚，发于腿，主宰于腰，输于两臂，形于手指。这才是虚实变化的本体。否则只知道重量在哪条腿，哪条腿就是实，这是知其表而忘其本。

5. 脚掌应分踢腿（谱上左右分脚或写左右起脚）与蹬脚二式，踢腿时注意脚尖，蹬脚时则注意全掌，意到而气到，气到而劲自到，但腿节均须松开平稳出之。此时最易起强劲，身躯波折而不稳，发腿亦无力矣。

太极拳多讲掌型如何，却很少提及脚型。掌当然重要，功夫是由脚下练出来的。步法掌握了，用活了，身法才能灵巧。猫在迈步时，脚掌有伸有缩，有吐有纳，每落下一步，能生根，亦能自然提得起。尤其在跳跃发劲时，都是脚掌和腰胯上的功夫，因而迈步如猫行，不是让你练拳时小心翼翼地模仿猫步，而要体会脚下的功夫。宗师在这里讲的是蹬脚与分脚两种脚型的着意点不同，同时强调脚下不可用力所为，只有各关节松开自然，内气才能贯于脚跟或脚尖。

6. 太极拳之程序，先练拳架（属于徒手），如太极拳、太极长拳；其次单手推挽、原地推手、活步推手、大捋、散手；再次则器械，如太极剑、太极刀、太极枪（十三枪）等是也。

程序就是先做什么后做什么。太极拳是一个系统，不同方面的训练总是相互联系、相互补充的。先学习拳架，待有三年功夫，拳架不断改正得以定型之后，开始练习推手，推手是对拳架的校正和检验。通过推手练习可以提高身体触觉的灵敏度和反应能力，我们称之为“听劲”的功夫，反过来也可验证知己的功夫。推手也是有系统和循序渐进的，不可贪多。拳架中的手、眼、身、法、步都是可以在推手中去实践的。其次学习器械，兵器是肢体的延长，要练刀或剑，它们就是你身体的一部分，他们也有着生命和灵性。枪、杆是长功夫的，练的是劲力的贯通，要使身外之物也能成为你的媒介，使得劲力延长并且灵活运用。白蜡杆有时候抖得像鞭子一样，但要控制好劲力的“度”，打人不难，难在轻重能够随心所欲。长兵器贵短，短兵器长用，这就是一个度的把握。功夫高深的人，打人对方不觉得皮肉疼痛，而伤的却是内脏。“盲修者千斤铁棒打苍蝇，会道者一缕藕丝牵大象”讲的就是这个，不然怎来得“四两拨千斤”。

7. 练习时间，每日起床后两遍，若晨起无暇，则睡前两遍，一日之中，应练七八次，至少晨昏各一遍。但醉后、饱食后，皆宜避忌。

练习地点，以庭院与厅堂，能通空气，多光线者为相宜。忌直射之烈风与有阴湿霉气之场所，因身体一经运动，呼吸定然深长，故烈风与霉气，如深入腹中，有害于肺脏，易致疾病也。练习之服装，以宽大之中服短装与阔头之布鞋为相宜。习练经时，如遇出汗，切忌脱衣裸体，或行冷水揩抹，否则未有不罹疾病也。

中国人做事讲天时、地利、人和，练拳亦是如此。早上练拳不宜摸黑练，一般要等太阳升起时。时间充裕的人，可以在早上活动一下，上午九时到十一时，下午三到五时之间练拳。我以前也摸黑练，但是效果不是很好，也许是摸黑有摸黑的练法，我没有掌握。宗师所说从时间到地点，以及练拳时注意事项，都应牢记在心，严格遵守。

① 王新午(1890—1964)，太极拳阐宗（上编），山西，山西科学技术出版社，2006，第16页。

五 谈习拳总体要领

澄甫宗师的《太极拳说十要》是对习练传统杨式太极拳总体要领的高度总结和概括，也是被其它太极拳门派赞扬和认可的习练准绳。习拳最重要的就是明理，要懂得习练的规矩，遵守习练的法则，才能入门，进而习有所得。我仅以个人近四十年的习拳心得，对宗师立下的准绳加以体悟，只能说有些粗浅体会愿和大家分享。

《太极拳说十要》

——杨澄甫口述 陈微明录

1. 虚灵顶劲

顶劲者，头容正直，神贯于顶也。不可用力，用力则项强，气血不能流通，须有虚灵自然之意。非有虚灵顶劲，则精神不能提起也。

2. 含胸拔背

含胸者，胸略内涵，使气沉于丹田也。胸忌挺出，挺出则气涌胸际，上重下轻，脚跟易于浮起。拔背者，气贴于背也。能含胸则自能拔背，能拔背则能力由脊发，所向无敌也。

3. 松腰

腰为一身之主宰，能松腰然后两足有力，下盘稳固。虚实变化皆由腰转动，故曰："命意源头在腰隙。"有不得力必于腰腿求之也。

4. 分虚实

太极拳术以分虚实为第一义。如全身皆坐在右腿，则右腿为实，左腿为虚；全身坐在左腿，则左腿为实，右腿为虚。虚实能分，而后转动轻灵，毫不费力。如不能分，则迈步重滞，自立不稳，而易为人所牵动。

5. 沉肩坠肘

沉肩者，肩松开下垂也。若不能松垂，两肩端起，则气亦随之而上，全身皆不得力矣。坠肘者，肘往下松坠之意。肘若悬起，则肩不能沉，放人不远，近于外家之断劲矣。

6. 用意不用力

太极拳论云：此全是用意不用力。练太极拳，全身松开，不使有分毫之拙劲，以留滞于筋骨血脉之间，以自缚束。然后能轻灵变化，圆转自如。或疑不用力何以能长力？盖人身之有经络，如地之有沟洫。沟洫不塞而水行，经络不闭则气通。如浑身僵劲充满经络，气血停滞，转动不灵，牵一发而全身动矣。若不用力而用意，意之所至，气即至焉。如是气血流注，日日贯输，周流全身，无时停滞。久久练习，则得真正内劲。即太极拳论所云"极柔软，然后极坚刚"也。太极拳功夫纯熟之人，臂膊如绵裹铁，分量极沉。练外家拳者，用力则显有力，不用力时，则甚轻浮。可见其力乃外劲浮面之劲也。不用意而用力，最易引动，不足尚也。

7. 上下相随

上下相随者，即太极拳论所云“其根在脚，发于腿，主宰于腰，形于手指，由脚而腿而腰，总须完整一气”也。手动，腰动，足动，眼神亦随之动。如是方可谓之上下相随。有一不动，即散乱也。

8. 内外相合

太极拳所练在神。故云：“神为主帅，身为驱使。”精神能提得起，自然举动轻灵。架子不外虚实开合。所谓开者，不但手足开，心意与之俱开；所谓合者，不但手足合，心意亦与之俱合。能内外合为一气，则浑然无间矣。

9. 相连不断

外家拳术，其劲乃后天之拙劲。故有起有止，有续有断，旧力已尽，新力未生，此时最易为人所乘。太极拳用意不用力，自始至终，绵绵不断，周而复始，循环无穷。原论所谓“如长江大海，滔滔不绝”，又曰“运劲如抽丝”，皆言其贯串一气也。

10. 动中求静

外家拳术，以跳掷为能，用尽气力，故练习之后，无不喘气者。太极拳以静御动，虽动犹静，故练架子愈慢愈好。慢则呼吸深长，气沉丹田，自无血脉偾张之弊。学者细心体会，庶可得其意焉。

对总体要领的解析：

（一）虚领顶劲与含胸拔背、沉肩坠肘

虚领顶劲是“十要”当中第一条要领，是提纲挈领的动作要求。只有把它做好了，才能为其他动作打下良好基础，不然无从谈起，所以处处都要以此准绳要求自己，贯穿练拳行功的始终。“虚领”，并非是用力往上顶，而是轻轻地往上“领”起。顶，是指头顶（百会穴），它是一个点，不是用力之地。我们讲轻轻领起这个点，而非往上顶这个点。如果往上顶，就易导致颈项僵硬、面部表情呆滞、头颅转动不灵活等弊病。同时要注意虚领顶劲并

非是一个单独的动作反应，它是在全身其他动作要领准确到位的基础上，由脚下产生的直达头顶的一股子内劲，而产生“上领”和“顶头悬”的感觉，使头正颈直，虚灵自然。这也就是太极拳中“有上就有下，有下就有上”的体现。

那么，怎样做才能虚领呢？首先，有意识地将头部保持端正，下巴微收，沿下颌骨两侧向后脑勺微上提，玉枕穴微微后凸。然后，放松肩部关节。两肩的放松并不是一味往下坠，而是微向肩两侧拔开然后弧形向前微裹，这是两肩自然松开的结果，并非要有意凹胸，胸部应该自然平坦，两肩自然松开、松沉，两臂才有掤劲。我们讲含胸拔背，也是这个意思，不是有意的凹胸凸背，那样容易练成驼背。肩部关节自然拔开、松沉后，胸骨自然垂直舒展，坦坦荡荡。再进一步从内劲上讲，例如揽雀尾挤掌、按掌之时，随着向前弓步，重心前移，胸部和背部要圆撑饱满，微有后撑之意，不可随两掌而向前趴，此时肩胯的松沉使得脚下的反弹力由脚而腿，经过腰的加速从后背上来传导于两臂和指梢。如果上身没有虚领顶劲和含胸拔背，胸部和背部不能够饱满圆撑，腰劲就无法传导于肘手。我们讲太极拳用腰不用手，但是腰跟手说不上话，用腰也是白用。因而虚领顶劲、含胸拔背、沉肩坠肘才能使身形上下、前后保持对拉。这一点是劲路能否贯穿、畅通，骨骼能否协调一致的关键保障。第三，虚领的关键之处在于上下有个对拉的感觉，有了往上的领起，才有往下的松沉感，横膈膜才不至于上浮。肩部和腰胯才能松沉。没有虚领，就好比一件衣服没有用衣架把它挂起来，一下子蜷缩堆放在一起，没有了外形。所以有了虚领，一切就都会有。澄甫宗师强调“非有虚领顶劲，则精神不能提起”，只有这个要领掌握了才能生气势、提精神、透神韵、提携周身。

（二）分虚实与两脚互为其根

太极拳讲“处处总此一虚实”。澄甫宗师说“太极拳术，以分虚实为第一义”，可见分虚实的重要性。什么是虚什么是实，我们后面还会讲到它们的内在表现。此处强调在习拳中脚下身体重量的承担、过渡与转换，身体重量在右脚，右脚则为实，左脚为虚，反之亦然。因为劲由脚生，所以分清脚下的虚实是非常重要的。

脚下虚实的关键，不能只知道哪只脚承担身体的重量，而要明白身体重量在两只脚上是如何变化和过渡的，因此分虚实讲的是虚实的变化。习拳过程当中，脚下的虚实变化决定了身体重心的位置以及是否能够平衡和稳固身体。太极拳除了在上步、退步、独立、分脚、蹬脚、摆莲时是单腿支撑，另一只腿或虚悬运动，或贯劲发放，其余动作大都是在两脚着地的状态下运动，故而要分清哪只脚为实哪只脚为虚。但是，虚实不可理解死了，因为身体一直处在虚实转换的过程当中，在这个过程当中，要保持身体的稳固，就需要两脚互为其根。双脚是劲力之根，如果没有根，劲何以生，何以传。

以左弓步为例，我们要求“实腿送虚腿”左脚向前迈步，左脚跟落地后，随松腰落胯圆裆，全脚掌渐次落下，借助地面的反弹力，屈膝微有后撑之意，此时右腿也开始缓缓前蹬，两脚在后蹬前撑的过程中互为其根，借地面反弹力，依次上达于腿、腰，过肩背而行于指梢。因而弓步时，不是膝盖拉着身体往前跑，更不是胯主动带着身体重心前移，一切都是在关节放松的基础上，劲起于两脚。

又例如，单腿支撑，另一只脚轻轻着地时，我们说承重腿为实腿，轻轻着地的腿为虚腿或虚步，但此时，仍需两足互为其根。虚腿时（脚尖或脚跟着地），仍接地面微弱反弹力，一方面稳固身体，另一方面接力于地，松膝，落胯，圆裆，使两脚的劲力合而上升，行于指梢。两脚互为其根是分虚实的前提，清楚了这一点，才能明白如何分得了虚与实，拳势动作才能平稳自然，节节贯穿，上下应答。

（三）实腿转体

杨式太极拳在演化和发展的程中，有虚腿转体的练法，也有实腿转体的练法，其目的都是为了获得内在的东西。待身体内在有了虚实变化和体悟时，功夫由有形到了无形的境界，此时脚下的虚与实是用肉眼分辨不出来的。

恩师赵斌先生在教拳过程中反复强调要“实脚转体”。他是这么练的，也是这样教我们的。例如在“揽雀尾”接“单鞭”一式的要求中特别强调：“由按式向左、向右往复运动时，切记右足重心不变。”在这套传统杨式太极拳中，涉及实脚碾转的地方就有三十多处。可见“实脚转体”不是某一个动作的局部问题，而是我们练习这套拳的一个特点。一直以来我秉承恩师的教诲，切记“实脚转体”，不敢有丝毫改动，也从中悟出了“实脚转体”练法的优点。

在练法上，实腿转体要求：第一，实脚内扣或外碾时，实腿脚、踝、膝、胯外侧要保持在同一个垂直侧面，同时旋转。两肩两胯要端平，上下对齐，腰胯同时联动。第二，转动时是以腰为动力，脊柱为轴，保持尾闾正中，不偏不倚，不扭不斜。第三，实脚转体时，要保持头正肩平、虚领顶劲。脚掌外碾时，实腿胯根要外旋里收，脚掌内扣时，实腿胯根亦要收住而不至于外凸。 实腿转体时，膝盖放松，单腿屈膝支撑时，膝盖不可过脚尖。

实腿转体有着诸多优点：第一，实腿转体增加了腿部肌肉群的耐力，使下盘稳固，提高了平衡能力和锻炼效果。第二，从劲力上讲，实腿转体可以使拳势在转换过程中，劲力仍由脚而生，下传上达，节节贯穿。粘连黏随的劲力连绵不断，内气潜转平稳。第三，实腿转体避免了荡裆而形成的漂浮和散乱，因为身体重心的移动皆由脚下而来，裆和胯的随意摆动，会直接导致劲力传导方向和路线的改变。第四，实腿转体实际上是“寓桩于拳”，在每势衔接和转体时，都能够保持桩功不断，使静的桩功变成动的桩功。同时，实腿转体在各个关节都放松的基础上，练的是韧带对身体的掌控能力，因而说太极拳练的是筋骨而非皮肉。第五，在技击方面，实脚转体更能体现闪展腾挪、动作敏捷、攻防得机得势等特征。

（四）弓步与扑步

弓步时，“膝盖不要超过脚尖”，这样的说法原则上是对的，但是不够准确。在传统杨式太极拳八十五式中，对弓步有着极为严格的要求，那就是：前弓的小腿要基本垂直于地面，不足不行，太过了也不行。弓步时“膝盖不超脚尖”意味着小腿的倾斜有一个范围，这使得习练者有时理解为膝盖和脚尖可以上下垂直，这样的做法产生的直接后果是地面反作用力不能直接传导上来，使得膝关节周围肌肉和韧带过分牵拉，久而久之则极易造成膝关节慢性损伤。其次，由于膝盖前冲迫使肩胯前移，腰下陷而失去顶劲。肩胯前移身易歪斜，腰失顶劲则无力，身法失去中正而易为人制。因此我们强调，弓步时小腿要基本上垂直于地面，这样膝关节才能放松，使骨节减少受力和摩擦，两脚才能互为其根，劲力才会上下通达，身法才会中正。因而我们说弓步时小腿要基本垂直于地面。小范围前倾可以，但膝盖以不超过脚拇指根部为度。

杨式太极拳中的下势动作，也叫扑步下势，因为全套只有两个下势，不像云手、搂膝拗步、倒撵猴等重复多次，由于平时练得少，所以绝大部分人都做不到位或者不合乎要求。有的学员在做扑步下势时，左腿伸直，腿的内侧全贴地面，前脚扒地内扣几近 90 度，身子俯得很低，这是不可取的。太极拳要求我们凡两脚着地时要互为其根，互有蹬撑之意，立身中正，尾闾正中，松腰落胯，屈膝圆裆，就是像下势这样的动作也不例外。下势正确的做法是：右脚尖外展至南偏西约 15 度，使右膝尖和脚尖方向保持一致，不可扣膝。前脚尖略内碾，使脚尖内扣约 15 度左右，前腿微屈有一定的弧形。裆要圆撑似拱形。上体中正不偏，直直往下蹲，不可前俯后仰。前脚掌要微微后撑，脚掌绝对不可翻起，臀部不可过于下沉，不可形成“荡裆”的现象。此动作主化、主沉、主採，随即就要发起进攻，所以必须保证自己身法中正不偏。如果蹲得太低，失去撑劲，攻不能迅速起身而失去战机，守因自己丢、匾而易为人制。

（五）尾闾正中

我们练的是“尾闾正中”的拳。尾闾正中是保证身法中正的关键。尾闾前与鼻尖相合，上与百会照应，其下垂线须臾不离两脚宽度之中线。在行拳走架中随着方向的变化而变化，如犁耕地，其垂直线不可坐在脚后跟上。因而在练法上要求控制好两胯，左右端平，齐进齐退，脊柱竖起，收住胯根。

为什么尾闾一定要正中呢？“十三总势歌”中云：“尾闾正中神贯顶，满身轻利顶头悬。”腰和尾闾在太极拳中一个起主宰作用，一个起航舵的作用。如果尾闾不正，势必影响腰的主宰效果。同时由于尾闾不正，百会与尾闾不能上下垂直照应，上则影响虚领顶劲，造成神意不能提携全身，意气不能顺畅。下则影响气沉丹田，造成两足不能置地生根，影响下盘的稳固，在身法上产生前俯后仰，左歪右斜，不能八面支撑，身势散乱，劲力不整。会造成虚实不清，上下不能相随，产生双重，劲力不能贯穿等弊病。

（六）有前才有后，有后才有前

在身法要领中，我常强调：“有前才有后，有后才有前，前去之中必须有后撑之意，后退之时须有前蹬之劲。”这是我体会到的使得劲力畅通顺达的一种练法。

以搂膝拗步向前弓步为例，初学者向前迈步前脚着地脚掌踏平时，要有微微后撑之意，重心前移后腿前蹬时，似有阻力地向前弓步。不可用膝盖拉着腰胯主动往前移，而要体会借助两脚蹬地的反作用力，由脚而腿，通过腰的加速与运化传导到肩背，最后输于两臂和指梢，这是在放松的基础上体会节节贯穿的感觉。如果前腿没有后撑之意，那么就会导致弓步膝盖主动前冲，牵动肩胯前移，造成立身不正，劲力分散不能通达于手，更不能做到两脚互为其根。架子定型熟练之后，前脚就不用刻意找后撑的感觉，放松后反弹力自然而然就传导上来了。

“前去之中必有后撑之意”主要针对的是上身。要求向前推掌，按掌或冲拳时，两侧锁骨和两肩以及后背要微微后撑，肩关节松开，使得肩和手形成前后对拉之势。单推是这样，双按也是这样，掤是这样，挒也是这样。这就叫做“有后才有前，前去之中必有后撑之意”。如果向前推掌或冲拳时，其膀根不能后撑，胸前不空，背后不能圆撑，从而造成手带着肩前移，带着身子前俯，肩胯不合，失去中正，劲力同样不能形于手指。

“有后就有前，后退之中必有前蹬之劲”主要是针对后撤步。例如倒撵猴一式，在后退之中，后脚一着地就要有向前蹬地的劲力，使之蹬地的反作用力节节贯穿于指梢，外形虽为后撤，劲力却是向前送达，随掌向前击出，前脚微后撑，掌与胸背要有对拉之意，劲力才能节节贯穿，畅通无阻。

有前就有后，前去之中必有后撑之意；有后就有前，后退之中须有前蹬之劲。这个练法练到一定程度，身体内在有了感觉之后，就不用刻意追求，在全身放松，以腰带手的基础上，皆凭心意下功夫，脚一着地，手一到位，一切都自然产生了，望习练者认真体会其中的重要性。

（七） 掌是内在开合的关键

掌型上要注意保持舒展，不能蜷缩，软塌。身体的内劲或者内气要灌到指梢去，开始学的时候要清楚每一动的劲点在何处，这样脚下的劲力反弹上来才知道往哪用，往哪使。练习时间长了，不用在意劲点，全是意念领着动作。掌型很重要，它和身体内在的开合是紧密相连的。如果开始不注意掌型，即使有了内在的东西，和手说不上话，就不能运用自如。所以掌型开始就像一个领路人一样，后来到了用意念的时候，意念又涵盖和超越了掌型所能达到的地步。

我们练拳时，无论是抄手，掤手、挒手、採手、按手、捋手，也不论身体内在是实还是虚，内劲始终都是灌满指梢的，只是虚有虚的劲，实有实的劲。需要强调一点，“灌满”的意思不是说要用僵劲或者用力，而是全身要放松，使得你的气血通畅，肩胯松沉下去之后，反弹力传导上来，自然而然地就有一股内劲贯穿指梢。肌肉和关节都不能僵紧，这个“灌满”是内气充盈的结果和表现。内气灌满指梢之后是没有断续的，随着内在的开合，程度有强有弱，在虚实转换之间，也是充盈饱满的。因而你的身体就像一个球，处处都是弧线，都充盈着内在的东西，而不是虚空的。内在开合与外在动作始终都是结合在一起的，外形上做不好，内劲也受影响。内在东西的产生，是靠外形和身体放松引导而来的。只要带着意念做动作，手一动，内在就有感觉，这个就是内外相合。同时，身体内在的虚实开合跟外在的套路动作也都是相配合的，比如搂膝拗步到位时丹田是聚合沉降，这是身体内在的实，而腰一转动，带动下一个动作开始时，丹田由聚合而散开，身体内在变成虚。内外始终是齐开齐合、协调一致的，没有谁先谁后。

（八） 节节贯穿，上下相随

节节贯穿是什么意思呢？有些学员认为节节贯穿就是手和脚两头一拽，或者说是劲路从起点到落点的拉伸，其实不然。这样做，动作再漂亮、再舒展、内在都是空洞无物的。我们讲节节贯穿，是在身体各个关节松开的基础上，腰胯松沉下去，脚下的反弹力上来，通过腰腿传导到手上，中间只有各个关节松开了，才能使得劲力不至于在传导过程中损失掉，反而要有个翻倍加速的过程。先师常讲的“前后连贯上下应”就是这个意思。他说手和脚要说上话，你答我应，掌心力从脚下起。

劲力由脚到手时，要求外形与内劲的传导要连绵不断，要处处圆活饱满，不可有棱有角。尤其是在连接的地方不要有断续，每一势做到位之时，就是下一势的孕育和开始，从内劲上讲，掤劲是贯穿始终的，不要一个搂膝拗步做完了，外形和内劲松懈软塌了，再从头做下一个搂膝，这样练是错误的。太极拳时刻都是松活圆满的，环环相套，处处是弧线。“前后连贯上下应”，这是太极拳整体性的表现，讲究全身关节和肌肉的协调一致，不能弓步到位了，手还没到，或是转腰了，劲力却传导不上来，这些毛病都是不能够做到节节贯穿、处处相随、上下呼应而导致的。

太极拳所有的动作，主宰都在腰，无论前进后退，左旋右转，全部用腰带动。腰不动手脚动，这是妄动。因而学拳的时候就要学腰怎么转动，怎样以腰带动手脚，练拳的时候，要做到有手似无手，全是腰在走。

身体还有一处的关节最难控制，那就是髋关节。控制好两个胯对练好太极拳来说十分重要，也是练拳者最难攻克的一关。两个胯始终要保持水平，不能一高一低，或者歪斜，始终要平稳圆活。单腿支撑时，胯根要外旋里收。不能使胯根跑到脚跟的外侧去。胯控制好了，腰才能灵活转动，身法才能中正安舒。胯控制不好，一切劲力也无法自如传导，身形上也不雅观。

上下相随，除了上面所说的“前后连贯上下应”之外，还指肢体在做动作时的整体协调性，脚在什么位置，手在什么位置，时时刻刻都有个照应，都讲究协调一致。就像节奏一样，劲力贯通的每个过程都是自然放松、舒适圆活的。感觉到别扭的时候，就是节奏没有掌握好，乱了方寸。

（九） 意领形随，协调自然

意，属内，是心里所想，内在神经所为。形，属外，是肢体所动，是意的外在表现。意，包括精、气、神以及思维和神经之间的相互作用。形，包括筋、骨、皮和手、眼、身、法、步等。练太极拳要讲求“意领形随”，练拳时首先要在心意上下功夫，先动心，后动身，外之所形，无非是内里所想，因而要内运而形随，内外相合。

对于不同程度的习练者，用意的层次也是不一样的。初学者用意，首先是用心记住每个动作是如何行使的，意念引导的是动作要领和规范。同时，用意念引导身体进入太极拳的练习状态，例如用意念引导身体各个部位放松，对拉拔长，用意念引导腰的旋转和身体的方向等。套路熟练基本定型后，意念的层次转为对劲路、劲点、劲别的引导。在体会劲由脚生，节节贯穿，行于指梢，有前就有后，有下就有上等要领的基础上，意念主要引导的是劲力如何转换，劲路如何通畅顺达，劲点在何处等。久而久之，身体的拙力渐渐被去除，内气从无到有，行于体内，身体整体能够以腰为主宰，松活通透，圆融沉稳。此时具有了太极拳的基本韵味，内外合一，如行云流水一般，动静相生，张弛有度。到了再高一个层次，内劲生成，顺畅自如，身体内在的虚实开合以及呼吸跟拳势配合自如时，意念的范围不仅局限于己身，而是能放能收，推手时亦能作用于他人身上，运用灵活，敏捷而神速，意到、气到、劲到。知己知彼，所向披靡。太极拳在行功走架中心贵静，意贵专。一切动作都要在心意的领导下去完成，但是也不可太过执著于意念，而是要协调自然，俗语说：有意无意是真意。说的就是要自然顺随。

太极拳讲求身心合一，亦要内外兼修。形一定要和意相随，否则就身法散乱，劲势全无。同时还要动中有静，静中有动，上下相随，内外相合。行拳时不可有丝毫表演意识，要懂得放下自我，放下对外在的表现形式的执著，对虚荣心的执著，对功利心的执著，而要专注于内，修心、修德、修身，方能使身心合一，内气潜转平和，神意泰然稳重，才能得见太极拳最本真的东西。

第三章

观拳架于微 解析十三势

叁 观拳架于微 解析十三势

一 拳势名称及顺序

1、预备式
2、起势
3、揽雀尾
4、单鞭
5、提手上势
6、白鹤亮翅
7、左搂膝拗步
8、手挥琵琶
9、左右搂膝拗步
10、手挥琵琶
11、左搂膝拗步
12、进步搬拦捶
13、如封似闭
14、十字手
15、抱虎归山
16、肘底看捶
17、左右倒撵猴
18、斜飞式
19、提手上势
20、白鹤亮翅
21、左搂膝拗步
22、海底针
23、扇通背
24、撇身捶
25、进步搬拦捶
26、上步揽雀尾
27、单鞭
28、云手
29、单鞭
30、高探马
31、左右分脚
32、转身蹬脚
33、左右搂膝拗步
34、进步栽捶
35、翻身撇身捶
36、进步搬拦捶
37、右蹬脚
38 左打虎式
39、右打虎式
40、回身右蹬脚
41、双峰贯耳
42、左蹬脚
43、转身右蹬脚
44、进步搬拦捶
45、如封似闭
46、十字手
47、抱虎归山
48、斜单鞭
49、野马分鬃
50、揽雀尾
51、单鞭
52、玉女穿梭
53、揽雀尾
54、单鞭
55、云手
56、单鞭
57、下势
58、金鸡独立
59、左右倒撵猴
60、斜飞式
61、提手上势
62、白鹤亮翅
63、左搂膝拗步
64、海底针
65、扇通背
66、转身白蛇吐信
67、搬拦捶
68、揽雀尾
69、单鞭
70、云手
71、单鞭
72、高探马带穿掌
73、十字腿
74、进步指裆捶
75、上步揽雀尾
76、单鞭
77、下势
78、上步七星
79、退步跨虎
80、转身摆莲
81、弯弓射虎
82、进步搬拦捶
83、如封似闭
84、十字手
85、收势

二 拳架图解说明

1．本章图解对每一招式从“动作说明”“劲力运转”“虚实开合”和“要点提示”四个方面进行解析。针对不同层次的练习人群，由浅入深。初学者重点研习“动作说明”，有一定基础者重点研习“劲力运转”。劲路通畅后，身体内有一定的虚实开合转换时，要重点研习以内动带外动。但每个人的体会和感觉都有所不同，细微之处无以言表，因而为了不使没有练到此层次的学者阅读后产生误解，避免造成舍近求远、刻舟求剑等谬误，每势的“虚实开合”部分，仅仅指明身体内在虚实开合的大概情形，以示参考。“要点提示”部分主要针对拳势中的重点和容易犯的错误进行强调和提示。

2．开始习拳时，面朝南，身体运动方位始终以八个方向为参照。过去八方用坎、离、兑、震表示四正；用巽、乾、坤、艮表示四隅。也就是我们所说的东、南、西、北为四正方，东南、西南、西北、东北为四斜方。本章拳照以面朝正南开始起势，每张拳照脚下都有方位标注，同时增加了不同角度拍摄的附加拳照，以便读者多角度参照。

3．拳架解析中提及的“身体中线”是指人的身体正面：鼻尖、胸窝、肚脐的上下垂直线。身体中线主要用来确定身体转动时的方位。例如“身体中线朝东南”是指身体前面上下的垂直线朝东南，连带两侧正面肩胯上下的垂直线也是朝东南。另一名词“身体重心线”是指人身体重心的上下垂直线，无论做什么动作，身体重心的垂直线始终是在两脚中间的范围。

4．拳架解析中，有些特殊量词是从教学实践中总结而来。因个人身高、臂长都有差异，不可能以一个标准来衡量所有动作的尺度，因此本文中的量词都以自己身体为标准，一方面比较合理，另一方面方便大家理解和记忆。比如“一个平拳的距离”是指你拳背朝上握拳时，拳背的横向宽度。“一个立拳的距离”是指你拳眼朝上握拳时，拳头的横向宽度。“与肩同宽”是指两脚尖朝前，平行站立时，两脚外沿与两肩外沿同宽。“掌心向里”是指掌心朝向自己身体。其它特殊名词出现时将以注脚的形式做解。

5. 在“劲力运转”和“要领提示”中援引的歌诀除了《全体大用决》和《太极拳体用全诀》予以标明之外，未标明出处的有关拳势攻防要领的歌诀均为赵斌先师传授。每式名称下面的歌诀为作者对习拳要领的概括。

6. 本章所有拳照均由杨大卫拍摄，汤智强排版制作。其中少数图片摄于2005年，多数摄于2009年、2010年，时年扎西先生分别为74岁和78、79岁。其中若有图片与文字说明不符之处，以文字为准。

三 套路图解与探微

第一式 预备式

神意内敛守虚静，意在丹田内外松，

阴阳未开孕太极，守我之静待彼动。

动作说明

1. 面朝南，两脚尖朝前，平行站立，与肩同宽。两臂自然下垂，腋下虚空。两掌心朝里，悬于两腿侧旁，膝关节自然伸直而微屈。头正、肩平，两眼平视前方，凝神于耳。舌轻抵上腭，下颌微收。身体重心在两脚掌中间。

2. 大椎微上提、后撑，使脊柱基本保持上下垂直。然后从下颌骨两侧到双耳后，再到头顶百会穴自然向上虚悬领起。

3. 两肩先向两侧松展开，然后略有向前合裹、向下松沉之意。胸部自然舒展，切忌前挺或里凹。含胸拔背贵在自然。

4. 命门微后撑，尾闾自然下垂。两髂嵴（胯骨尖）微后收，使得盆腔似有将小腹托裹之意。

劲力运转

中正安舒，气沉丹田，神意内敛，凝神于顶。

虚实开合

阴阳未分，虚实未动，虚静自然，专注于敬。

要点提示

1. 预备式亦可称为“无极式”，于松静、虚无之中，聚精凝神。寂然不动，感而遂通，只有周身松空，心志明静，身体内外才能够敏感。心静体松的要求是排除杂念，通过意念引导使身体各部位肌肉和骨节松开。心神安宁是调动精、气、神的关键，也是太极拳所说的“内固精神，外示安逸”之态势。预备式要是静不下来，内在的东西也不会产生。初学者练拳之前静站一会儿，静下来之后，意守丹田。有些学员会手脚发麻、发胀、发热，这些都是正常现象，但是练到后来，发麻、发胀的现象都没有了，只有发热的感觉。

2. 预备式的总体要领是“虚领顶劲”“含胸拔背”“尾闾中正”“意守丹田”。“虚领”是习拳第一要义，主要作用有三：第一，虚领才能聚精会神，意气凝炼；第二，能够保持立身中正，腰胯旋转圆活自如。头顶之处能领、能虚，则能灵。头能向上悬起，则其下的躯体始能放松、轻灵、敏捷地活动。任督二脉能够上下顺达，中枢神经运作轻便，四肢百骸才能听从心神意气所使。所谓“意气君来骨肉臣”“满身轻利顶头悬”“提神顶劲精神注”要义都在说明“虚领顶劲”；第三，有虚领顶劲，丹田才能松空自然，内气凝聚，充实丹田，此所谓“心虚腹实”或“上虚下实”。而上下的对应则是轻轻一个顶劲照应和贯穿的，“顶劲”非用力所为，而是身体上下的对拉，使得凝神于顶。

3. “含胸拔背”和“尾闾中正”亦是上下贯通的必要条件。能含胸，气才能不上浮，丹田才能存得住内气，能拔背则能使劲力由腿而腰，由腰而脊，由脊而输于两臂。能做到尾闾中正，则能“前后连贯上下应”。

4. 肩井穴与涌泉穴上下对应。百会穴向上虚悬，命门微后撑，尾闾自然下垂，是“虚领”的形体基础，此要领在整个拳架套路当中需要贯穿始终。并且在虚实转换的过程中起到关键作用。

5. 预备式贵在调心、调身、调息，调心使心平气和，心静用意，心志专注；调身使百骸听命，各司其职，中正不偏；调息使呼吸平稳，匀细深长，顺其自然。

第二式 起势

掤举两臂须松肩，按下清气归丹田，

动静一分阴阳现，虚实开合腹内间。

动作说明

1. 两臂渐内旋，中指与手背领劲，缓缓向前上掤举至腕与肩平。到位时，两掌间距与肩同宽，指尖朝前，十指自然放松舒展。肘尖朝下，曲中有直。（如图一、图二）

2. 先松肩下沉，同时坠肘，两掌微外旋弧形下落，待掌根与肘平时，两掌根微内旋下按至两胯侧前方。手腕距胯约一个平拳。到位时，坐腕，两掌虎口略高于掌沿外侧。（如图五）

3. 虎口圆撑，食指与大拇指交接的骨节要松开，但是大拇指不可故意外展，十指尖还是朝前。大鱼肌与小鱼肌相应对拉且有合意。

图一　图二　图三（侧面）　图四（侧面）　图五

劲力运转

1. 动作一开始就体现出一个“掤”字。“掤”是由下而上、由里朝外的一种张力，亦是一种劲法和技法。手向前上掤出，命门后撑，腰胯松沉，形成一个前后的对拉。提顶吊裆形成一个上下的对拉。所以起势一开始便在松活之中形成一种支撑八面的气势。掤劲的劲力和技法将在下一动揽雀尾中详细说明。

2. 当两腕与肩平时，两肩松展开，沉肘，掌根微往前下沉。由肩到肘、由肘到掌根和指尖，劲力似波浪涌动而前至两掌指梢（如图三至图四），然后下落至与肋沿齐时为向下採按之劲。掌根到位，劲贯十指，意在掌根。

3. 两手向下採按时，要展腰拔背，两胯松沉，气落腰围而降于两足，归于涌泉和脚趾梢。

虚实开合

1. 图一至图二是由无极状态转化为虚的过程，丹田松散而开。虚中有实体现在斜前掤的掤劲上。

2. 由图二至图五的过程身体内在是由虚转实的过程，丹田之内气与两臂相呼应，沉降聚合。

要点提示

1. 拳论说："先在心，后在身。""心为令，气为旗，神为主帅，身为驱使。"从无到有、皆由心动而身行，说得很明白。太极拳是内家拳，不在心意上下功夫，就不能领悟到其中的奥妙。因此做好无极式的心静体松、意守丹田极为重要。无极式乃是阴阳未分的混沌状态，此混沌状态既非静止，亦非散乱。似平静之湖面下，正孕育着汩汩涌动正待迸发的力量。又如同黎明前夕，旭日腾空而出的前兆。看似平静无奇，内在却是缓缓蓄积着力量。"提起精神不外散""腹内松静气腾然"即是这种状态。随即起势带来的则是阴阳而分，腹内之气如泉涌出，翻腾而变，滔滔不绝。随一开一合，两臂一起一落。身体内在完成第一次虚实转换，松散与聚合。气贯全身不停滞。接下来便如滚滚波涛绵绵不断、一气呵成。随内在虚实开合的不断变化，而层出不穷、变幻莫测。

2. 起势动作看似简单，实则是周身举手投足之间，意、气、劲的贯通和运转。因此，起势一起一落与神、意、气之一开一合之快慢，决定了整套拳路的开合节奏。因此不可有意太慢，亦不可太快，此速度全凭身体内气之开合而定。初学者，一起一落大约在 15–20 秒左右，要缓慢而匀速。

3. 有些学员在做起势时，容易耸肩、抬肘，却忽视了手背和中指领劲。容易导致内气上浮，头重脚轻，从而破坏了上虚下实。因此沉肩坠肘是整个套路中始终贯穿的。耸肩，抬肘，手腕软塌，十指蜷缩，都是弊病。还要注意身体重心位于两脚中心点不变，不可前俯后仰，左右摇摆。在整个起势中，两腿始终保持似直非直，似屈非屈，有入地三尺的气势，又有凌空欲飞的轻灵。眼神聚焦于正前方稍远处，不可散乱飘渺，亦不可集中于一点，而要专注前方，凝神于耳。

第三式 揽雀尾－左掤

左旋右转化来拳，出步套封扣脚尖。

掤捌肘靠任尔使，採拿捋化亦自然。

动作说明

1．两掌随腰微左转而稍前伸，随即腰右转，双腿屈蹲下沉。随沉右脚以脚跟为轴，脚尖外展约70度，身体重心保持不变。以腰带身，以身带手。右掌随转腰微外旋，弧形抄掤于胸前，离胸部约三个多平拳，掌心斜向下。左手坐掌于腹前随腰右转。（如图二、图三）

图一 图二 图三 图四 图五

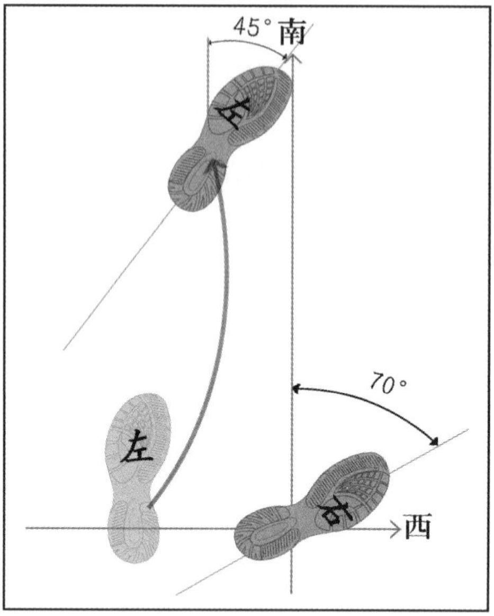

2. 继续右转腰，右胯随下沉而外旋里收。身体重量渐渐移于右腿，当左脚提起，弧形收回至右踝内侧时，右臂边外旋边沉肘向右微抹带，左掌边外旋边经腹前抄至掌心斜向右后方，两臂成斜抱掌之势①。身体中线此时向西南。

3. 随后，开左胯，当左脚弧形向前方迈出时，右臂弧形向左，合于左肘内侧，离胸部约两个平拳。左臂掤圆。

4. 左脚向正南迈出脚跟着地，随后，右腿前蹬，左腿后撑，重心渐渐前移成左侧弓步。同时，腰微右转，左脚掌内扣约 45 度。脚下方位如图所示。左臂由里向外，由下而上向左前方掤出，右臂下采，坐掌于右胯侧前方。到位时，身体中线朝西。左小腿垂直于地面。左胯里收。

5. 眼神平视，随身体转动。左脚向南迈出时，眼神平视南方，随后右转至正西。凡眼神平视，身体左右旋转时，都是以眼神转动在先，身形转动随后，要以神领动，而非以动领神。（如图五）。

劲力运转

1. 太极拳又称“十三势”即“八门五步”，实际上就是八种劲别“掤、捋、挤、按、採、挒、肘、靠”和五种身法“左顾、右盼、前进、后退、中定”，加之方位与空间、虚实开合与阴阳变化之理，浑然一体，变化万千。而掤劲在十三势中占第一位，可见其重要性。而掤劲是什么呢？前面讲过掤劲是由里向外、由下而上的一种张力，须知此张力并非肌肉收缩、骨骼僵硬所为，非本力所使。掤劲非全身松透，内气贯通而不能得，故而松是太极拳内劲的基础，在松的基础上，加之意念的作用，体内自然而然会产生一股无形的能量。《八法释意歌》曰：“掤劲义何解，如水负行舟②。先实丹田气，次要顶头悬。全体弹簧力，开合一定间。任尔千斤重，飘浮亦不难。”若把身体想象成一个气球，掤劲就是气球灌满、充盈之势，绵绵若存，富有弹性和张力。挨着何处，何处如按气球，没有作用力的支点，却似有反弹之势。气聚丹田谓之充盈，而非沉于丹田之内不动，随心意和形体运动，丹田之气有不同的表现形式，或聚合，或下沉，或旋转，或散开，或上提，或翻滚成鼓荡，不一而论。当形与神俱，意与气合，则是盈虚有象，出入无方，无内无外，如来如去，内外合一。故而掤劲亦被称为“母劲”，有了掤劲才能孕育后面的劲别。很多习拳者十多年出不了掤劲不足为奇，还须返本归原，在松和静上下功夫。

2. 左掤势虽是以掤劲为主，却不单单只是掤劲。这在太极拳每个动作里都需注意，虽然每势会强调以哪个劲别为主，但须知，每势运动中都蕴涵着十三势的杂糅与变化，生生不息，往复不离。

3. 左掤势的用法是假设对方以右拳击我中线，我先左顾右盼，随转腰将其闪化，同时，右臂粘其来拳与臂膀，以掤劲探其虚实，顺势右掌缠绕捋採其腕，劲点在右掌沿、掌根和尺骨一侧。同时上左步，有蹬、踏、踩、勾、封之意，锁其下盘。左肩先以挤靠贴其胸肋，顺势随右掌下採，左臂打肘，打掤，打挒，劲点在前臂外侧和肘部。右掌捋採其臂，劲点在掌心和掌根，一气呵成。初学者只管用腰带动整个动作；劲力贯通者，全凭心意下功夫。正如歌诀中所云“避人攻守要採挒，力在惊弹走螺旋。逞势进取贴身肘，肩胯膝打靠为先。”可谓字字珠玑。

4. 关于动作的用法仅以动作编排用意来说明，其实每个动作有多种用法，主要是以对方变化而变化，这就是所说的“因敌变化示神奇”。万不可死搬硬套。

虚实开合

1. 接上动，做图二、图三时，身体内在由实变虚，外形上右手实，左手虚。

2. 如图四、图五，左腿迈向左前方侧弓步的过程，外形上是开展到位，身体内在是由虚变实。

要点提示

1、有些学员在做斜抱掌时，肘关节与大小臂容易形成三角形和凸凹处。须知歌诀有云“掤手两臂要圆撑，动静虚实任意攻”，因此走掤劲时，两臂各个关节都要对拉拔长，注意时刻饱满、圆撑。不可曲肘和夹腋。

2. 脚上的虚实要分清，身体重量的移动要缓慢匀速，脚步轻起轻落，贯穿始终。左侧弓步时，左膝不能主动拉着两胯前移，造成身体重心的摆动和左胯根外凸。到位时，左小腿应垂直于地面，膝盖和脚尖方向一致。两胯整体往下松沉，才能借助地面的反弹力形成整劲。

① 斜抱掌：通常被叫做抱球状，也有称托抱掌，是一种象形的叫法。在整套拳种多次出现。两臂一上一下，无论左右，上臂的手掌都对准下臂之肘弯，并略坐腕；下臂之掌对准上臂的肘尖，呈合抱之势。凡此势需两肩松沉，含胸拔背，命门后撑，劲力由两肩顺于两臂使两臂圆撑，取合裹对方臂弯腕之势。同样有八面支撑、混元一体之感。

② 此歌诀见路迪民著作《杨式太极拳三谱汇真》第 152 页。亦有其他书中说是：“如水浮舟行。”

右掤

右掤前臂要撑圆，胸前空松实丹田。

顶头立腰送尾闾，活泼于腰固下盘。

动作说明

1. 身体左转至中线朝西南，左胯根外旋、里收、下沉[①]。左臂随转腰，边沉肘边内旋至掌心斜向下，移于左胸前约两个平拳，沉腕，腕高于肘。随后，身体重量渐渐全部移至左腿。右脚提起弧形收回至左踝内侧，右掌由右向左经腹前弧形前抄，臂外旋，使掌心向后上方，两

图一　图二　图三　图四（侧面）

掌心斜相对。眼神平视，顾及左掌（如图二）。

2. 随后微向右转腰，开右胯，右脚向前迈出。两脚横向间距与肩同宽。此时重心仍在左腿（如图三），松腰落胯，右臂由里向外，由下向上，随右弓步向前方掤出。左掌随右臂掤出而微坐掌前推。

3. 到位时，右掌心朝后微上扬，腕略高于肘。右掌指高不过下颌。右肘和右膝上下对齐。左掌中指对着右腕，距右腕约一个平拳（如图四）。身体中线对准西南微偏西，肩胯上下对齐。眼神随转体平视，先左顾后右盼，到位时平视前方。

劲力运转

1. 右掤与左掤内劲相同，用法与攻防不同。身体左转时，劲点在左小臂外侧，略有捋带之意，看管住对方腕部，右臂由下而上截击对方臂肘，劲点在右腕、前臂外侧和肘。随向前弓步，左掌按其腕，劲点在掌心和掌根。含有沉、挫之意，与右臂相合将对方掤出。

2. 掤劲在两臂，不拘泥于形式，可单臂掤，也可双臂掤，随对方劲力转变，掤劲可螺旋、亦可走切线。掤劲要求“周身弹簧力，如水负舟行”，因此最忌僵滞硬顶，直来直去。身体的内气可视为水，而两臂即是伏在水面的皮球或者小舟，因此掤劲在于灵机应变，不抗不匾，粘连黏随。

虚实开合

身体左转提右脚的过程身体内在是由实转虚，重心前移到位时，身体内在由虚转实。

要点提示

1. 右掤势的关键要领是“有后就有前”。掤劲由下而上、由里而外时，胸部不能跟着右臂往前走。相反，在重心前移时，两个锁骨要平平往后微撑。肩胯上下对齐，整体向前移。各个关节之间要对拉，节节松开，肩胯松沉了，劲路才能由脚而腿，由腰而脊输于两臂。

2. 有些学员在提起右脚迈步时，支撑腿膝盖容易超出脚尖，形成跪膝，容易将重心坐在左脚后跟或脚掌上，尾闾不能正中。其关键是实腿胯根要外旋、里收、下沉，这在整个套路两脚虚实转换过程中，始终都是要贯穿的要领。

3. 凡弓步到位时，弓步的小腿应该与地面垂直。肩胯上下对齐，松肩沉胯，关键要使两脚支撑的反弹力自然顺畅地贯穿上达。

①“左胯根外旋”是指，身体左转时，左胯根随转腰向左打开。同理，“右胯根外旋”是指右胯根随右转腰向右打开。“里收”是指胯根向身体重心线或尾闾靠近，而不要挺胯撅臀。

捋

捋式接手先吞劲，引人从己粘黏功。
缠裹引化需顺随，捋採肘靠任尔行。

动作说明

1. 腰带着两胯和两肩齐齐右转，同时左臂外旋，右臂内旋略前伸，当身体中线转至正西时，右掌心斜朝前下，左掌心外旋至向里斜向上。两掌相距约一肘距离（如图二）。

2. 两臂似有合意，松左胯。同时，身体微后坐，左转腰至中线朝西南。两臂随转腰仍需外旋、沉肘。到位时，右腕略高于肘，沉掌坐腕，左臂含有掤意，左掌位于左肋下沿前。腋下空虚，肘不贴肋。眼神随转体平视，先关顾右掌，后关顾左臂（如图三）。

图一

图二

图三

劲力运转

1. 由掤到捋的过程往往被忽略，首先右手随腰右转，劲法由掤转换为捌劲，劲点要随右臂内旋缠绕至右前臂尺骨侧及右掌，劲点缠绕变化要缠绵、沉着，不可轻浮、突变。

2. 在捋前要开胯圆裆，裆劲下沉带动双手微向后下沉，此为入榫劲，然后随腰左转向左后捋去。

3. 捋是借对方进攻之势，以两臂顺随粘黏住对方腕和肘，借其力而旁引侧化。在捋的过程中，不可丢匾亦不可顶抗，生拉硬拽是为大忌。所以说捋要轻，轻才能因势利导，听之于心，借对方的主动惯性为我所用。

4. 右掌的劲点在右掌根、腕部和前臂内侧接近腕部之处，粘黏住对方的肘部，顺随为主。左臂松松掤住，掌背外撑，掌心略有里合之意。用意在于轻轻合住对方的腕部，由顺随而引进落空。捋劲的旋转角度不大，关键是劲贵短而意贵长。

虚实开合

1. 由于身体重量的移动，外形上右腿变虚，左腿变实。捋劲两臂始终是相合，身体是上合下开。

2. 右掤到位继续右转腰时，身体内在由实变虚。两臂向左缠绕捋转到位时，身体内在由虚变实。

要点提示

1. 有些学员在做捋时，两臂容易散架，各走各的。有些则是两臂随身体后坐而主动向后拉拽，忽略“轻灵”和“顺随”两个关键要点。歌诀云“顺取肘腕捋勿空，不抗不匾见真功。本有舍己从人意，原为引人从己行。”两臂在捋的过程中，肩胯要上下齐齐转。在身体后坐的过程中，两脚仍需前撑后蹬，互为其根，不可将自己重心坐死在左腿上，左胯要外旋里收，裆要圆撑，虚领顶劲，这样才能做到轻灵。杨健侯宗师有言：“轻则灵，灵则动，动则变，变则化。”有了轻灵，顺随才能做好。

2. 顺随是依据对方来势与方向而定，因此捋也有横捋、上捋、下捋等表现形式。但是关键是要旁引侧化，避开自己的中线方能引人从己。

挤

捋挤转换活于腰，斜进正出送尾梢。
力由脊发双手使，松肩沉胯劲贯指。

动作说明

1. 右胯微向后收，左侧身体以腰催肘手向右切线挤进，左胯随转腰裹至正西。同时，右臂边外旋边微提腕横掤于胸前，左臂内旋至掌心朝斜前，随裹胯将左掌送至右臂里侧。两胯水平对齐后，左掌根似搭非搭，掌心向外合于右腕里侧。

图一　图二　图三　图四

2. 左脚向前蹬，右脚微后撑，随向前弓步，肩胯上下齐齐向前挤出。到位时，右小腿垂直于地面，两腕高不过锁骨。

劲力运转

1. 歌诀有云："搭手捋开挤掌使，敌欲还着势难逞。""捋挤二法趁机使，肘靠攻在脚跟前。""捋势变挤顺手缠，得机发劲莫迟延"都在说明捋挤二势相连而用，关键在于有了捋势的舍己从人和引进落空，才能有挤劲的得机得势之妙用。由捋到挤，劲力主要是"斜进正出"。右臂不能断劲，而是在外旋顺缠的过程中由捋转化为单手的横挤之劲，以探其虚实，若对方有意后撤，则可跟步打双按掌，若对方其根自断，我则以右臂贴其胸肋，左腰与左臂走圆切线掤挤之劲力，合于右臂里侧，两臂再一起向前挤出。惊弹发放之间，敌方犹如皮球撞壁。

2. 挤劲向前时，胸前仍然要饱满圆撑。快到位时，由松腰沉胯，使得腰劲上提至夹脊，由夹脊将两臂催出。此时外型上两臂不能自己主动走，而完全由腰胯往前送，劲点在掌背。

虚实开合

1. 图一至图二，身体内在由实变虚，但是此时注意外形上右臂劲在转换时始终是实。

2. 图三至图四时，身体内在是由虚变实。

要点提示

1. 有些学员做不到“斜进正出”，关键是没有分清左右腰各自的运动与功用。两臂在外旋和内旋过程中，是与两侧腰的旋转相配合，而不是手自己在动。

2. 挤劲很短，得机得势之后走的是惊弹崩炸之势，而非两臂主动前伸，因此仍要尾骨松垂，命门后撑，两胯松沉，胸前圆撑，后背饱满。注意前后、上下的对拉拔长。

3. 挤出到位时，双手要和右脚尖上下垂直，不可超过，以免身体前俯。

按

按势抹掌须沉肘，腰胯回带顺引空。
高领低按随敌势，前去之中有后撑。

动作说明

1. 右掌内旋，左掌微外旋，至两掌心朝下。随沉肘而向两侧平抹分开，宽度

图一 图二 图三

略窄于肩。松肩沉肘，后撤腰，将两臂带回，身体渐渐后坐。随后坐两掌自然外旋，沉腕微向两侧分开。眼神聚焦随两臂回带由远而近，关顾两掌。

2. 后坐到位时，臀部与脚跟垂直，尾闾正中。两掌似扶着一个篮球的表面。两腕高与横膈膜齐，略高于两肘。命门后撑，两胯松沉，随尾骨里收，两掌坐腕同时微内旋相合（如图二）

3. 以腰胯催肘手，随渐渐弓步，两掌向前按出。到位时，掌心高与肩齐。两手大拇指相距约一个平拳。两掌心斜向侧前方，指尖朝上。两臂直中有曲。眼神随掌前按而平视远方。

劲力运转

1. 杨班侯宗师口诀有言“按在腰攻”，而腰攻的基础是两胯要松开、下沉。所以又有言“两胯松沉合即出”或言“腰攻胯松开”。由脚而腿，主宰于腰，以腰胯催肘手，才能做到节节贯穿。

2. 两臂回带之时，要有吸、拿之意，劲点在两掌掌沿和掌根。向前推按之时，两掌微内旋，掌根微沉，劲点在掌心和掌根。一开一合，一收一放仍需掌握好节奏和时机，收放之间不可有停顿和懈怠，似巨浪拍岸，滚吸而收，前冲而袭。

虚实开合

1. 身体内在随往后坐是虚，随往前走是由虚变实。

2. 后坐时身体内在虽是虚，但是虚中有实，两臂掤劲不能丢，要有顺随和引进落空之势。前腿弓步到位时占身体的七成重量，后腿占三成重量。

要点提示

1. 此势要保持身形上下齐进齐退。有些学员往后回带时，容易先退左胯，使得两胯不能保持水平齐退齐进。同样，往前按掌时，不能先走右胯。有些学员辩解，先退左胯是为了闪开中线，有闪化之意。实际上，两臂回带的吸、拿之意，并非将对方之来势束缚于自身，而是吸拿到自己身后，使得对方失去平衡和重心，然后肩胯齐进，腰攻之势方能显其威力。

2. 能做到肩胯齐进齐退，才能领会到“前去之中，必有后撑之意”，才能在全身放松的状况下体会到支撑八面的气势。同样我们说“有前就有后”，并非是要在动作到位之后，身形上有后撑的表现，而是要保持立身中正，气贯全身，要有内劲充足、饱满充盈的气势。

揽雀尾总体说明

1.“揽雀尾”是拟敌人之臂为雀尾，揽之以缓其前进之力，得机得势，将其挤按发放出去。在练习推手过程中，以“掤、捋、挤、按”往复不离的运动方式，训练感官的灵敏度和听劲的功夫，通常我们称之为“四正手”。如果说掤劲是劲别之母劲，则揽雀尾为拳势之母势。因此，《全体大用诀》首句便是“太极拳法妙无穷，掤捋挤按雀尾生”。在整套拳中，揽雀尾共出现八次之多，可见其重要性。

2.《打手歌》当中说道：“掤捋挤按须认真，上下相随人难进。任他巨力来打我，牵动四两拨千斤。引进落空合即出，粘连黏随不丢顶。”若能按照歌诀的要义去体知、体认和体证，则轻灵之功夫便成矣。在练习过程当中，须知每招每势的起、承、转、合，劲路、劲别、劲点的变化都要圆活连贯，刻刻做到“无使有缺陷处，无使有凸凹处，无使有断续处”。初学者，讲求动作形体准确，一动无有不动，动动都是以腰带动；进一步者讲求松柔圆满，上下相随，注重劲路、劲别、劲点的转换，切忌用力所为，而是神意领劲，意到气到，气到劲到；再进一步者，讲求内外相合，注重呼吸与身体内在的虚实和开合相互配合。此所谓“炼精化气，炼气化神，炼神还虚”的路径。

第四式　单鞭

单鞭双手抹平圆，揉按敌肘势自然，
长鞭甩去当胸按，左像钢鞭右似剑。

动作说明

1. 身体左转，右脚以脚跟为轴，随转体尽量实腿内扣至脚尖朝东南。同时，两掌由坐掌而微放平成坡掌，两虎口相对，指尖略高于腕，腕高于肘。两大拇指尖相距约一个平拳。两臂圆撑，随体向左弧形平抹（如图二）。

2. 当身体中心线转至东南时，右腿承重由原来的七成变成八成（如图三）。此时，左腰以脊柱为轴，向左后方旋转回抽，同时两臂在胸前随转腰而屈肘向内弧形平抹。随即身体整体右转，当身体中线经过正南方时，右腰以脊柱

图一

图二

图三

图四

图五

图六

图七

为轴，向右后方旋转回抽。两臂经胸前弧形向西南稍偏南方向伸出。此时，右腿重量约九成重。右胯里收，身体中线面向西南稍偏南（如图四）。

3. 当两臂向西南稍偏南前伸时，身体重量完全移于右腿，左脚跟抬起，脚后跟自然抹回（如图五）。随后右手吊勾，左掌于右腕里侧约一平拳处外旋变掤手。

4. 随即，提起左脚，开左胯，左小腿自然下垂。左半身肩胯、肘膝、手足上下相对，齐齐向左旋转。落步于左前方，脚尖朝东。左腿渐渐向前弓步，左臂内旋沉肘，左掌由掤变挒，由挒变按。随弓步到位，左右两臂与两腿外侧同时向两侧撑开。到位时，左手坐掌，掌心向东南，左掌指尖高与鼻尖齐高，左肘尖与左膝尖、右手指尖与右足尖上下对齐，此谓“三尖相对”。身体中心线向东南微偏南（如图七，东南偏南方向拍摄）。

5. 抹平圆时，眼神平视，随转体稍顾及领劲的一方。左臂外旋变掤时，眼神关顾左掌，随转体平视正东。

劲力运转

1. 两臂抹平圆时，劲点在两掌掌心，双臂内外都要掤圆。往左转，左掌领劲，右掌相随，往右转时右掌领劲，左掌相随。双手抹平圆是揉肘的基本动作，要粘连黏随，不丢不顶，两掌要有意看住对方的肘和腕。在演练时，腰转小圈，两臂走大圈，神意领手走，越练越精，待到实战中方能走小圈或无圈似有圈，连化带发。

2. 单鞭的劲是从中间往两边分。开胯落脚时，双腿和两臂都是以身体中轴线为中心向左右两侧掤开，右腿外侧有绷弹之意。左臂走的劲路是先掤后挒再按。掤劲劲点在前臂外侧，挒劲劲点在大拇指及桡骨一侧，到位时，劲点在掌根、掌沿。右掌勾手时劲点在指尖、指根外侧骨节和手腕。

3. 歌诀云：“追魂钢鞭当甩胸，左像箭来右似弓。近得身来劲变挒，靠肘掤按任君行”。单鞭有甩打对方胸膛之势，视敌方与我的距离而定，要是贴近敌方，则可打肩靠、肘击、上臂挒，要是距离敌方稍远，则可前臂掤挒、单掌按，以惊弹抖手之劲，击其胸部。

4. 刁勾手是武术当中的擒拿、勾打的技法，在习练当中，并非是简单的五指并拢，而是五指自然下垂，以大拇指和食指、中指暗含有顺时针方向的搓捻之意，旨在反拿对方的掌背和腕部。亦可以勾手拨化其来力，顺势以掌背之骨节横击其胸或竖击其下颌。

虚实开合

1．两臂随腰的转动抹平圆时，如图所示，由 1–2 的过程，身体外在是左掌实右掌虚，身体内在是由虚微变实，2–3 的过程，随左腰后抽，屈肘向回抹圆时，身体内在由实变虚，3–4 过程，身体外在是右掌实左掌虚，身体内在是由虚变实。

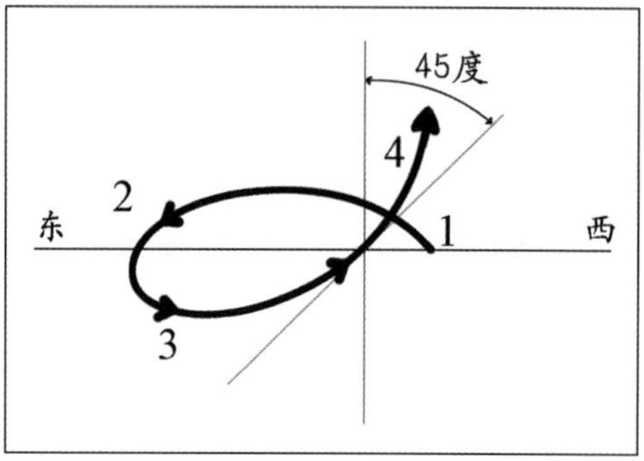

2．出左步向左转腰时身体内在由实变虚，随弓步到位，两臂开展，身体内在是由虚变实。

要点提示

1．如图所示由 1–2，3–4 的运动过程中两个腰是整体性的左转和右转，而 2–3 运动过程要分清左右腰。两臂抹平圆时身体始终要中正，随脚下虚实转换，尾闾稍有位移，但不能坐于脚后跟上。双掌抹平圆时十指容易松懈，两臂容易有凸凹，应该始终要圆撑略有掤劲，周身轻灵。

2．旋转时，肩胯上下、水平都要对齐。提起左脚时，右胯里收，不可跪膝，拉动两胯，使身体歪斜。保持身体重心及身体中轴原地旋转，落脚时腰胯要松沉。到位时两臂内外都要有弧线，后背要圆撑，不可凹胸或挺胸，胸部自然舒坦，松肩沉胯。右脚的反弹力要到左掌，左脚的反弹力要到右勾手，使上下前后的劲力贯通，右胯要往后收，使得两胯横开，劲力舒展，气势饱满。

第五式　提手上势

劲起脚下螺旋上，太极身法形意桩。

提手伸腰把敌放，挤靠未使心里藏。

动作说明

1. 腰微右转，左脚跟为轴实脚内扣至脚尖朝东南，左胯里收。随转腰扣脚，两肩松沉，右勾手变掌，两肘微弧形下沉同时向里相合。腕不能低于肘（如图二）。

2. 随后身体重量渐渐全部移于左腿，提起右脚，弧形向正前方微偏右落步，脚跟着地，脚掌、脚踝、脚背均须放松。随右脚迈出两臂边外旋边弧形向斜上相合而出。

图一　　图二　　图三　　图四(侧面)

3. 到位时，右掌心朝左，指尖高与鼻尖齐，左掌合于右肘里侧。两腿互为其根，左腿承重八成。身体中线正南微偏东（如图三）。

劲力运转

1. 歌诀有云：“遇敌扑来胸前吼，左截右断掀彼肘。顺引合出挤肘靠，伸腰发力敌便走。”“斜走单鞭胸膛占，回身提手把着封。”当注意两首歌诀互通有无，各有侧重。“左截右断”说的是利用两臂的沉挫之劲断其来力，是防守与顺化之势，“掀彼肘”是攻，强调一个“掀”字，意在说明劲力上是上提、搓拔之势。因此右臂外旋弧形上合时，掌根、掌心、掌沿和腕部暗含上提的挒劲。左臂虽是与右臂相合而出，但是两臂外侧都要有掤劲。

2．“顺引合出挤肘靠”旨在强调得机得势之中，暗含攻防，此招未尽，下招白鹤亮翅走“挤肘靠”已胸有成竹。而提手上势所蕴含的劲别包括向里的合劲、向下的挫劲、向上的提拔劲和搓挒劲，这些劲别合整为一，则强调一个“封”字，既是攻又是防。这个混合的劲力是通过肩胯松沉而下，反弹之劲力由脚而腿，由腿而腰，由腰通达于脊，最后输于两臂而出。因此“伸腰攻”便是劲路是否畅通的关键，并非身形上有前伸之形，而是脚下之劲力通过腰的上拔伸展整合而出，故而称为“提手上势”。

虚实开合

1．在此势的运动过程中，左腿始终是实，右腿虽为脚跟着地的虚步，但两脚仍需互为其根，也要保持可进可退，要有踢、挂、勾、挑收放自然之势。

2．身体右转松肩沉胯时，身体内在是由实变虚；两臂弧形向前合出，身体内在是由虚变实。

要点提示

1．很多学员容易将身体重心坐于左脚后跟上，使得左腿跪膝，左胯僵硬。到位时，身体重心仍在两腿之间，接近左脚后跟处，左胯里收下沉，圆裆松胯，加上虚领上顶，命门后撑，肩胯才能灵活自如，身体自然轻灵。

2．有些学员右脚跟着地后，脚尖容易翘起。这一“翘”容易形成三个“紧”：脚踝、脚背和迎面骨、右胯都是紧的。正确的做法应该是右脚掌放松虚着地，似着非着。这样可使膝关节、胯关节都放松，达到松胯圆裆之势，劲力才能通达。

3．肩胯要做到充分下沉，才能有两臂相合上提而出的劲。同时两肩和前胸要有后撑之意，不能随上步而前倾。两臂不能伸得太直，应沉肩坠肘。右膝不能绷直，应放松，自然弯曲。

第六势 白鹤亮翅

顺引合出挤肘靠，上拔下沉须螺旋。
形似白鹤亮翅变，上架下採美若仙。

动作说明

1. 身体左转，左胯外旋里收，右胯放松。右臂微内旋，左臂微外旋，两臂随转腰，微有向左下捋转之意。随后右臂弧形下落，外旋抄至腹前，左臂随转腰微内旋、沉肘屈臂，收于左胸前，腕高于肘（如图四，正东方拍摄）。随后，右脚弧形收回时，两臂呈左斜抱掌。此时，身体中线转至东南。眼神随体微左转收回，顾及两掌。

2. 开右胯，右脚朝正南迈出，脚跟着地，脚掌放松。右臂由下而上、由

图一 图二 图三
图四 图五 图六

里向外弧形掤于胸前，掌心向里，同时右腰微右旋，左掌随转腰推挤于右肘里侧（如图二、 图五，正东拍摄）。眼神平视正南，关顾右臂。

3. 身体重量渐渐移至右腿，右脚以脚跟为轴内扣约50度。身体左转，收起左脚同时，右腕上提。当身体转向正东时，右臂内旋，右掌上托，左掌随左转腰下採于左胯旁，左脚微迈向前，前脚掌着地。随转体眼神平视正东远方（如图六）。

4. 到位时，右掌位于头前右上方，掌心微斜向前上，掌指向左上方。左掌坐掌于左胯侧前，距大腿根约一个平拳，虎口、指尖朝前。

劲力运转

1. 白鹤亮翅与前势提手上势、后势搂膝拗步一起是连环用法，不可拆分。如若提手上势未能将对方发放出去，或对方又从正面袭来，我则以“顺引合出挤肘靠”之势再次攻敌胸肋。因此白鹤亮翅攻防可分为两部分，第一部分是借对方的来势，转身将其捋化，使其前仆失去重心，随即上右步，右臂掤于对方胸前或软肋，可以先打挤，再打肘击、肩靠之势。出右步时，劲点在右前臂外侧。随身体重心前移，变掤为挤靠之劲，劲点在右前臂外侧和肘。

2. 第二部分为右臂上提托架，劲点在掌沿、掌根、尺骨。左臂捋转下採时，劲点在掌心和掌根。劲力上下而分，随身体左转，身法上肩靠胯打，有崩弹之势。左脚虽是提踵虚点，可进可退，可弹踢亦可防守，然两腿仍需互为其根，劲达肩背和两臂。

虚实开合

1. 由提手上势转化为左斜抱掌时身体内在是由实变虚，出右步打挤靠时身体内在是由虚变实。

2. 身体转向正东，提右腕、收左腿时，身体内在是由实变虚，白鹤亮翅到位时，又由虚变实。

要点提示

1. 白鹤亮翅仍要注意虚领顶劲，身体要上下垂直，对拉拔长，有下就有上。

右手上托的劲，是由胯的松沉、脊柱的对拉拔长而来的。

2. 白鹤亮翅要注意腰的转动与身体劲力的配合。左斜抱掌右掌抄手时，向左转腰，要轻灵沉稳。左肩不能耸起，右臂圆撑饱满不可夹腋。迈右步打挤靠时，注意“挤要横”，此时，右腰微向右转。肩胯齐齐往前进，身体要中正，不可前倾。

3. 左脚迈出时，身体整体性左转，右胯应充分里收，左右脚的横向宽度略窄于肩。两胯松沉，水平对齐，重心在两腿之间。到位时，右手腕与前臂、手背保持在一个平面，不可折腕凸掌。

4. 右手虽然是向上托架，但肘仍应下坠，切不可掀肘。

第七式　左摟膝拗步

左旋右转闪正中，脚踏中堂命门撑。
两臂折叠搂按掌，全凭足下腰腿功。

动作说明

1. 腰微左转，右臂外旋沉肘，右掌沿身体中线弧形下沉。随即向右转腰，右臂继续外旋至掌心向里微向上，弧形落于右腹侧前方。左手随右转腰，弧形外旋上提，合于身体中线，高与横膈膜齐（如图二）。

2. 继续向右转腰，以腰带手，右掌背向西南方撩掌。随即外旋扬臂至西南方，掌心斜向上，高与肩平，沉肩坠肘。左臂随转腰弧形合于胸前。同时提起左腿，弧形收回，右胯里收。身体中线由东向南旋转至东南偏南。（如图三）

3. 腰微左转至身体中线朝东南，开左胯，左脚向正前方迈出。右掌随屈

图一

图二

图三

图四

图五

肘折臂于右耳侧，距离耳根约一平拳。掌心向耳微偏东，左掌下採至腹前（如图四）。

4. 随腰继续左转，右腿前蹬，左腿后撑，重心前移。右掌以小指引领边内旋边由耳侧向前推出。弓步到位时，右掌心向东北偏东，指尖高与鼻尖齐。掌沿垂直于右锁骨中线，并且对应于右脚跟内侧。左掌在此运动过程中，只管往下搂採，随转腰落于左膝外侧约一个平拳的位置。坐掌，虎口撑圆。掌形要求大拇指一侧略高于小指一侧，松肩沉肘（如图五）。

劲力运转

1. 白鹤亮翅是敞开胸膛，诱敌深入，随即做左搂膝拗步。设对方右拳袭我中线，我以右臂下沉採化其来势，劲点在右掌根外侧及尺骨上半截。同时腰右转以闪我中线，随即左臂弧形上挒其脖颈。捋化之时，借对方来势，右臂将其来手缠裹折叠，以搓拓之劲将对方按出。前按之时，由右掌小指领劲，以腰催肘手。到位时坐掌，劲点在掌根。左臂随右转腰助己右臂，略有捋带顺化之意，随即可截其暗手，可肘击，亦可防护已之胸肋，以搂转下採之劲力防其来腿，劲点在掌根及尺骨一侧。正所谓歌诀有云："起肩过胯膝外搂，肘外须防敌暗手，连环接打斜中找，掌按侧肋并肩头。"

2.《全体大用诀》中说道："搂膝拗步斜中找"，何为"斜中找"呢？含义有二：其一，左右搂膝拗步上身左右转动的角度都在 60 度 –70 度左右，目的就是为了避开对方直击，护我中线。而在闪化过程中，在己之斜侧找进攻机会，这样才能有缠绕折臂、搂膝按掌之功效；其二，对方被我闪化之后，直劲已经变成弧线，我则顺势击其侧面肩胸、软肋，使其旋转跌出。所谓"斜中找"，亦可理解"斜进正出"的又一表现形式，身体在斜进中找进攻机会，但是击掌的劲力则是直线朝前的。

虚实开合

1. 图二至图三：身体内在渐渐由实变虚。外形上虚中要有实，右掌随转腰向右后方撩掌时，左掌为虚，右掌背为实。

2. 图四至图五：随向前弓步，身体内在渐渐由虚变实。

要点提示

1. 出步时两胯要松开，圆裆，两脚之间的横向距离保持与肩同宽。实腿胯根要外旋里收，两胯在旋转和前进时要保持水平，这样才能保证立身中正。

2. 搂膝是前进步法，有后就有前，松沉是关键。赵斌先师经常说："前后连贯上下应。"只有劲力做到了节节贯穿，手脚才能知道如何应答。例如左搂膝拗步时，右掌向前推掌，右膝尖往里收，右肘和右膝似有在一个垂直平面上前后对拉之势，一起打开。右脚的蹬劲应该是由脚跟催着右胯往前送，有些学员容易使脚的蹬力发生左右的偏离，使得右胯不能顺应往前移动，而是往左位移，这样就使得右胯顶左胯，左胯不能够做到往中线收，胯根就出去了。

3. 有前就有后，不仅要求推掌时上身要有后撑之意，肩不能跟手走，到位时两肩、两胯上下、水平都要对齐。而且前脚掌落地时亦要有后撑之意，似有阻力地向前弓步，而不要使膝盖主动拉着大腿往前移，从而使得两胯前后摆动，丢掉了脚底下的虚实，更借不来地面的反作用力。

4. 手臂的三大关节（肩、肘、腕）和腿的三大关节（胯、膝、踝）要一一对应。向前弓步变实之前，两胯要松开，命门后撑，到位时两胯转正，同时要做到松腰沉胯、虚领顶劲、沉肩坠肘。只有往下松沉了，才能有借地面的反弹力，劲起陡然而由里透外。

5. 以左搂膝拗步为例，身体的内在感觉是，当右掌后撩时，掌背往后走而非右肘后撤，掌背似乎是把掌心吸走了似的。右掌前推到位时，掌心似乎是有能量灌满，鼓荡而开，吐散到掌指梢节，手指胀呼呼的，往外散出去。这是内气贯通的感觉。脚掌似乎是有一股气沉到脚底下去了，脚趾不用刻意抓地，灌满时自然而然地就扣在地上了，这是一种内在的感觉。外在的掌形上没有什么变化，手是坐掌的结果，脚下是气沉丹田的结果。整体的劲要沉稳，才能劲贯四梢，灌满之后，身上是松空之感，因为把劲都逼出去了。

第八式　手挥琵琶

提腿跟步身须正，右臂反採粘黏功。
虚步站定展腰背，两臂立圆採挒成。

动作说明

1. 身体重心前移，以腰胯催肘手，将右掌往前送。右脚抬起弧形跟半步落地（如图二）。随后，身体边后坐边右转，右腰将右臂弧形带回，同时右臂微外旋至掌心斜向下。随身体后坐左臂边外旋边上提外掤（如图四）。

2. 左腰将左臂弧形向前、向右挒出，同时，左脚微向前迈，脚跟着地落实，脚掌放松虚着地。右臂微外旋，掌心向里，弧形合于左臂肘部。左右臂以腰

图一

图二

图三

图四(正面)

图五(正面)

带手各走半个斜立圆（如图五）。

3. 到位时，身体中线朝东南微偏东。左掌高不过眉、低不过鼻尖。（如图三）

劲力运转

1. 右掌如图二向前送时，劲点在掌根。如图四身体后坐时，劲点在掌根、手腕和尺骨一侧。外旋内合时，右掌劲点在掌心和掌根。左手劲点在掌根、掌沿和前臂里侧。

2. 歌诀有云：“双手如抱一琵琶，折肘剪腕用不差。里外圈儿由我划，左挒右採破擒拿。”其用法是敌人右掌擒住我右腕拉带，我顺势跟步顺缠反拿其腕，弧形下採里合。同时左侧身体跟上以左臂托挒其肘或上臂。右臂内旋为化，外旋为发。或可以随后坐先黏回对方，再反採其腕。此处突出先化后发，先引后拿。两臂走斜立圆，相互配合，剪腕、折肘、採化、挒拓之劲力尽在其中。

3.《全体大用诀》中说道："手挥琵琶穿化精"，"穿化"二字体现在两臂的合劲走的各是半个斜立圆，两臂合起来有搓挒、前穿、拧裹、钻翻之意。而身形上要充分做到圆裆沉胯，前后上下要有对拉之势，劲力才能贯通。

虚实开合

1. 定势到位时，外形上左腿虚，左臂实，右腿实，右臂虚。

2. 图一至图二，身体内在由实变虚；图四至图五身体内在由虚变实。

要点提示

1. 跟右步送右掌时，右肩不能跟着主动往前走，而是以腰催肘，以肘催手，肩胯齐齐往前移，身形要正，前去仍有后撑之意。

2. 有些学员在身体后坐时，重心容易坐于右脚后跟上，导致跪膝，不能圆裆松胯，尾闾不能正中。这是右胯不能里收松沉之故，有些则是右脚尖外展角度过大，造成肩胯上下不能对齐之故。

3. 很多学员问手挥琵琶与提手上势的区别，除了上述劲力劲路不同之外，手挥琵琶右掌走的是斜向外、向下再向里的半个圆弧，左掌走的是斜向外、向上再向里的半个圆弧，挫合缠绕之中带有拧裹、钻翻之劲。提手上势两臂的合劲在于同时下沉再弧形上提，合挒前送之中带有提拔之劲，以断其根。

第九式　左右搂膝拗步

实腿转体胯须平，捋转闪化守正中。
左右连环莫间断，起承转合须自然。

动作说明

1. 腰右转，右胯根里收。右掌边

图一

图二

图三

图四

图五(正面)

图六

外旋边弧形下落至右胯侧前，掌心向里微向上。左臂随转体屈肘下沉，左掌微内旋合于胸前（如图二）。随右臂后撩上扬，左脚弧形收回接左搂膝拗步。动作要领如前左搂膝拗步所述。

2. 由左搂膝接右搂膝时，腰先左转至身体中线朝东北。同时，以左脚跟为轴，脚掌外展约 45 度（东北）。左右掌同时外旋里合，向左捋转。左胯外旋里收，以腰带身，肩胯齐转（如图五）。

3. 随重心前移，右大腿面上提，右脚弧形收回时，身体继续左转腰至东北微偏北，同时，左臂随转腰外旋后撩，弧形扬臂至掌心斜向上，右掌随转腰内旋，弧形盖于胸腹前，高与横膈膜齐。随腰右转，右脚弧形向前迈出。其余动作路线与要领与左搂膝相对应（如图六）。

劲力运转

参照第七式左搂膝拗步。

虚实开合

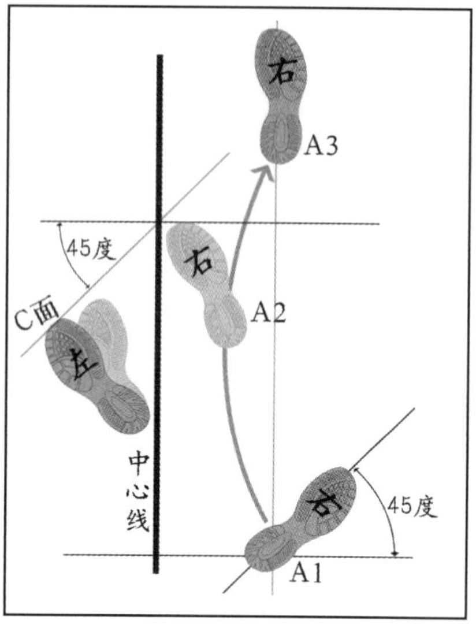

1. 由图一至图三，身体内在由实变虚；由图三至图四由虚变实，至图五仍为实。

2. 随右脚弧形上步，身体内在由实变虚；随右弓步到位时，身体内在由虚变实。

要点提示

1. 向左或向右捋转时，两臂要有向里合裹之意，不可散乱，上步时头要上领，胯要松沉，身体不可有起伏。

2. 脚尖的外展都是以腰的转动带动肩胯齐转的，同时实腿旋转时，实腿的胯、膝、踝骨外侧都在一个垂直平面上。

3. 左右搂膝拗步，前进时脚下走的都是弧线。如图所示，以右脚上步为例，运动轨迹是由 A1 点到 A3 点，弧形主要是由胯根带动沿两脚中心线的一侧，弧形迈出。如果骑到或越过中心线，则另一侧的胯就被挤出去了。同时右脚到 A2 点时，右膝盖应与左膝盖在一个侧平面上（即 C 面），宽度与肩同宽保持不变， 继而随开胯弧形向斜前迈出到达 A3 点。

第十式 手挥琵琶

动作与前述第八式相同。

第十一式 左搂膝拗步

动作与前述第七式相同。

第十二式 进步搬拦捶

一搬二拦三打捶，左顾右盼莫迟疑。

搬拦截击连环步，闪展追进显神奇。

动作说明

1. 由左搂膝拗步开始，身体左转，左脚跟为轴脚尖外展45度，左胯外旋里收。随转腰，身体重心前移，左掌外旋至掌心向里微向上，随后边弧形向上提至左肩前，边内旋至掌心朝东，指尖高与肩齐。同时，右臂沉肘弧形下採，随转腰握拳于腹前，拳眼对准腹部中线，不能低于肚脐。当身体重量前移至左腿时，提起右脚弧形收回。此时身体中线面向东北（如图五，由正北方拍摄）。

2. 开右胯，右脚弧形向右前方迈出，脚跟先着地，随后脚尖朝右前方 45

图一

图二

图三

图四

图五

度（东南）落实。随身体右转，重心前移，右臂以肘尖为轴，前臂为轮，右拳边外旋边弧形向上、向前搬出，拳背朝前。左手坐掌，合于右前臂里侧偏腕部，似贴非贴，随右转腰弧形微向下拦。同时，继续右转腰，蹬左脚，重心前移，右弓步渐渐到位（如图二）。

3. 继续右转腰，轻轻提起左腿弧形向前迈出，同时左手坐掌由身体中线向前拦出。右拳继续外旋下沉，随右转腰收于右腰侧一个立拳的位置，拳眼朝外微朝上（如图三）。

4. 头上顶，沉肩敛臀，开胯圆裆。随后渐渐左弓步，右拳内旋沉肘，随弓步由左掌虎口处，沿身体中线向前打出。左掌微收回，坐掌于右前臂中间位置。右拳眼朝上，拳面朝前（如图四）。

5. 握拳时，四指自然卷曲，指尖贴于掌心，大拇指轻压在食指和中指中节上。握拳要不松不紧，拳背与腕关节及前臂要平，不可上下左右歪斜。腕部放松，以使劲力能够自然通达。

6. 由左搂膝拗步转腰上右步时，眼神随转腰平视，顾及左掌；搬右拳时，眼神顾及右拳；出左步拦掌时，眼神朝前平视；打捶时关顾右拳。

劲力运转

1. 歌诀上说：“太极五捶此为先，搬拦左右顾盼间。护中反打进步捶，化后即打非等闲。” 太极五捶包括“搬拦捶”“肘底捶”“栽捶”“撇身捶”“指裆捶”。而搬拦捶为五捶之首，在整套拳中出现六次之多。其技术特点主要在于一搬二拦三打捶，身法包括左顾、右盼、闪展、追进。有追、封、拦、打连环追击之势。

2. “搬”是太极拳的一种缠法。设对方右手抓住我右腕，我以左掌按其手以免其逃脱。右上臂不动，前臂以肘为轴心，通过转腰，右拳由内而外，由下而上，外旋掤出，劲点在右腕和前臂外侧，随继续右转腰，右拳继续外旋下沉，劲点在拳背。右拳以腰带手完成一个顺时针的缠绕，将其腕反拿，左臂亦可滚压其肘。“搬”的缠法有大小之分，大缠绕束其臂肘，小缠绕反擒其腕。关键是以腰带手，反锁对方的关节和劲力。“拦”是截击封堵之意。劲点在左掌沿、掌根、前臂外侧。“搬”的过程中将己身之中线闪开，如果对方击我侧面，我则要以“拦”势封堵截击。顺势上步，左掌护中防敌手，拳捶直进如雷电。

3. 右拳劲点在拳面，力由脚而腿，由腿而腰，以腰催肘手。技击时出拳贵在冷、脆、通、透，劲短意长。打法不拘泥于一点，可上取咽喉，下击丹田，中打软肋、中脘和腋下，随机随势而用。

虚实开合

1. 由左搂膝拗步向图五过渡时，身体内在由实变虚。由图五至图二时，身体内在由虚变实。

2. 由图二至图三，出左步拦掌时，身体内在由实变虚。右拳击打弓步到位时，身体内在由虚变实。

要点提示

1. 搬、拦、捶三式要连环运用，闪、打同时进行，身正圆活、贯通一气。不可有断续、停顿，先搬后拦或是先拦后搬都无用处，出拳也是在搬拦一刹那间，趁其不防而攻之。脚下虚实要分清，可进可退，借机行事。

2. 搬的时候，松腰胯，肘不能上下浮动，肘关节随腰右转而往右平移。右臂曲肘的弧形要小，胳膊不能往前伸。右脚迈步到右前方，横向距离要足够，脚尖外展到位，以便为下一步，圆裆开胯，进取中路做准备。

3. 拦的时候，左掌与左脚同时出击，走的是直劲，左腰将左臂送出。而打拳时，转腰、蹬腿、出拳一步到位。拳打出去右臂仍旧是沉肩坠肘，身形要后撑之意，肩胯上下、左右都要相合。凡弓步，蹬腿直中有曲，弓步到位时，小腿垂直地面。

第十三式　如封似闭

左掌横切格肘行，右拳变掌十字封。
左掤右抽松肩肘，引化落空闭门攻。

动作说明

1. 左掌放平，掌心向下，指尖向右，从右肘下向右穿出，左腕位于右肘后下侧（如图一）。随身体后坐，肩胯平平向后移，右拳与左掌一起外旋，右拳在外旋的同时缓缓变掌（如图二）。

2. 身体重心继续后移，左臂边外旋边向斜上掤于胸前，高与肩平，同时，右腰带右胯、右肩向右微旋，右臂随之沉肘回抽，

图一　图二　图三　图四

后移快到位时，左胯根后收，左臂沉肘微回收，随两胯水平对齐时，两掌内旋向两侧分开，收于两乳前，掌心斜相对，腕略高于肘（如图三）。

3. 随后，向前弓步，身体重心前移。两掌沉腕微内旋，似有合意，以腰胯催肘手，向前按出。到位时两掌拇指尖相距约一个平拳，沉肩坠肘，曲中有直（如图四）。

劲力运转

歌诀上说道：“扬掌格肘十字封，化开合手闭含攻。推按顺防刹不住，哼哈之间腰腿功。”如封似闭的劲力攻防可分为三步：其一，设对方拿握我

右拳或推我右臂，我旋转缠绕微回抽，同时左臂由右肘下向前格挡，劲点在两前臂外侧，当两腕相交时，两臂滚动相挤压，破其来手，反剪其腕。此谓“如封”之势，意在以身体后坐引化其来势破其来力，护己中线，封锁其臂腕。其二，身体重心后移是为了引进落空合即出，但是快后移到位时，右腰先微右旋，然后左腰微左转，应有左顾右盼引化之势。两掌劲点先在小臂外侧掤住对方来力，然后随外旋将其向两侧引化，劲点在掌沿、掌根。故而《全体大用诀》上说：“如封似闭顾盼定”。其三，圆裆沉胯，两掌似关门一样，顺势将对方按出。此“按”势强调哼哈二气，旨在说明其劲力长中寓短，一开一合，一呼一吸之瞬间爆发。

虚实开合

1．由搬拦捶定势开始，左掌穿掌时，身体内在由实变虚；在身体后坐到一半时，即两掌外旋变掤时，身体内在是由虚变实。

2．快后移到位两掌引而分化之时，身体内在又由实变虚，向前按掌到位时，身体内在由虚变实。

要点提示

1．如封似闭三个阶段的腰胯运动是不同的，要分清左右腰分别作用，并且掌握好时机。要注意两掌旋转的小动作皆由腰间运化而来。

2．左臂不能随重心后移而主动往前伸直，而是弧形微向上格挡，然后外旋掤于胸前。此时随身体重心后移，肩胯上下对齐，一起后撤。后撤之中要有前掤之意。

3．重心快后移到位，两掌分引而化时，先撤右腰，后撤左腰。右腰旋转时，左臂要掤住，右肘不能主动往回抽，而是随右腰回撤而沉肘外掤。左腰旋转时，两臂要向两侧引化，掤劲不能丢，腕高于肘。

4．第三步前按时，两胯要充分松沉，肩胯上下对齐，一起前进，切记前去之中必有后撑之意。

第十四式 十字手

掤架敌手背撑圆，十字封裹採拿缠。
若问此中有何窍，外翻里裹无穷变。

动作说明

1. 身体右转，左脚跟为轴，实脚内扣至脚尖朝正南，左胯里收下沉。两掌内旋微放平，随转腰，两掌沿及前臂外侧圆撑弧形上托，当身体中线转到正南时，掌心斜向前，两掌食指间相距约一个多平拳（如图二）。

2. 随后，沉肩坠肘，两臂向两侧斜前方弧形分开、下落，略有下採之意。右脚跟内碾。当两臂下採至腹侧前时，提起右脚收回，落于与肩同宽。脚尖先落，脚掌慢慢踏实。同时，两臂微外旋，弧形向里抄手（如图三）。

图一

图二

图三

图四

图五(侧面)

3. 两掌虎口相对，继续向里抄至两腕相交，右掌在外，似贴非贴。随后，两臂由下而上，由里朝外，微外旋掤出。两腿蹬地微直立。到位时，两腕高与锁骨平。相距胸约 3–4 个平拳（如图四、图五，正东拍摄）。

劲力运转

1. 歌诀上说道："扣脚即寓裆中击，转身掤开敌两臂。缠拿封裹开合手，相机变化莫迟疑。"上势双按掌时，若对方以腿击我裆部，我则扣脚裹胯避其来腿。同时两臂随转体，托架住对方两臂，劲点在掌沿及前臂外侧至肘部。随即顺对方来势，将其两臂掤开向两侧下採，劲点在掌根。同时，由下而上，由里而外，缠拿封裹其两腕，拧裹钻翻逼其胸前。外旋掤出时，劲点在两腕和前臂外侧。

2. 十字手的劲力仍是由脚下而生，到位时，命门和双腕交叉点要有对拉之势。要时刻谨记虚领顶劲、沉肩坠肘、含胸拔背、松腰沉胯、命门后撑、尾闾松垂等要领。

虚实开合

由如封似闭到身体转向正南上托时，身体内在是由实转虚；两掌下採时是由虚变实；两腕相交时是虚，同时向外掤出时是实。

要点提示

1. 左脚扣至正南渐渐踏实时，右脚跟渐渐抬起，此时要注意左胯里收，膝盖不可超脚尖。身正体松，使身体重心固定在两个脚掌中间点（中线垂直点），收右腿时虚领顶劲，松腰沉胯，使身体重心保持不动。很多学员容易出现重心左右摆动的毛病，亦有些学员辩解，若两脚踏实岂不是"双重"？实则不然，此势是前掤缠绕钻翻之劲，如同起势一样，两脚要互为其根，命门后撑，劲力才能由脊而发。至于如何理解"双重"，后面将作详细讲解。

2. 两掌相交向外掤出时，两膝盖往里收，不可主动站直，两臂内外要圆撑，运劲要均匀。肩胸要与两臂前后对拉。身体不能上浮，充分做到肩胯松沉。身躯、两臂、两腿要似张弓一样，延伸膨胀而开，要有"五弓齐张"之势。

第十五式　抱虎归山

解腕转腰顶头悬，盼前顾后挑打按。
势如抱虎归山林，捋挤推按使敌翻。

动作说明

1. 身体整体右转至西南，同时左脚跟为轴，脚尖内扣至正西。左掌外旋弧形下落至腹前，掌心向上，右臂边掤边内旋。左脚扣好时，左胯里收，左腰微左旋，左掌朝东南微偏南撩掌，随即边外旋边舒臂弧形向上至指尖与肩平，掌心斜向上。右臂内旋弧形盖于胸前。眼神平视，先随体右转，后转向东南关顾左掌（如图二）。

2. 身体继续右转，提起右脚，开右胯，向西北迈出。左臂弧形沉肘收至左耳侧前方，右掌下落至腹前。右脚落地时，身体中线朝正西。随即继续右转腰，

图一

图二

图三

图四

图五

图六

弓右步，右掌搂至右胯侧前，左掌向西北推掌。到位时，身体中线朝西北。眼神随转腰平视西北方（如图三）。

3. 右掌先微外旋，沿身体中线上提，掌心微向左，随后微内旋弧形向右前搓拓，左掌随松腰胯而外旋沿身体中线里合，掌心与右肘相对（如抱虎归山示例图，正西拍摄）。

4. 随后动作与揽雀尾的捋势、挤势、按势相同，只是方向朝西北。

劲力运转

1. 十字手和抱虎归山一气呵成，应机而使。先右转腰，再向左闪化，随即向右后方出步，此过程上肢已经完成缠绕、闪化、折叠、採挒之劲力变化。其攻防含义为：我以十字手将对方两臂封锁掤开，此时若对方右掌擒我右腕，我右转松沉，右掌缠绕反拿其腕，左掌趁机随腰左闪而撩打其裆或软肋，顺势扬臂折其肘，两臂相合反拿其臂腕。同时闪身将其挒带至我右后方，右掌採其腕，左掌挒打其右肩。歌诀上说道："抱虎归山採挒成。""十字手开採挒上，抱虎全凭力臂长。盼前顾后搂按打，趁势捋挤也难防。"此过程右臂螺旋外掤，掤中带採，劲点在右臂掌沿、掌根及前臂外侧。左掌撩掌劲点在掌背，折臂推按时劲点在掌根，前臂内侧亦有挒裹之劲。

2. 随后若对方又以左手来袭我头或肩胸，我左臂变掤手以格挡，或以左臂拦截或捋採其左手，顺势右掌以其被採之右腕弧形向对方左肩先搓后拓，借对方两臂交叉之势束缚其身，将其推按出去，此为"抱虎归山"之意。

3. 捋、挤、按的劲点与揽雀尾相同，如前所述。

虚实开合

1. 图一至图二身体内在由实变虚；迈右步弓步搂膝推掌时，身体内在由虚变实。

2. 右掌上提，左掌外旋时，身体内在由实变虚。右掌挫拓对方到位时，身体内在由虚变实。

3. 重心后移变捋时，身体内在由实变虚。挤、按虚实同前所述。

要点提示

1. 抱虎归山关键在于两臂腕的上下配合，左手朝东南撩掌，然后上扬舒臂，随即屈臂折回朝西北打出，此间缠绕、反撩、闪化、折叠要一气呵成。右掌下採、搂膝、弧形上搓，前拓也要连贯自如。一动无有不动，处处圆活顺随，以腰带手。出掌时身体要后撑，不可前倾，注意敛臀、上下相随。

2. 左脚内扣快要到位时，左胯充分里收，踝、膝 胯都要放松自然。虚领顶劲，立身中正，这样出右步时才能圆裆开胯，保持尾闾不随意摆动。

3. 缠绕、闪化、折叠、採挒全凭左右腰之间的灵活转换。有别扭之处，从腰腿、步法、两胯之间的协调性找毛病。上下歪斜、肩胯不合、立身不正都是弊病。

第十六式 肘底看捶

左掌先走掤挒採，右掌推拿捋盖拦。
继而左掌缠提托，肘下右拳暗藏险。

动作说明

1. 身体左转，右脚跟为轴，实腿内扣至脚尖朝正南。身体由西北转向正南偏东，随后又向右转至西南偏西。两臂随转腰在胸前抹平圆，手型与要领与前述揽雀尾按势接单鞭相同。

2. 当身体转到西南偏西时，右掌微坐掌，沉肘外撑，高与肩齐，左掌相随，掌心斜向下，高与胸平。右胯里收，随身体重量完全移于右腿，左脚跟自然内抹（如图二）。

3. 随后，左掌外旋变掤，掌心向里，高与肩平。右臂沉肘外撑，坐掌，掌心朝外。同时，提起左腿，开左胯，身体整体左转。随向左转腰，两掌相

图一

图二

图三

图四

图五

图六

距约一肘距离，左掌大拇指与右掌中指齐高。左肘左膝，左肩左胯，上下相随，一起向左旋转（如图三）。继而，左脚向左前方落步（正东），身体重心渐渐前移。（如图四）

4. 身体继续左转至中线朝东偏北约 30 度左右，随重心前移，轻轻抬起右脚，右胯自然向左里合。同时，左掌内旋，弧形下採，右手随转腰微外旋，沉肘外撑，微向前有挒意（如图五，正东方拍摄）。随后，右胯外旋里收，右脚在原位置前一脚处落下，右脚尖朝东南微偏东。

5. 左掌由下採而向里抄手，右掌边外旋边握拳，拳心向里，拳眼朝上，此时，右前臂横于胸前。身体重心后移，随右脚渐渐踏实，右前臂横肘垂直下沉，左掌沿右腕靠前臂一侧弧形穿掌上托。同时，左脚提起略向前移，脚跟着地，脚踝放松，前脚掌虚着地，成左虚步。

6. 到位时，身体中线正东微偏东南。右拳位于左肘下缘内侧，拳眼向上。左掌指尖高与鼻尖齐，掌心斜向前。左肘尖与左膝上下相对（如图六）。

7. 眼神随体转平视，两臂抹平圆时先后关顾左掌和右掌。当身体中线转至东偏北约 30 度时，眼神收回关顾左掌下採、右拳下沉，随左掌上托，又关顾左掌向前平视。

劲力运转

1. 两臂随转腰抹平圆的过程中，用法和劲点与揽雀尾按势接单鞭相同。

2. 抬起左脚向左前方迈步时，左掌劲点和劲别的变化依次为：由掤变捋，由捋变採，由採变抄手，随后提腕上托。掤在桡骨和前臂外侧，随身体中线左转至东偏北 30 度时，左手为捋，劲点在桡骨和掌腕外侧。内旋下採时劲点在掌心和掌根，抄手劲点在桡骨和虎口，上托时劲点在掌心。

3. 向左转腰迈左步时，右臂沉肩坠肘，略外撑，左臂掤中要有里合之意，两臂内外相挫合住对方臂肘，随转腰有横捋之意。当身体后坐于右腿时，右前臂横肘随腰胯松沉要有下切之劲。

4. 肘底捶的攻防可以分为三个步骤，第一步是两臂抹平圆，揉肘顺化；第二步是横捋对方左臂和肘至东偏北 30 度时，左掌下採其臂腕，右掌劈捋其颈部；第三步是右臂将对方来拳下格切挡，有下拦、下盖、下挂之用意。左掌上托击其面部，或见机托架其肘，或取其咽喉，同时右拳护己胸腹，亦可袭击对方软肋。正如歌诀所云："左掤右粘护中打，捶居肘下叶底花。缠托折叠掌劈面，肘底相机破擒拿。"

虚实开合

1. 由图一至图二，两臂随转体抹平圆时，手上的虚实随领劲的手而变化。身体内在由实变虚。

2. 由图三至图四、图五时，身体外形是上实下虚。由图五至图六时，身体内在由虚变实。

要点提示

1. 两臂抹平圆后，身体中线由西南偏西开始向左旋转到东偏北 30 度，此间身体向左旋转共计大约 170 度。需要注意的是，身体中轴基本原地旋转，肩胯走小圈，两臂走大圈。两臂先是平圆，后是立圆。立身要中正，肩胯上下水平都要对齐。

2. 向左迈步转体时，左脚不可前伸，随开胯旋转，自然虚悬落步。落步后注意两脚横向距离，保持与肩同宽。两脚起落有致，虚实转换要此起彼落、轻灵沉稳。

3. 注意此势快到位时，左掌由下弧形往上、往前的提托劲是以左腰为动力，左侧身体连同左腿一起向前送出。到位时，身体不可前倾，胸背要有后撑之意，两臂饱满圆撑。

第十七式 左右倒撵猴

连环撤步退中攻，引进落空闪正中。
前蹬后撑劲贯掌，旋臂沉肘扳挽功。

动作说明

1. 身体微右转，右胯外旋里收，右腿完全坐实，左脚跟抬起。随右转腰，右拳松开边外旋边弧形下沉至右胯侧前，掌心朝上（如图二）。

2. 身体继续右转，松右肩，右掌随转腰向西南方撩掌，左掌由托掌微内旋变为坡掌微前按。左膝将左脚领起弧形收回，同时两臂外旋至掌心斜向上。两掌指尖高与肩平，沉肘圆掤，遥遥相对。此时，身体右转约 60–70 度。（如图三、图四）。

3. 左脚弧形后撤至左后方，脚尖先着地，屈腿前蹬，脚尖朝外约 40 度。同时右臂屈肘弧形折回，收于右脸侧前。身体左转至中线朝东，左掌心朝上，弧形沿身体中线下沉，左脚向前蹬，随蹬随脚掌渐渐着地踏实，左胯外旋里收，重心渐后移。同时，右掌边内旋边向前推出（如图五、图六）。

图一 图二 图三 图四

图五 图六 图七 图八

4. 右臂快前推到位时，腰左转，右脚以脚跟为轴，随转腰将脚尖带回至正东。左臂随转腰弧形沉于左胯侧前，右掌指尖高与鼻尖平，右掌与右足上下对齐。此时身体中线朝东北。

5. 随后腰继续左转，左胯外旋里收，左掌随左转腰向西北方后撩，右掌由坐掌微内旋变为坡掌，右胯下沉，右膝盖将右脚自然领起。此时，此时身体中线由正东向北转约 60 度 –70 度。随右脚抬起，两臂同时外旋翻掌，掌心斜向上。撤右步做右倒撵猴（如图七、图八）。在套路中左右共做五个。

6. 眼神平视，后撩掌时，眼神顾及后撩之手，两掌都在视线范围之内，随掌沉肘、收回、前推至到位时，眼神平视前方。

劲力运转

1. 倒撵猴走的是后退步，与搂膝拗步前进步法一样，脚下走的都是弧线。搂膝拗步是前去之中必有后撑之意，同样倒撵猴后退之中必有前蹬之劲，此时掌根与肩部应有对拉之意。身体虽是后退，劲力却是引化之中暗含向前推按之劲，此谓“以退为进”。

2. 歌诀上说："轻灵撤步似流水，引而后发倒卷肱。走化闪战扳挽劲，惊走猴王佛留心。"《全体大用诀》上又说"坠身退走扳挽劲。""倒卷肱"即是"倒撵猴"，突出了卷肱的重要性，技击上，首先强调退中要有诱敌深入之势，同时引而化之。"卷肱"即是用上臂缠绕、粘裹之劲力，待敌以前扑之势进入我的范围之内，我则撤步同时迎击挫拓其正面。"扳挽劲"即是指切、挫、拓之劲。

3. 下沉时劲点在手背及前臂外侧，后撩掌时劲点在掌背。折臂缠绕时劲点在肱骨、切挫之时劲点在前臂下侧，前按掌的劲点在掌沿和掌根。同时，两臂的劲力运转全在腰间，以心行意，以意运气，意到气到，气到劲到。

虚实开合

1. 通常的定式照片（如图二，图六）只是过渡动作，随前脚提起，转腰后撤的过程，身体内在都是由实变虚。

2. 当后撤的脚尖着地前蹬，劲力贯指之时，身体内部同时由虚变实（如图五、图八）。随后坐到位时，身体内在又由实变虚。

要领提示

1. 倒撵猴关键就是"有后就有前"，除了身体往后走之外，劲力都是往前走的。此时不要随意转腰，当身体中线朝正东，待到劲力已经输出，前推掌快到位时，再转腰。同时，后撤步的脚尖着地时要控制在 40 度左右，脚跟不要内抹。如果脚尖外展角度过大容易接不上地力，且易对膝盖有所损伤。

2. 很多学员体会不到腿上的前蹬后撑，因此容易造成重心主动后坐，不能接地之力使劲力通达于臂。应当在后撤步脚尖着地时就要屈腿前蹬，使劲力由腿而腰，通过顶腰使劲力上达于脊，输于两臂和指梢。除了后退前蹬之外，前腿也要有往后撑的劲力。此过程要求虚领顶劲，命门后撑，敛臀，沉胯，竖腰圆背，身体后贴，中正安舒。

3. 后撩掌时，肘不可主动往后抽，而是要沉肘，随腰转将手背和前臂撩出。缠绕屈臂收回的过程贵在"轻随"二字。实腿的胯根一定要外旋里收，胯不可向外顶。重心应该在后脚踝关节内侧约一个平拳的位置，亦不能坐于脚后跟上，造成膝盖超脚尖或者跪膝。必须做到尾闾正中。

4. 在前按掌快到位转腰之时，前脚尖不应主动内扣，而一定是脚踝放松，通过转腰将脚尖带回至正东方向。抬前脚时，脚后跟需先离地，不可翘起脚尖后再抬腿。在踝、膝、胯都放松的情况下，当两臂外旋缠绕时，以膝盖领起小腿。

第十八式 斜飞式

提膝开胯虚领转，出步套封偏西南。
腰若飞轮劲贯指，肩靠胯打採挒翻。

动作说明

1. 接上式。腰微左转，左腿微屈蹲下沉，左胯外旋里收。右膝盖微向上领起，自然提起右脚跟。右臂边下沉边先内旋后外旋，弧形向左抄手，左掌边内旋边弧形上提。两臂各走半个斜立圆，随后，右脚完全提起弧形收回（如图二）。

2. 腰右转，开右胯，右腿膝盖领劲扇形打开，右脚落于正南微偏西，两掌斜相对呈斜抱掌势。两臂微相合，腋下虚空。随后右臂弧形往外掤，左掌按掌于右臂里侧。此时，身体重量还在左腿。身体中线由上式定式的东北转向接近东南（如图三）。

图一 图二 图三 图四

3. 右腿渐渐弓步，右臂随转腰先外掤，当右掌经过身体中线时，右臂变掤为挒，左脚边蹬边随转腰将脚尖带转内扣至东南。眼神随转体平视，关顾右臂。弓步到位时，右掌高与眉齐，掌心向左斜上。左手坐掌下採于左胯侧前方。身体中线朝向正南微偏东，肩胯相合（如图四）。

劲力运转

1. 设我在做左倒撵猴时，对方从我右侧袭来，以左手擒住我右腕，我则以两臂一下一上，旋转缠裹，将其引化，劲点在腕与前臂随缠绕而变。随即出右腿套其身后，肩靠胯打、採挒而成。故而歌诀云："右腕被捉本无妨，翻掌下沉即消殃。左採右挒抖然出，侧身腾出亦飞扬。"

2. 右脚迈出，顺弓步时，右肩先打靠，随后，右臂先外掤后再向右前打挒。挒劲不单单在右臂，而是圆裆松胯，腿往两面蹬，手往两面开。同时，上挒与下採如杠杆一样，相应而生，先有採才有挒。採不住敌手，也不会将其挒出。劲点的转换是靠在右肩，挒在臂肱，採在掌心。

3. 斜飞势以靠为主，採挒为助势，肩靠、肘击旋若飞轮。故而也有歌诀说道："斜飞式用肩，肩中还有背，一旦得机势，轰然如捣硾。""靠"是"八法"当中最后一个劲别，俗语说"远拳近肘贴身靠"，当敌身已经贴近，来不及闪化，或引敌落空，主动迎击时用靠。使靠时有肩靠、背靠，此套拳中主以肩靠为主。打靠的肩应自然松沉，不可丝毫用力，肩关节周围，骨肉之间都要松开，使对方找不到着力点。劲力是依靠两腿前蹬后撑，上达于腰胯和肩背，意贵长，劲贵短，都是内劲所为，非先天本力所使。

虚实开合

1. 由图一到图三，身体内在都是虚。

2. 由图三到图四，身体内在由虚变实。

提示要点

1. 提起右腿左斜抱掌时，身体的动作都是以腰带手。因此腰要先微微右旋，再随斜抱掌再左转，随之再往右转，开胯出右步。很多学员在斜抱掌时，左胯根没有里收，造成左膝跪膝，因而右胯很难打开，造成了右腿外摆角度不够。关键在立身中正，上要虚领顶劲，下要左胯里收，松肩沉胯。

2. 挒劲先有肩靠之意，关键在脚下的虚实，靠时身体重心仍在后，打挒的过程中，重心前移之中应有后撑之意。腿上的劲是往两边外撑，两臂由中线向两边开展，一上一下相互对应。到位时，身体中线要对准正南微偏东，但不可转到或者超过正南，稍一过，造成右侧肩胯松懈，劲力尽失。

3. 此势特别强调：转腰、开胯、上步掤挒，而不能做成撤步、转腰、挒掌。从技击上来讲，要先转腰，眼神顾及对方来势，才可定位落脚和肩靠的方向，如果是撤步，神形不合，肩靠、採挒亦拿捏不准。

第十九式　提手上势

动作说明

腰微右旋，重心前移，右胯里收。同时右臂边内旋边下沉，左臂微外旋上提，两掌遥相对，两臂沉肘，腕高于肘。随左脚提起，弧形跟半步落下，随落随后坐，右脚轻轻提起，微向右前方迈出，脚跟着地。两臂沉肘由下而上相合而出。身体中线朝向正南微偏东。其余要领、劲点与虚实开合与前述第五式提手上势相同。

第二十式　白鹤亮翅

与前述第六式相同。

第二十一式　左搂膝拗步

与前述第七式相同。

第二十二式 海底针

跟步前按腰催手，后坐折腰插裆口。
百会尾闾一线穿，左採右插敌难走。

动作说明

1. 接上式，重心前移，右掌以腰胯催肘手，微往前送。右脚跟半步，脚尖落于东偏南约 40 度。身体渐后坐，腰微右转，右肘屈臂微提右腕，右掌微外旋收于右肩前，略低于肩，掌心向左，指尖朝前微向下。同时，左掌随转腰，微外旋上提横于腹前，高与腰齐，指尖斜向右前，掌心微斜向右下。眼神平视，顾及右掌（如图二、图三）。

2. 身体重量全部移于右腿，左脚提踵微里合向前点地。右腿屈蹲，身体垂直下沉，松肩沉胯，右腕随体下沉（如图四）。待到右掌与前臂成一条直线时，指尖斜向前下。

图一

图二

图三

图四

图五

图六（正面）

3. 腰微左转，左胯后收与右胯平齐。同时，右掌折腰弧形向前下45度插掌，腕与左膝齐。左手坐掌随转腰弧形向左下搂採于左膝侧前方。眼神顾及右掌，目视前下方（如图五、图六，正东拍摄）。

劲力运转

1. 设我在打左搂膝拗步时，右腕被对方右手所擒后拉，我顺势跟半步前推，以顺其劲力，随后身体后坐下沉，反採其腕，借对方来势下坠、折腰、前插，使其落空，如坠深渊，有入地三分之势。歌诀说道："倘逢敌手钳右腕，引敌进身坠千斤。右拿左压採挽劲，仆前跌后俯仰功。"此处注意一个"坠千斤"的"坠"字，意指整个身体的沉劲，以沉劲贯于掌腕挫其来力，对方才能前扑栽地。"仆前跌后俯仰功"是指此式与下一式扇通背一俯一仰连环使用，此式劲力全在腰胯松沉、虚领顶劲，才能灵活自如。

2. 右掌前推劲点在掌根，以腰胯催肘手。右腿屈蹲下沉时，劲点在右掌尺骨和腕部，随身体下沉，腕部有採压之劲。插掌时劲力以沉胯折腰贯穿至掌指。左掌下採，劲点在虎口，掌根和掌沿。

虚实开合

1. 脚下的虚实随身体重量的移动而要分清，往后坐时，左脚尖点地时，要虚要轻，不可受力。

2. 由图一到图三，身体内在由实变虚；由图四至图五，沉胯折腰插掌时，身体内在由虚变实。

要点提示

1. 此式也可分为三个步骤：第一是向前推掌，第二是后坐下沉，第三是折腰插掌。三个步骤虽为一气呵成，不可有断续之处，但是也要分清先后。有些学员容易边后坐下沉边折腰插掌，此处忽略了前面所讲的"坠千斤"之沉挫劲。而折腰插掌，则是以腰胯催肘手。"折腰"是以胯根为轴，腰将劲力贯穿指尖，向前向下送出，注意不可低头哈腰，或者弓腰弯背。后颈部与脊柱保持一条直线，到位时，身体脊柱与地面的夹角应是45度。

2. 右手下插时，要保持虚领顶劲，身体仍然要往后圆撑，和前插之掌形成对拉劲。海底针也可是插对方阴部之势，但要注意身体不可前俯太多，须知法无定法，因机夺势。同时，此势亦可在于反拿其腕，沉挫其力，以备下一式攻其软肋之用。

3. 很多学员插掌时，右胯容易向右斜，导致耸肩或尾闾不能正中。此时，要注意右胯里收，与左胯应该水平对齐。同时，身体重心不能坐死在右脚跟上，否则右膝盖超出脚尖。身体当如塔吊一样，重心后移，不能左右偏斜，前后之间亦要平衡。

第二十三式　扇通背

上身直立俯仰功，提滚托架拔腰松。
收住右胯暗上步，前后对拉似张弓。

动作要领

1. 右腿仍然屈蹲坐实，上身由折腰渐渐直起，右手内旋随身体直起而弧形上提，高与肩平，掌心斜向右下，左掌外旋弧形上提合于右肘里侧，掌心向右。同时，提起左脚虚悬自然收回（如图二）。

2. 随左脚向左前方迈出，身体中线朝东，渐渐向前弓步。同时，右腰渐

图一　图二　图三　图四

渐右转，右胯放松。随左掌向前推出，右臂随转腰扇形上托，同时，右腰、右肩、右胯微向后对拉，身体中线自然转至东南。左掌竖掌，高与鼻尖齐。右掌位于右额前上方。

劲力运转

1. 歌诀上说道："右臂滚提托架功，背连双臂劲贯通。噫嘘一口丹田气，劲点原在腰际冲。"海底针接扇通背与提手上势接白鹤亮翅一样，在用法上都是连环招式，不可拆分，太极拳当中的连环招式很多，后面还会提到。海底针以反拿其腕向前下俯冲，紧接着扇通背，拔腰向上滚提托架，使对方腋下、软肋暴露，左掌趁机借左右腰前后对拉之势向前冲击。

2. 两臂时刻圆撑饱满，右臂扇形上托，劲力有向上托架向后捋带之意，劲点在掌沿、前臂外侧。左掌向前推出，劲点在掌根。

虚实开合

1. 由图一到图二、图三，身体内在是由实变虚。由图三到图四，身体内在是由虚变实。

2. 两臂虽是前后拉开，但是开中要有合意，劲力方能贯通。

要点提示

1. 许多拳友在做扇通背时，容易以右手为主向右旋腰，左腿还没有迈出就开始拉动着右侧肩胯往后走，错失了两臂对拉的时机，使得脚下的反弹力亦不能贯通于背脊，输于两臂。正确的做法是向前出左步时，收住右胯，身体中线仍然朝正东，保持肩胯上下对齐，然后随向前弓步，一开俱开，犹如拉弓射箭之势。

2. 随右腿向前蹬出，右臂虽是内旋上托扇形打开，然而关键在左臂，左腰催左肘与左掌向前送，这是主动。随左腰前送，右腰对拉，右臂上掤，右肩与右胯自然松开，这是被动。两臂对拉的劲要掌握好时机，全凭腰腿的运化。

3. 弓步到位时，左小腿垂直地面。上身不可前倾，前去之中要有后撑之意。扇通背下盘与单鞭式下盘外形相同，注意两胯要稍微偏横，这样右脚到左掌，左脚到右掌的劲力才能贯通一气。

第二十四式 撇身捶

忽闻身后敌来犯，横肘封截臂连环。
撇拳推掌再击腹，怕是神仙防也难。

动作说明

1. 腰向右后旋转，左脚以脚跟为轴，脚尖内扣至西南，左胯内旋里收。随转腰左手弧形向上托架于头前上方，掌心朝外。右臂微外旋下沉，盖掌于胸窝前。随身体继续右转，左腿完全坐实时，右掌边下沉边握拳于左肋前。右脚掌为轴，脚跟自然抹回，右腿提起虚悬。左掌外旋下沉，盖于右臂外侧，腕高肘低，掌沿斜向下（如图二、图三）。

2. 随开右胯，右脚向正西迈出，横向距离

图一

图二

图三

图四

图五

图六

图七

图八

与肩同宽，右拳边外旋，边由里向外，由下朝上，向正西撇拳，拳眼斜向右上，高与锁骨齐。左臂微沉肘，左手坐掌于胸口前，腕高于肘。此时身体中线朝西南（如图四）。

3. 随向前弓步，左掌由左腰催肘手向前推出，到位时身体中线朝西。右臂边外旋边弧形下沉，右拳收至右腰侧前方（如图五）。

4. 腰微左转，左胯外旋、里收、下沉，随腰微转左臂边外旋边屈肘弧形向身体中线里合，右拳内旋弧形上提沿身体中线向右前方击出。到位时，身体重心微后移，成半马步，右拳面向左前方，左掌外旋里合，掤于胸前（如图六至图八，正西拍摄）。

劲力运转

1. 由扇通背开始，左臂上托和下盖于胸前，劲点都在掌根、掌沿及前臂外侧，上托是圆撑上掤，下盖时略有向下劈掌、格挡之意。右臂随身体右转下沉，劲点在前臂下侧，腕与臂平。

2. 撇身捶技击含义为对方从我身后袭来，我右转闪化，同时横右臂暗含肘击，转身时左臂向下盖其来拳，右臂轮劈，以拳背迎击其面或上盘；若对方格挡我右臂，我则顺势叠压其上架之手，再出左掌击其胸部；迅速再出右拳横击其肋腹，可谓连环出击，使其上、中、下三盘，防不胜防。最后右臂再顺势与左臂相配合，可将其来臂滚压反拿。

3. 俗语说“追劲不如等劲，等劲不如迎劲”，迎劲即为截击阻拦，对方劲力将发未发之时，我已先于对方出击，断其来势。待对方惊魂未定之时，连扑带打，两臂连环出击，快若飞轮。翻身撇身捶是传统八十五式太极拳当中连环出击最为紧迫、防不胜防的一招。

4. 右臂撇拳时，劲点在拳背和腕部，起点到落点走的是弧形向上、向外、向下的路线。左手推掌时，劲力以腰催肘，以肘催手，节节贯穿，右拳再出击时，劲点在拳面和前臂下侧，到位时与左臂配合有合裹、滚压之意。

虚实开合

1. 脚下的虚实由身体重量的转变而变化。撇捶到位时重心在后，右脚为虚，右拳却是实，左腿为实，左掌为虚。

2. 由闪通背开始到右拳撇捶，身体内在是由实变虚的过程。左掌推出，右拳出击时，身体内在是由虚变实。

3. 身体后坐，两臂滚压，向左捋转时，身体内在由实变虚。

要点提示

1. 有些学员在由扇通背衔接此式时，左脚内扣角度往往不够。关键窍门在于左脚内扣时，左胯根要放松，里收下沉。左腿外侧胯、膝、踝要保持垂直在一个平面上。虚领顶劲，脊柱原地转。

2. 右臂撇捶时，身体仍然后坐，不可前倾，胸前要圆撑饱满，要有后撑之意。右拳撇打时，主要是迎劲截击之势，所以右臂不可前伸，上臂与前臂夹角不要过大，要保持劲力由脚而上，贯通脊背和指梢。左手坐掌微掤，以护己之胸肋。

3. 歌诀说道："横截敌臂闪正中，左掌防头伸可攻。翻拳压带莫丢劲，掌推敌肘展无空。""撇身捶掌连环劈，侧身击敌如霹雳。"此处要注意两点：第一，右拳撇出时，身体仍然后坐，中线并非朝西，而是朝西南，目的是为了在迎劲截击时，避闪自己的中线；第二，右拳撇捶之后，下沉回带要有滚压反採之势，劲力不可有断续。身法要求在旋转出步时，要平、稳、正、直。

第二十五式　进步搬拦捶

左顾右盼步连环，金丝缠腕化腰间。
追封拦打步轻灵，拳由心发当胸箭。

动作说明

1. 身体随腰左转，渐渐后坐，同时，两臂捋转至西南。随后，身体重量移于左腿，右脚提起弧形收回，左胯外旋里收。同时，右拳弧形收于腹前，拳眼朝里，左掌边内旋边弧形上提至左肩前，掌心向西。

图一

图二

图三

图四

2. 下接进步搬拦捶与前述第十二式相同，唯方向朝西。

3. 劲力运转，虚实开合参见第十二式。

第二十六式 上步揽雀尾

图一

图二

图三

图四

图五

图六

动作说明

1. 腰左转，左脚跟为轴，实脚外展至脚尖朝西南，同时左臂随转腰微沉肘收于左胸前，右拳渐渐内旋变掌，随转体弧形下採。

2. 随身体重量全部移于左腿，右脚提起弧形收回。同时右掌边外旋边经腹前抄手。随后右脚向前迈步，接揽雀尾右掤、捋、挤、按，动作要领如第三式所述。

第二十七式 单鞭

与前述第四式相同。

第二十八式 云手

掤捌按採抄手回，全凭腰脊圆转催。
起脚落步侧行进，乱环缠绕粘黏随。

动作说明

1. 接上式。身体右转，左脚跟为轴脚尖内扣至正南，左臂松肩沉肘随转体向右弧形微沉，掌心朝前下，高度略低于肩。右勾手变掌，掌心朝下，随转体微下沉。此时身体中线转至正南微偏西（如图二）。

2. 随后身体左转至中线朝东南。左臂微内旋，随转体弧形微向左前按出，高与肩齐。右掌边下沉边外旋抄至腹前，身体重量渐渐移于左腿（如图三）。

3. 右膝渐渐将右脚跟领起，脚尖自然下垂，平移至与肩同宽。脚尖先着地，随之脚掌、脚跟渐渐踏实，同时左臂沉肘，弧形下採，右臂外旋，由里向外、

图一　图二　图三　图四　图五　图六　图七　图八

由下向上弧形经左臂肘内侧掤出（如图四）。

4. 随后腰右转，左掌随转体微外旋弧形向里抄手。当身体正好转向正南时，重心正好在两脚中间，右脚完全踏实。两掌中指尖对准身体中线。右掌大拇指高与眉齐，掌心向里微向上，距离眉间约四个平拳。左掌抄手，掌心朝腹微向下。左腕高与肚脐平，距离腹部约两个平拳（如图五）。

5. 腰继续右转，随即左膝领起左脚跟，右掌边内旋边沉肘向西南按掌，高与肩平，掌心斜向下，左掌微外旋上掤。身体重量渐渐移于右腿，圆裆开胯。当身体中线转至西南时，左膝将左脚领起，小腿自然下垂，左脚向左平移约三个脚的长度，脚尖着地。同时，右掌弧形下采，左掌微外旋由下而上、由里向外掤出。经过右肘内侧时，掌心正好向里。

6. 随之身体整体左转，重心渐渐左移，右掌下采微外旋变抄手，左掌随腰转继续外掤。身体转向正南时，两掌中指尖正好对准身体中线，两掌高度距离与上动相同，只是左掌在上，右掌在下，两脚尖朝正南（如图七）。

7. 身体继续左转至中线朝东南时，右膝将右脚提起向左平移至与肩同宽，左掌随转腰内旋沉肘，弧形向东南按出，微坐掌，大拇指高与肩齐。掌心斜向前下。右掌慢慢外旋经腹前向左抄手。随后动作与前两动相同，云手共做五个，以右脚收回为一次计算。

8. 云手随转腰两掌做上下内外往复循环运动时，眼神随转腰平视，神意领手走，同时关顾云拨之掌。

劲力运转

1. 以左手为例，身体由正南转至东南时，左臂微沉肘，由掤劲转化为捋劲，劲点随左掌外旋而至左腕大拇指一侧和桡骨外侧。随后随左掌内旋而微向外按掌，劲点在掌根、掌沿外侧。随之下採，劲点在掌心、掌根。再由下採变向右抄手，劲点在虎口和桡骨近腕部。随右转腰左臂在右胸前上掤，劲点在桡骨的上侧和外侧。

2. 歌诀上说道："掤捋採挒挤按推，全凭腰脊圆转随。云到敌人双肘后，铜墙铁柱一齐推。"云手的技击用法不一而论，在传统杨式太极拳快架和小架当中，三趟云手各有不同的练法和技击侧重点，在此套传统杨式八十五式大架的练习中，杨澄甫宗师取其最简洁、最含蓄的一种，但是环环相套、绵绵不断的技术特色和劲力要点都蕴涵其中。在与对方实战时，我通过身体旋转，同时用两臂的缠绕、云拨、上扬下挫之法，破其来力，护己中线，在顺化的过程中，趁机攻其胸肋。两臂的螺旋缠绕如云卷云舒，如影形随。也有将云手的技击用法称为"乱环术""手脚齐进横竖找，掌中乱环不落空"，使对方眼花缭乱，心惊胆战。

3. 云手时单臂的劲力主要包括掤、捋、按、採、抄，并且两臂一上一下，一内一外，上下配合，内外相应，处处缠绕，环环相套，循环往复，于轻灵之中断其劲力。用法上即有乱环剪手、云拨、又有肩靠、推挤、採挒等劲法，连防带打，化中有发。但需注意要做到"功蕴于内，劲不外露，松活圆润"才可以使劲力与内气配合贯通，可以使掤、捋、按、採、抄等看得见的劲力，转化为粘、连、黏、随等看不见的内劲。

虚实开合

1. 云手时，身体内在的虚实总体上说是"实在两头，虚在中间"。例如身体左转至东南时，右臂上掤，左臂下採，同时右脚尖着地，脚跟下沉之时，身体内部表现为由虚变实。松肩坠肘、沉胯是协助丹田充实的表现。由右脚落实，身体整体向右转腰至西南的过程中，身体内由实变虚。

2. 脚下的虚实转化，关键在身体朝向正南时，脚的虚实随转腰而瞬间变化，即一个脚完全踏实，转瞬间另一只脚脚跟渐渐提起，此起彼落，如跷跷板一样。

要领提示

1. 有些学员做云手左右转腰时，丢掉了虚领顶劲，不能够做到脊柱中轴线的上下垂直和松活圆转，容易形成上身歪斜、前后晃动。应当保持上下对拉，头上领，肩胯松沉，转腰时脊柱上下自然垂直，肩胯上下齐转。有些学员在转腰时，过度转胯或者两胯僵死不动都是不对的。身体中线向西南和东南两个隅角转动时，两胯要充分松沉，保持水平，向左转时左胯根外旋里收，右胯随转腰微向左裹转，向右转动时同理。要注意胯的转动纯任自然，不能使得胯的转动拉动两个大腿和膝盖的转动，要始终保持圆裆开胯。手臂的转动角度与肩胯相合，亦不可转动过大，造成上下身形的扭动。总体说来，两臂不是主动走，而是全凭腰的旋转带动，手上动的只是劲力转换时的自转和方向的变化。

2. 云手平移横步出脚时，身体不可歪斜，裆要圆撑，不能有“人”字形的裆，因此两腿内外都要有掤劲。两胯要水平横移，抬腿出步时，不可太宽，造成两个胯的上下摆动，以及身体和头部的左右晃动。落脚时，先是脚尖着地，随后是脚掌外缘，最后是脚跟渐渐踏实，须知身体重量不可随意摆动和沉浮，从脚尖着地之时起，就要有接地之力的意识，使劲力由脚贯通于两臂。

3. 云手两臂的缠绕，是两个相交叉的椭圆，同时要注意两掌与身体的距离变化。两臂不可在一个垂直面上旋转划圆，而始终是一前一后，上掤手离下颌约四个平拳，下抄手离腹部约两个平拳。例如身体转至东南，左臂走掤捋、推挤、按採之时，肘不可外翻，要注意沉肘，不可有伸缩之状。右臂抄手时要注意弧度饱满。两臂要有前后对拉之势，肩、肘、腕，节节松开拔长。脊柱亦要上下拔长，虚领顶劲，命门后撑，含胸拔背。

第二十九式 单鞭

动作说明

1. 云手左脚向左横跨步四次，最后一个是小马步右掌在上，此时，向右转腰。当身体中线将要转至西南时，右臂由捋手内旋至掌心向下，随之右掌变为勾手，左臂由抄手边外旋边由下而上，由里朝外，掤于胸前，掌心向里。随之，身体重量移于右腿，右胯里收，提起左脚，开左胯，向左前迈出。眼神平视，先关顾右掌，后随转体平视正东，关顾左掌（如图一、图二）。

图一 图二 图三

2. 随向前弓步，左掌内旋坐掌向前按出，右臂后撑微开展。右脚跟外碾至脚尖东偏南约 40 度。外碾时脚跟不可浮起，而是擦着地向后碾出，右腿外侧亦有外掤之意。

3. 此势单鞭弓步要略小，如果弓步过大就会影响做下一式高探马起身后坐时，身体不稳或僵硬，不能做到轻灵自如。

4. 劲力转换，虚实开合参照前述第四式单鞭。

第三十式 高探马

左臂主拦叠採带，右掌穿封刺拧戳。
上惊下取拧头锁，手脚呼应劲穿梭。

动作说明

1. 身体边后坐边微右转，右胯外旋里收下沉，松右肩，右勾手变掌，掌心斜向下，随转腰沉肘弧形屈臂收于右肩前，掌腕略低于肩。同时，左掌微外旋下沉，掌指斜朝前（如图二）。

2. 身体重量渐渐后移至右腿坐实，左脚微收回提踵点地。随后右腰往前送，右掌向斜上方探出，同时左腰微回收，左掌边外旋边弧形下沉，收于左腰前，距离腹部约一个平拳。

图一

图二

图三

图四

3. 随右掌向斜上方探出，身体中线渐渐转至正东，蹬右腿，身体微直立，以腰催肘手，劲贯指梢。到位时，右掌稍坐掌，掌指微向左前，高与眉心齐，左掌指微向右前，掌心向上微向里（如图三、图四）。

4. 随身体后坐，眼神关顾右掌，随后转向前微向上平视，关顾右掌向前探出。

劲力运转

1. 右侧以腰催肘手时，劲力贯穿右掌沿和指尖。左掌随左腰带回，採于掌背，合于掌心。歌诀上说道："左带右探济阴阳，扑面锁喉此势良。转身高攀马头拧，舒肩拔背收腹腔。""高探马上缠腕採，仰之弥高掌探鼻。""高探马上拦手刺"在攻防含义上都强调，两臂上下对拉搓打之势，左掌黏採其腕，右掌借左臂回带之势，迎击对方面部，可锁喉、可刺目、可戳鼻，随机应变。同时，左脚也可弹踢踩踏，攻其下路。此势既可"上惊下取"又可"上下齐攻"，纯任自然。

2. 高探马后坐时，身体要松沉到位，右胯里收，只有做到充分松沉，右脚才能借蹬地的反弹力，使内劲由下而上，通过舒肩拔背，内劲由腿而腰，由腰而脊，由脊而输于两臂。须注意右掌贵在一个"探"字，并非前俯够探之势，而是前攻之中已蕴涵封堵拦截对方变动之意，其目的在于如果前刺不行则可以向右抹带拧转对方头颈，以接下势右分脚。因此要注意劲力之中蕴涵的势动，不要直来直去。

虚实开合

1. 由单鞭开始身体渐渐后坐时，体内由实变虚。

2. 随转腰，右掌前穿时，身体内在由虚变实。一吸一呼，一开一合。

要领提示

1. 有些学员在做单鞭接高探马时，身体很难后坐回来，出现左脚拖地，或者身形歪斜不稳等弊病。除了前面提到此处弓步不易过大之外，关键要点在于，后坐时，头往上领，右胯外旋里收，向下松沉，同时，右腿微屈蹲，右膝盖往后顶，使得重心充分后移，到位时右膝盖不超过右脚尖。同时也通过重心充分后移带动左腿自然提起收回。身体仍要松肩沉胯，要做到不可有丝毫僵硬使力之处，方能轻灵。到位时要注意圆裆开胯，不可夹裆。

2. 两臂的对拉之势是靠右腰和左腰的一去一回而形成的。两臂不可主动前伸或回带，全凭腰间运化。同时要注意上下贯穿，下要松沉两胯，收住腹腔，不可挺腹后仰。上要含胸拔背，不可挺胸抬头。身体不可散漫，开中寓合，合中寓开。

第三十一式　左右分脚

刺探穿抹捋架使，拧搓引採意相连。
左右分脚肋下刺，缓出快弹亦自然。

动作说明

1. 腰微右转，右胯外旋里收。随右腿屈蹲下沉，右臂沉肩坠肘，右掌微向右下弧形抹带，腕高肘低。左手随转腰微微弧形上提。随之，左腰微左转，右臂屈肘里收，右掌向左弧形收至右胸前。开左胯，提起左脚向东北方迈出，随出步左掌向左前上弧形伸出，掌心斜向上，掌心高度略低于左肩，松肩沉肘（如图二）。眼神先关顾右掌，再随体左转平视，关顾左掌。

2. 左腿渐渐弓步，随弓步身体整体向右旋转，左臂随转体向右弧形里收，

图一

图二

图三

图四

图五

图六

图七

图八

右臂前伸从左前臂中部随转腰沿身体中线向前穿出，随转随穿随向右推按。弓步到位时，身体中线朝正东微偏南，右掌推按至东南，微坐掌，腕高与肩齐。左臂横掤于胸前，腕略高于肘，掌心斜向里，指尖对准右前臂接近腕部（如图三），两掌心距离约一肘。眼神随转体平视，关顾右掌。

3. 身体左转，左胯里收下沉。左臂仍然掤于胸前，右臂沉肘，随左转腰，两臂微有向左下捋转之意。当身体中线左转至正东时，右掌弧形下採，随即边外旋边经腹前抄手，当身体左转至东北时，身体重量完全移于左腿，松腰沉胯，提起右脚虚悬，右膝弧形向上，向东提膝。同时，右掌抄至左腕外侧，左肘微沉，两掌腕相交叉，掌心向里，掌指斜向上舒展（如图四）。

4. 随左腿渐渐直立，腰微右转，右胯外旋，右腿弧形提起向东南分脚。到位时，右脚高度约与腰齐，脚尖微平，脚背及脚外沿要有掤意。两臂随分脚先渐渐向两侧掤开，随后内旋至掌心微朝外，向两侧水平横开击出，两臂松肩沉肘，两手坐掌竖指，脚到手到。到位时，身体中线朝东（如图五）。眼神随转体平视，先关顾左掌，后向东关顾右掌与右脚。

5. 右腿屈膝自然下垂，左腿屈蹲，身体下沉，左胯里收。右臂边外旋边沉肘，左臂微外旋屈肘收回，掌心斜朝上。随右腿向东南方迈出，左掌收于左胸前，微沉腕坐掌，掌心斜向下（如图六，正东拍摄）。随后，身体向前渐渐弓步，其余动作说明参照右分脚。左分脚到位时，身体中线朝正东，分脚方向朝东北偏东（如图七、图八）。

6. 在做左右分脚或左右蹬脚时，两臂都是外旋合于胸前，微上提外掤，分与肩平。到位时，后掌指尖与上耳轮齐平，前掌指尖高与耳根齐平。两臂松肩沉肘，内外都要有弧线。

劲力运转

1. 高探马接右分脚仍旧是连环招式。高探马右掌前探扑面时，若被对方闪化，我则左掌继续拿其右腕，腰微右转，右掌朝右下弧形下採带，拧转搂採其颈项。随左腿出步前弓和身体右转，右掌由採带弧形回抹，劲点在掌沿和掌根，然后沿对方右臂向前外撑，搓拓其上臂和右肩。左掌擒其腕之余，护己之胸肋，与右臂呼应要有里合捋转之意。随后，两臂向左捋转，趁对方被捋回之势，两臂横击，上惊下取，右脚迎其来势弹踢而去，劲力贯穿至脚尖和脚外侧，低可击其小腿迎面骨或腿内侧关节，高可击其裆部和软肋。两掌侧击时劲点在掌根和掌沿。

2. 歌诀说道：“上步半捋化敌空，採腕掀肘护我胸。重心放低易沉气，分脚踢出势须平。”歌诀的上句即是前述的攻防含义，后半句强调重心放低和沉气，都是为了说明劲力贯通，支撑八面的要领。《太极拳体用全诀》上说“左右分脚肋下刺，捋来架去伺机袭，”此处“捋来架去”即是强调两臂借捋回之势，顺应变为十字手，向上向外掤架，然后才能起到上惊下取之效。《全体大用诀》亦是说“左右分脚手要封”，强调两臂封裹、外掤、横击的重要性，虽是分脚，但是没有上惊就没有下取。

虚实开合

1. 图一至图二，身体内在由实变虚；图二至图三，身体内在是由虚变实。

2. 图三至图四，身体内在由实变虚；图四至图五，身体内在是由虚变实。

3. 左分脚身体内在的虚实变化与右分脚相似，外形上，脚手的虚实随身体重量和劲力的运转而变化，注意一合俱合，一开俱开。

要点提示

1. 很多学员在做左右分脚时，脚手很难配合协调，关键要领在于齐进齐出，齐合齐开。以右分脚为例，出左步时，左手与左脚同时前伸，随身体右转弓步到位时，两臂也穿抹到位。弓好了步再转腰，或者腰转够了再弓步都是弊病。随后两臂捋转、抄手十字相交，右脚弧形收回，一合齐合。随右膝提起，两臂由下而上，由里而外掤出，提膝到位，手也到位，上笼下提，随后一开俱开，手到脚到。

2. 以右分脚为例，有些学员在向左弓步时，左膝盖容易超脚尖形成跪膝，使得左胯与右胯不能相互支撑。随弓步右转腰时，要注意肩胯相合，转腰的幅度不可过大，腰走小圈，两臂走大圈，控制好身体中线的位置，朝东微偏南，如果转到东南，则左胯不能内收，劲力尽散。

3. 分脚时，脊柱要上下对拉拔长，上提腿的胯不可抬高，要里收保持两胯水平。很多学员容易抬胯分脚，造成上身的歪斜，或者胯被脚拉伸出去。同时要注意支撑腿不可过分挺直，身体重心要下沉，松肩沉胯。两臂不可开展过大，臂与前胸和后背都要保持圆弧。分脚一侧的手臂与腿要在同一个方向。

第三十二式 转身左蹬脚

上惊下取开合间，惊弹抖擞势相连。
立定脚跟腰脊转，守住中定神领先。

动作说明

1. 左脚分出后，提膝收回，左脚自然下垂。同时，右腿微屈蹲下沉，身体以右脚跟为轴，向左后旋转至中线朝西北。右脚尖扣于西北偏方向。两臂随转体，外旋下沉，弧形于腹前相向抄手。身体转到位时，左腿自然提膝下垂，左脚虚悬，离地面约一个平拳（如图二）。

图一

图二

图三

2. 两掌边外旋边抄手相交于腹前，左掌在外。随左膝上提，右腿微直立，两掌仍然交叉，同时外旋至掌指斜向上，掌心向里。随左腿提膝，两臂由下而上、由里向外掤出，两腕略低于肩。随即左脚朝正西蹬出，脚跟高与腰齐。两掌沉肘向两侧分开，边内旋至掌心朝外，边竖掌向两侧水平击出。眼神随转体平视，关顾左脚（如图三）。

劲力运转

1. 歌诀说道："忽觉背后敌来攻，转身消打眼要明。先合后开意中定，手拦脚蹬着腰功。""转身蹬脚腹上踹，悬腿蹬伸打援敌。""左右蹬脚膝腹占，轻粘蛮捌猛飞腿。""左蹬脚踢右蹬式，回身蹬脚膝骨迎。"以上歌诀都在强调一合一开、一蓄一发之间，意守己身之中定，上惊敌之心神，下取其膝、腹、肋等要害。分脚借对方被捋回之机，取弹踢之势，而蹬脚则是以蹬踹为主，取崩炸之劲力。蹬脚时，劲力贯穿脚掌和脚跟。两臂抄手时，劲点在虎口，随抄随外旋，两掌交叉后随上提而往外圆撑。分掌时，劲点在两掌沿和掌根。

2. 左膝上提时，关键是腰胯要松沉，左脚的劲力是借助右脚蹬地的反弹力而来，脊柱要上下对拉拔长，才能使劲力由脚而腿，由腿而腰，达于脚跟，节节贯穿，完整一气。

虚实开合

1. 由图一至图二，身体内在由实变虚；蹬脚时身体内在由虚变实。

2. 外形上旋转时，手脚齐合，蹬脚时，手脚齐开。

要点提示

1. 右腿单腿支撑，身体向左后旋转时，身体其他部位不要乱动，有些学员容易用手领劲，或者以左腿外侧领劲，都应避免。转体时，身体各部位都要放松，注意右胯里收，左胯放松，虚领顶劲，肩胯松沉。转身时，意念和眼神要先到位，确定好旋转的角度和方位，随即以腰为动力，脊柱和支撑腿为轴，肩胯整体旋转。

2. 起承转合之间，都要保持虚领顶劲，注意身体上下的对拉，身体中轴旋转。左腿在旋转过程中，始终是虚悬，但并非是高度不变，要体现螺旋下沉而合，螺旋上升而开，手脚齐合齐开，齐蓄齐发之势。

3. 分掌时，两臂是横开，开中寓合，两臂横开不可过肩。肩背都要圆撑，整个运动过程当中，无使有丝毫间断，无使有丝毫凸凹，处处连贯，处处饱满。

4. 在整个套路之中，单腿转体的动作除了此势之外，还有右蹬脚接双峰贯耳、左蹬脚接转身右蹬脚、转身摆莲等势。单腿旋转的速度不能过猛过快，亦不能太缓太慢，造成断续或停顿，应该体现轻灵而动，沉浮有序的节奏。正如《十六关要论》首句所言“活泼于腰，灵机于顶，神通于背，气沉丹田”之气势。

第三十三式 左右搂膝拗步

动作说明

1. 接上式，腰微右转，右胯外旋里收下沉。右臂边坠肘边外旋至掌心斜向上，指尖与肩平。同时，左手微外旋，弧形屈臂合于右胸前。左腿提膝下落，左脚放松自然虚悬，与肩同宽。眼神由蹬脚方向收回，关顾右掌。（如图四，正北拍摄）

2. 腰左转，开左胯，左脚向左前方迈步。右臂屈肘弧形收回，左掌下採，然后弓步做左搂膝拗步和右搂膝拗步。要领与说明与前述第九式相同，唯方向相反。

图一　图二　图三　图四

第三十四式　进步栽捶

右带左搂进步栽，虚领沉胯身莫歪。
前冲之中有后撑，下砸同时含外崩。

动作说明

1. 接上式，腰右转，以右脚跟为轴，脚尖外展至西北。随转体，右掌微外旋上提，左掌弧形收回，盖于右腰前侧。身体重心前移，提起左脚弧形收回（如图五，正北拍摄）。

2. 右腰继续微右转，右胯外旋里收，开左胯左脚向正西出步，两脚横向距离与肩同宽。随出左步，右手渐渐握拳，拳眼朝上。右拳微提至右腕与肘平，左掌下搂（如图二、图六，正北拍摄）。随即身体左转，待身体将转至正西时，两胯松沉，向前送腰，随弓步右拳向斜前下击出。拳眼朝前上方，腕高与左膝平。

图一

图二

图三

图四

图五

图六

图七

左手坐掌，随转腰搂至左膝外侧约一个平拳。

3. 到位时，右腿后侧与身体背部、后颈都在一条直线上，身体与地面的夹角约45度。右臂与地面的夹角也是约45度。眼神平视，关顾右拳（如图三）。

劲力运转

1. 栽捶的劲力，有前冲下砸之势，故名“进步栽捶”。歌诀说道：“进步栽捶破前踢，搂他扑地腰胫击。”“栽捶原为打下盘，左手大搂要当先，进步拳追敌难躲，总击敌腹腰腿间。”技击用法上，有些套路中直接由左蹬脚接一个箭步前冲上去栽捶，意为将对方蹬倒在地时，骑冲上去一足踩胸，一拳击胸腹。在此套路中，强调以左掌搂开敌方来腿，右拳直击其支撑腿的膝盖或迎面骨。强调先搂后栽、俯身前冲下砸的技击特点。

2. 随转腰向左搂掌时，劲点在左掌沿外侧和掌根。当身体中线快转至正西时，两胯同时下沉，以腰胯催肘手，将拳向前下击出。右腿前蹬的劲力贯穿拳面，造成前冲之势，两胯下沉的劲力，为拳面下砸劲力之源。

虚实开合

1. 由图四至图五、图六时，身体内在由实变虚；图二至图三时，身体内在由虚变实。

2. 外形上，图五和图六，左手实，右手虚；图三是右拳实，左掌虚。

要点提示

1. 出左步搂膝时，要充分做到圆裆开胯，立身中正。有些学员在弓步左转腰时，左肩与左臂容易主动领劲，造成肩胯扭动。要注意所有的转动，都要求松肩松胯，脊柱为轴，腰为动力。右掌握拳时，不可夹腋。有些学员边左转边栽捶，实则忽略了栽捶下砸的劲力是腰胯整体下沉所致，而非蹬腿转腰所为。

2. 右臂栽捶时，不可主动前伸，亦不可往下松懈，角度要自然。先转腰到位，然后再栽捶。关键要领是肩胯相合，虚领顶劲，脊柱要一条线，全凭腰胯的沉劲贯输于两臂。身体的全部重量要往两胯松沉，而不要浮在上身，造成身体前爬，重心不稳。栽捶到位时，身体整体是上虚下实。折背泛臂，低头哈腰，都是弊病。

第三十五式 翻身撇身捶

动作说明

1. 右腿微屈，上身渐渐直立，腰右转，左脚跟为轴，脚尖内扣至东北，左胯内旋里收。同时，右拳微内旋提起，屈肘横臂，使右拳至于左肋前。左掌随身体直立而向左上方托掌（如图二）。

2. 身体继续右转，身体重量渐渐移于左腿，右脚提起弧形收回。随即朝正东方向打撇身捶。动作说明、劲力运转及虚实开合参照前述第二十四式撇身捶，唯方向相反。

图一

图二

图三

图四

第三十六式 进步搬拦捶

与前述第十二式相同。

第三十七式 右蹬脚

手腕被擒心不惊，反拿分蹬手脚行。
一开俱开立身正，意到气到劲贯通。

动作说明

1. 接上式。腰左转，左胯外旋里收下沉，左脚跟为轴，脚尖外展约 50 度。左臂随转体微沉肘向下抹带，右拳变掌，内旋下采。

2. 随转身体重量渐渐前移至左腿，右掌微内旋经腹前向左抄手，随之外旋上提。同时，右膝领起，小腿自然下垂。两臂微外旋，右掌抄至左掌外，两腕十字相交，掌心向里，略低于肩（如图二）。

图一　图二　图三

3. 左腿渐渐直立，提右膝至大腿与地面平，然后向正东蹬脚，高与腰齐。同时，松腰沉胯，两臂沉肘，先分掌，后内旋外掤至掌心向外，竖掌向两侧击出。右掌与右腿方向一致。眼随体转，先关顾右掌，后向东平视（如图三）。

劲力运转

1. 右蹬脚关键是身体提前下沉好，单腿支撑直立时，身体虽然随直立上长，但是腰胯和劲力却是往下松沉，只有这样，蹬出时才能借助地面的反弹力，劲贯脚跟与两掌。

2. 其余要领参见第三十二式左蹬脚。

虚实开合

图一至图二，身体内在由实变虚；图二至图三，身体内在由虚变实。

要点提示

1. 右蹬脚时左腿支撑，松腰沉胯才能有节节贯穿的反弹力，各关节与脊柱都要松开，上下对拉拔长，立身中正，气要下沉。

2. 所有动作当劲力贯穿至劲点，身体内在充实圆满之后，劲力便转瞬而发，不可停留，稍作停留便为僵滞。以蹬脚为例，当劲力节节贯穿至脚跟，脚到手到，身体内在充实圆满之后，身体内在则由实转虚，外形上劲点到位后，即转为下动。

3. 两掌分开后内旋向两侧击出时，两臂要注意沉肘，不可抬肘耸肩。向两侧横击时，两肘不可主动横拉，劲力由中间而向两侧分出。两臂角度不可过大，要开中寓合，肩背与两臂弧线要饱满，不可挺胸夹背。

4. 其余要领参见第三十二式左蹬脚。

第三十八式 左打虎势

两臂粘黏身闪化，捋採用意空拿发。
上领下沉中正在，左贯右冲翻拳打。

动作说明

1. 腰微右转，左腿微屈蹲下沉，右腿屈膝收回，脚尖自然下垂。同时，两臂随转体下沉，右臂弧形按至东南偏东，微坐掌，左臂边外旋边屈肘，弧形掤于右胸前，掌心向里微斜上。随即，右脚尖内扣至正北微偏东着地，右腿渐坐实，右胯外旋里收。

眼神关顾右掌（如图二）。

2. 腰左转，两臂随体向左下捋转，右胯继续里收，开左胯，左脚渐提起向西北方迈出。当左掌背经过左膝上方时，左脚落地微后撑。继续左转腰，左掌边微内旋边向左弧形外掤上提，右臂圆撑随体转微外旋，两掌心遥遥相对。眼神关顾两臂捋转，随弓步打拳平视前方（如图三）。

图一　图二　图三　图四

3. 随渐渐向前弓步，两掌同时握拳，身体微右转，两拳向身体中线合击。到位时，两臂圆撑，左拳位于左额前上方，拳心向外，拳眼向下。右拳高在脐与胸窝之间，距离胸腹约 3–4 个平拳，合于身体中线，拳心向里，拳眼向上，两拳眼上下相对。身体中线朝西北微偏北（如图四）。

4. 脚下方位如图所示，到位时，左右脚横向距离与肩同宽。右脚尖与左脚跟垂直距离为一个平拳宽的长度。

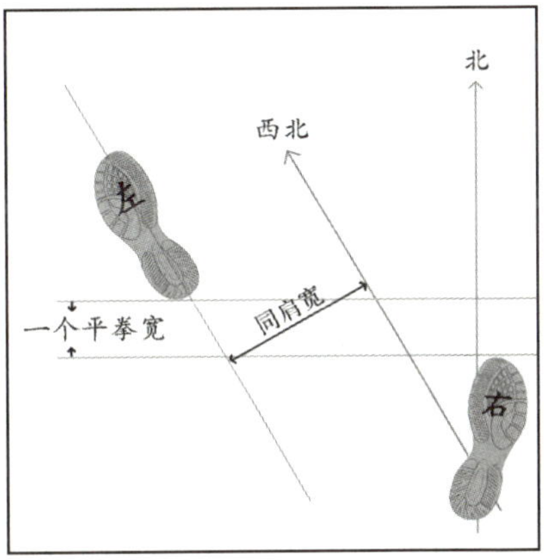

劲力运转

1. 恩师所传歌诀有云：“猛虎扑来势虽凶，採捌巨臂敌势空。忽转腰胯翻拳打，左右披身伏虎精。”强调以採捌避开对方扑来之势，关键在于一个“空”字。“空”是一种劲法，亦是与对方交手时能听之于心，运化其来劲的一种高明阶段。就技击而言，“空”的目的是变对方的主动惯性为我所用，使其重心或劲力落空，失去平衡，如坠深渊或如遇磁铁不能自控。在左打虎势中，两臂向左下捋转，即是“空”的粘化阶段，随左脚向西北出步，腰继续左转，是“空”的闪化和落空阶段。随后腰微右转，翻拳迎击，上打太阳穴或耳，下打胸肋，纯任自然。能“松”则能“空”，因此说“一分松一分功，松到一无所有见真功”，松是整套拳的基础，也是内功入门的关键。后面的拳论章节会专门论述。

2.《太极拳体用拳诀》中说道：“左右打虎势威武，下采上打披身退。”此处强调下採上打和以退为进。例如，就左打虎势而言，若对方以左拳向我右侧袭来，我以两臂捋转对方左臂，同时向西北撤步，左掌反採其左腕，然后弧形上扬，右拳击其软肋。或者我以右臂下採对方来拳，护己之胸肋，左拳侧击其头部。或如《体用大全诀》中所说“上打正胸肋下用”。两臂一上一下，用法多变，不一而论。关键在于两臂要粘黏，身法要闪化，出其不意，击其不备。

3. 向左捋转时，左手外掤里合，右掌劲点在掌沿、掌根和尺骨。当左脚迈出时，左掌反搂膝，劲点在掌背。两拳向中线合击时，左拳有拧腰冲贯之意，劲点在拳面，同时，两臂要有圆撑饱满的掤劲，左臂有托架、右臂略有下採之意。

虚实开合

由图一至图二、图三，身体内在是由实变虚；由图三至图四，身体内在由虚变实。

要点提示

1. 右脚落地时，右腿胯根要做到充分里收，这样才能保持两胯水平旋转，立身中正。左脚迈出落地时，重心并不是马上前移，而是腰继续左转，待左掌反搂，将敌方落空之后，再边弓步边握拳。凡握拳，都是五指渐渐攥拢，待身体整体到位时，拳也握到位。

2. 随左腿弓步，两拳合击时，上身不能前倾，裆要圆撑。关键要领是两胯松沉顶头悬，身体上下对拉，前后圆撑饱满，含胸拔背，敛臀竖腰，劲力才能由脚而腰，由腰而脊，输于两臂。

第三十九式 右打虎势

右掌反搂取太阳，左掌捋採护中堂。
上贯下击贵用腰，沉气落胯势精良。

动作说明

1. 腰右转，左脚以脚跟为轴，脚尖实脚内扣至正东，两臂松肩沉肘，当左拳下沉至肩平时，两拳渐渐变掌，左掌心朝下，右掌微外旋至掌心向里微斜上，掤于左胸前（如图一）。两臂随转体向右下捋转。左胯里收，提右脚，开右胯。当右掌经过右膝上方时，右脚刚落步于东南方向。身体继续右转至中线朝东南，右臂随转体弧形向外掤，内旋至掌心向左（如图二）。

图一

图二

图三

图四

2. 随即两臂微上提，随弓步渐渐握拳向中线合击，要领参照左打虎势。到位时，右拳在上，左拳在下，两拳眼上下相对，身体中线朝东南（如图三、图四，东南拍摄）。

3. 劲力运转，虚实开合以及要领提示参照左打虎势。

第四十式　回身右蹬脚

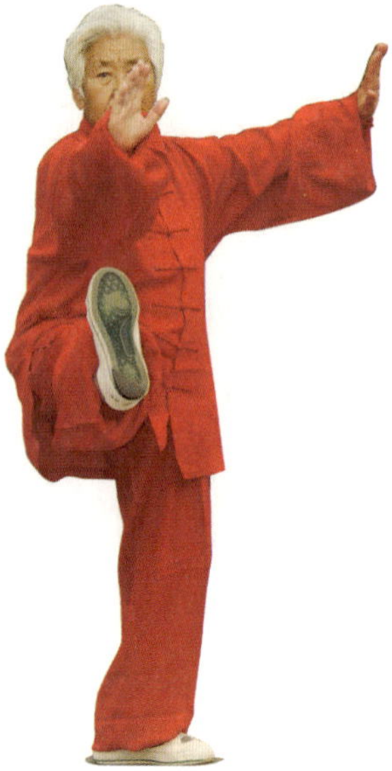

回身碾脚裆要圆，左掤右抄捋当先。
独立势站膝虚悬，分掌蹬脚踹肋间。

动作说明

1. 屈左腿，左脚掌为轴，脚跟内碾45度，使脚尖朝东北。同时，左胯外旋里收，身体边左转边后坐。两拳渐渐变掌，右臂松肩沉肘，左掌微外旋掤于胸前。此时身体中线朝正东（如图二）。

2. 腰继续左转至中线朝东北，身体重量渐渐移于左腿，左胯下沉里收，右掌下採，弧形经腹前抄手外旋上提，左掌外旋微上掤。随身体重量全部移于左腿，右膝将右脚自然领起，两掌外旋相交叉，右掌在外，掌心向里，两腕略低于肩（如图三）。随后手脚齐开做右蹬脚（如图四）。

图一

图二

图三

图四

3. 劲力转换，虚实开合及要领提示，参照前述第三十七式右蹬脚。

第四十一式 双峰贯耳

提膝滚压折敌臂，上步追封显神奇。
黏化封缠托架去，双拳贯耳性命取。

动作说明

1. 右腿提膝收回，小腿自然虚悬，左腿微屈。同时，以左脚跟为轴，整体向右转腰至中线朝东南，左脚尖内扣至正东。两臂边外旋边沉肘，两掌弧形收回，掤于两胸前，掌心向里微斜上，指尖高与肩平。两掌小拇指之间约一个平拳（如图二）。

2. 左腿微屈蹲下沉，右膝微上顶，高与腰齐，同时，两臂随沉肘随向下沉压。当两臂快接近右膝时，两臂边沉边向两侧斜下掤开，继而微内旋，顺两侧弧形向上外掤。同时，左胯里收，右胯放松，右腿向前方（东南）迈步（如图三）。

图一　图二　图三　图四

3. 渐渐向前弓步，当两掌略高于肩时，渐渐内旋握拳，两拳食指根骨节相对，两拳心斜向前下方。随身体弓步到位，两拳弧形合击于额前上方，拳高与头平，两拳间距约两个平拳。眼神随转体平视，关顾左右两掌（如图四）。

劲力运转

1. 双峰贯耳的劲力分为两个部分，第一步部分是在转体后，劲点在两臂外侧和掌背，同时，右膝上顶与两臂沉挫形成一股折叠、挫压之劲力。第二步是“贯耳”，两臂由中间往两侧掤开，有粘化，封缠之势。弓步出拳时，劲点在拳背食指根骨节处，随两胯松沉，劲力由腿而腰，由腰而背，由背而输于两臂外侧和两拳。先由里向外掤开，再由外向里的弧形夹击对方太阳穴。故而歌诀说道：“遇敌推按休着慌，手叠敌臂压彼掌。向外掤架上右步，力贯双拳取太阳。”

2.《太极拳体用拳诀》曰：“双峰贯耳双环捶，叠而后摜步要追。”此处强调步法上有追击之势，因而在提膝上顶折挫其臂弯之后，要上步封打，乘胜追击。两臂虽是相合出击，却要有外掤托架其臂腕之意识。

虚实开合

1. 由右蹬脚向右转身时，身体外形是手脚齐合；右脚迈出时，手脚齐开。

2. 由右蹬脚转身到位时，身体内在是由实变虚；右膝上提，两臂沉压时，身体内在由虚变实。

3. 松膝落胯，右脚向东南迈出时，身体内在由实变虚；随弓步两拳贯耳时，身体内在是由虚变实。

要点提示

1. 左腿单腿支撑向右旋转时，头要领起，肩胯松沉。以腰为动力，脊柱为轴，以神领形，肩胯齐转，要做到平稳而轻灵。

2. 右腿提膝和上顶时，右胯不可前送，要保持里收，两胯水平端稳。注意膝盖上顶的劲力由支撑腿松沉借地面反弹力而来，而两臂沉挫折叠的劲力由两胯松沉而来，这样才能上下贯通。

3. 右膝上提和出右步的过程中左腿渐渐完成下沉屈蹲，不可屈蹲好了再出步，更不可出右步再屈蹲。有些学员过分注意两臂与右膝的上下合劲，而容易形成哈腰缩身，左腿过度弯曲。须知，此时含胸拔背，虚领顶劲，是劲力上下贯通的关键所在。

4. 右步迈出时，不要急于弓步，重心后坐，左胯要充分里收，两肩随两胯松沉，裆部圆撑，而渐渐弓步到位，使劲力由脚而腿，由腿而腰，而脊，贯通两臂，达于拳峰。

5. 弓步贯拳时，腰要上顶，背要圆撑。前倾、后仰、挺胸都是弊病。贯耳时，两肘要坠，不可耸肩抬肘。拳背与前臂要平，不可有折腕现象。

第四十二式 左蹬脚

重心不变胯外旋，提膝抄手採在先。
十字手封护中线，劲贯足跟蹬肋间。

动作说明

1. 随腰微右转，右脚微外展约5度。两臂弧形分开向两侧下沉，两拳渐渐变掌，边外旋边向两侧弧形下採，随身体重量全部移于右腿，左脚抬起收回。

2. 两臂边外旋边经腹前抄手里合，随后左大腿面领劲，左膝渐渐上提。同时，两臂相交叉，左掌在外，微上提外掤，两腕略低于肩。随右腿微直立，两掌先向两侧分开，后内旋至掌心微朝外，随左脚朝正东蹬脚，两臂向两侧横击。眼神平视，关顾两掌及左蹬脚。

图一　图二　图三

3. 劲力运转、虚实开合与要领提示参照前述第三十三式转身左蹬脚。

第四十三式 转身右蹬脚

脚掌为轴右后转，扫腿螺旋劲下钻。
起落有致虚实换，连环蹬脚势相连。

动作说明

1. 右腿微屈蹲下沉，左腿随沉随屈膝下落。同时，身体以右脚掌为轴向右后旋转，两臂随转体经两侧弧形下沉（如图二）。当身体中线转至正北时，左脚尖略内扣落地，与右脚尖平齐。右脚尖朝向东北微偏北，两脚间距略大于两个平拳。随左脚落实，两臂外旋经腹前抄手相交叉，右掌在外。

2. 随身体重量移于左腿，右腿提起，身体微右转，左胯里收，两腕相交（如图三）。随后，两臂边外旋至指尖朝斜上边由下而上，由里朝外掤出，两腕高略低于肩，同时右膝上提。随后右脚向正东蹬出，两臂边分边内旋至掌心微朝外，竖掌向两侧横击。到位时，右臂与右腿方向相同，左臂朝向西北。

图一　　图二　　图三　　图四

3. 由左蹬脚开始旋转时，关键要领是要保持肩胯的水平，虚领顶劲，以腰为动力。以右腿、右胯、右腰、右肩为门轴；左腿、左胯、左肩为门扇；肩胯上下、水平对齐，整体旋转。眼睛要平视，关顾右蹬脚。身体不可前俯后仰。

4. 其余劲力运转、虚实开合、要领提示参照第三十七式右蹬脚。

第四十四式 进步搬拦捶

动作说明

1. 左腿微屈蹲下沉，右腿放松屈膝收回，右脚自然下垂。身体随沉随微左转，左胯里收。左掌边外旋边弧形收于左肩前，指尖高与肩齐，掌心朝东。右臂弧形下沉，右掌边内旋边抄手至腹前握拳，拳眼朝里，对准腹部中线，不能低于肚脐。

2. 随后开右胯，向东南出步，其余动作、劲力、虚实和要领与前述第十二式搬拦捶相同。

第四十五式 如封似闭

与前述第十三式相同。

第四十六式 十字手

与前述第十四式相同。

第四十七式 抱虎归山

与前述第十五式相同。

第四十八式 斜单鞭

忽闻身后敌来袭，回身当胸甩长鞭。
切忌耸肩顶右胯，八面支撑固下盘。

动作说明

1. 由抱虎归山双按掌接斜单鞭，实际上与第一节揽雀尾双按掌接单鞭相同，唯右

图一　　图二　　图三　　图四

脚以脚跟为轴实腿内扣至正南，左脚迈向东南方向。劲力运转、虚实开合与要领提示参照前述单鞭。

第四十九式　野马分鬃

左旋右转化敌臂，上捌下採分鬃去。
两臂交错杠杆理，沉胯转腰何须力。

动作说明

1. 随腰右转，左脚跟为轴，脚尖内扣至西南，左胯内旋里收。右勾手变掌弧形下採。左掌随转体屈肘微下沉（如图二）。腰微左转，身体重量渐渐移于左腿，右掌边外旋边下沉弧形抄至腹前。左掌随沉肘屈臂到左胸前，掌心斜向右肘里侧，呈左斜抱掌。右腿提起弧形收回（如图三）。

2. 开右胯，右腿弧形向右前方出步，落步时，脚尖朝前微偏右（约10度–15度），两脚横向距离与肩同宽。随即左掌微合于右肘里侧，腰微右转，右臂由下而上、由里朝外掤出（如图四）。蹬左腿，右腿渐渐向前弓步，随身体

图一 图二 图三 图四

图五 图六 图七 图八

继续微右转至中线朝西南偏西（约 20 度）时，右臂边掤边舒臂向右上方捋出，左掌弧形下採至左胯侧前方。弓步到位时，右肘与右膝尖上下对齐，右掌心朝左斜上，掌指高与眉齐，指尖和脚尖方向一致，左掌指微斜向正西偏南（如图五）。眼神随转体平视，比掌先达正西，关顾右掌捋出。

3. 腰右转，右胯外旋里收，右脚实腿外展至西北。身体重量渐渐移于右腿，右臂以腰带肘，以肘带手，随转体边下沉边内旋，弧形向右胸前採回，掌心朝斜前下（如图六）。左掌随转腰弧形抄手至腹前，左脚提起弧形收回，呈右斜抱掌。

4. 开左胯，左脚弧形向前方出步，脚尖朝前微偏左（约 10 度 –15 度）。随左脚落步，右掌弧形向中线里合于左肘里侧，左臂微外掤。随后渐渐向前弓步，腰微左转，左臂先掤后捋，右臂下採，动作要领参照前述右分鬃。随后继续做右左分鬃，在套路中共做五个。

劲力运转

1. 由斜单鞭开始，右掌抄手劲点在虎口和大拇指一侧的腕根，左掌屈肘微沉，掤中略带採劲，劲点在掌根、尺骨一侧。

2. 做右野马分鬃右腿弓步时，右臂先要往外掤开，然后随转腰向右挒，掤时劲点在右前臂外侧，挒时劲点是先在肱骨顺达桡骨和指梢。右掌大拇指一侧领劲，随转体，右臂向斜上扇面打开。因为这个动作在旋转中完成，所以在区分掤和挒的同时，也要体会掤中有挒、挒中有掤、以掤助挒的意味。到位时，劲点贯穿至整个右臂外侧、桡骨和指尖。左掌弧形下採时，劲点在掌心和掌根。

3. 野马分鬃与斜飞势相同之处表现在两点：第一，都是由採、挒而成，一手下採，一手上挒，上下交错，借助杠杆原理，一气呵成。第二，单臂都有先掤后挒之势，掤与挒相辅相成，有说以掤助挒，有说以挒助掤，实则是掤中有挒，挒中有掤。

4. 野马分鬃与斜飞势的不同表现在：第一，斜飞势是靠为先採挒为后，靠是主劲，採挒为助势；野马分鬃正好相反，採挒为主，靠为助势。第二，斜飞势转腰幅度大，主要在于右臂斜向右上挒出时，右膝及腿内侧要有里合之意，上下形成一股合挫之劲，靠腰的旋转使敌失重。因此斜飞势也可分为上挒肩胸、腋下，中挒腰背，下挒胯根之用，关键在于上下形成交错拧裹之劲力。而野马分鬃可以看作是云手的变势。云手走横开步，野马分鬃走连环前进步，云手两臂主云拨、缠绕、折叠之势，野马分鬃主採挒、转化之劲力。与斜飞势相比，野马分鬃两臂採挒时转腰幅度很小，两臂下採上挒是沿身体中线上下而开的分劲。第三，从脚下步法的攻防来讲，野马分鬃是连环上步，意在封锁、踩踏其下盘，从而以助两臂的採挒之势。斜飞势是斜撤步、套腿，意在套住对方下盘，然后肩靠为主，弓步採挒为辅。

5. 歌诀说道："斜单鞭后此势连，先採后挒左右环。弓步助势攻腋下，肩靠肘打逼近旋。"由此歌诀可见，野马分鬃攻防在于左右连环顺化的过程中，一手採住对方臂腕，另一手进步直逼对方胸膛、腋下，先有下採后有旋转挒出，同时，在上步逼近敌身时，视身体旋转的角度与逼近的距离，肩靠肘打，任其自然。

6. 採和挒之劲力虽看似是两臂上的功夫，实则是脚上和腰胯上配合所为。两臂要放松圆掤，身体要上下对拉，松腰沉胯，方能轻灵而旋，自然而去。

在推手或技击中，两臂用力是太极拳运用中的大忌。因此有些太极拳前辈说，“太极不用手，用手非太极”“有手似无手，神意领手走”，此皆非先天本力所为，养成手上不用力，太极不用手的习惯，自然能在松中求得真功。

虚实开合

1. 斜单鞭接右分鬃时，由图一至图二，图三身体内在是由实变虚。图四至图五时，身体内在由虚变实。

2. 图五至图六时，身体内在是由实变虚；图七到位时，身体内在由虚变实。

要点提示

1. 以右野马分鬃为例，右脚迈出时，身体重心不要马上前移，而要两胯松沉，圆裆开胯，虚领顶劲。同时，左胯要充分里收，尾闾正中，不得出现跪膝、身体歪斜、肩胯不合等毛病。未弓步时，身体中线约在45度。弓步到位时，身体微右转腰，身体中线朝西南偏西约20度，肩胯上下对齐。

2. 身体要整体性的旋转，肩胯上下和水平都要对齐。同时，要做到上下相随，两臂斜抱掌时，脚也要一起收回，初学者出步时要前撑后蹬，随弓步到位，两臂也要随之展开，上下齐到。身体内在由实变虚时，旋腰的幅度比较大，而随弓步先掤后挒，由虚变实时，转腰幅度比较小。与此相反，很多学员在做野马分鬃向前弓步时，只顾使劲转腰，忽略了劲力由腰腿而贯穿，由沉胯而上达，由身体中线向两边分开的重要性。最后导致，到位时，转腰幅度过大，使得两胯不能相互支撑，肩胯不合，劲力尽散。

第五十式 揽雀尾

动作说明

1、由右野马分鬃开始，腰微左转，右脚跟为轴内扣约40度，右胯内旋里收。随后身体重量渐渐移于右腿，右臂随转腰边内旋边沉肘屈臂，弧形收于右胸前，左臂边外旋边向腹前抄手，左脚弧形收回，手脚一起相合，呈右斜抱掌，眼神随转体平视，关顾右掌。

2. 随后腰左转，开左胯，左脚向正南出步，脚跟着地。右臂弧形向左合与左臂肘里侧，左臂微上提圆掤，眼神向南平视，关顾左臂。

3. 随向左弓步，腰微右转，左脚跟为轴，脚尖内扣约 40 度。左臂弧形上掤，右臂随转腰下採于右胯侧前方。到位时，身体中线朝西。左小腿垂直于地面，左胯里收。随右转腰，眼神先于中线平视正西。

4. 随后做右掤、捋、挤、按。劲力运转、虚实开合等参见前述第三式揽雀尾。

第五十一式 单鞭

与前述第四式相同。

第五十二式 玉女穿梭

封缠拿裹闪展挪，提滚托架掌穿梭。
身随影动阴阳握，步随身换虚实活。

动作说明

（一）左穿梭 ----- 西南角

1. 随腰右转，左脚跟为轴，实腿内扣至脚尖朝西南。左臂随转体松肩沉肘，左掌渐放平，右勾手变掌弧形下採。当身体中线转至正南时，身体重量渐渐移于左腿，左胯里收（如图二）。随后，左臂弧形下沉至高与胸腹齐，掌心朝下，右掌边外旋边向腹前抄手。

2. 随腰继续右转，右胯微沉，右膝盖将右腿领起，右脚自然下垂。右臂微外旋，由抄手渐渐由下而上，由里朝外掤于胸前，左臂随转体微沉至胸腹部。随转体开右胯，右脚向正西偏北落步，脚尖朝正西，两脚横向间距略宽于肩。

图一　图二　图三　图四

图五　图六　图七

身体中线朝西（如图三、图四，正西拍摄）。眼神随转体平视，关顾右掌。

3. 身体重量渐渐移于右腿，随腰继续微右转，右臂微外掤，指尖朝西微偏南，掌心斜向左上。随即左脚提起弧形收回，左掌经肋前向右肘下穿掌（如图五）。随后，右臂边微外旋边微向左拦切，当右前臂经过左前臂上方中间时，右腰右胯继续外旋里收，右臂随之微向右后弧形採带。同时，腰左转，开左胯，左脚向西南迈出。左前臂经右肘下弧形向前横击，高与腰齐，掌心朝下。右臂松肩沉肘，屈臂回收至右胸前，沉腕坐掌，腕略高于肘（如图六）。

4. 随腰继续左转，蹬右腿，弓左步，重心前移。同时，左掌微内旋弧形向上托架，右掌微内旋向前推掌。眼神平视，随转体有左顾右盼之势，先顾及左掌，随后顾及右掌推出。弓步到位时，身体中线朝西南，左掌心斜向上，略高于头，右掌心朝左前，指尖高与肩平。两脚横向间距与肩同宽。两掌大拇指上下对应位于身体中线（如图七）。

（二）右穿梭——东南角

1. 随腰右转，左脚实腿内扣至脚尖朝正北，左胯里收下沉。左掌边外旋边松肩坠肘，竖掌于身体中线前，掌心朝右，指尖高不过唇。右掌微外旋，随沉肘掤于左肘前下，掌心向里，两腋下虚空（正面图见西北角右穿梭图二）。随身体右转至正北，身体重量充分后坐于左腿，右脚跟微提自然抹回，左膝后收，膝盖不超脚尖（如图二、图三，正东拍摄）。

2. 随即，身体继续右转，左胯微沉，右膝将右脚领起自然下垂，随转体开右胯，向东南出步。右臂边内旋至掌心朝下边弧形下沉。随出步，左臂下沉至左胸前，沉腕坐掌，腕略高于肘，右臂微屈臂向前横击，高与腰齐（如图四，正东拍摄）。

3. 随腰继续右转，左脚跟为轴，实腿内扣至正东。随后渐渐向前弓步，右臂微内旋弧形上托，左掌微内旋向前推掌。眼神先是随转体平视，随右步迈出，先顾及右掌横击，随后顾及左掌推出。到位时，身体中线朝向东南。右掌心斜向上，高与头平，左掌心朝右前，指尖高与肩平。两脚横向间距与

图一

图二

图三

图四

图五

图六

肩同宽。两掌大拇指上下对应位于身体中线（如图五，正东拍摄；图六－正南拍摄）。

（三）左穿梭——东北角

1. 随腰微左转，右脚跟为轴脚尖实腿内扣至正东，右臂随转体外旋下沉，左臂微沉向左平带，左掌放平。身体重量渐渐移于右腿，左脚提起弧形收回。右腰微向右转，右胯微外旋里收。随转腰，左掌经肋前向右肘下穿掌，右臂边微外旋边向左微拦切，当右前臂经左前臂上方中间位置时，右腰右胯继续微外旋里收，随之右臂微向右后弧形採带。此时身体中线朝东微偏南（如图二，图五，正东拍摄）。

2. 随腰左转，开左胯，左脚向东北迈出。脚落地时，身体中线对准正东。左前臂向东北横击，高与腰齐，掌心朝下，右臂松肩沉肘，屈臂于右胸前，沉腕坐掌，腕略高于肘（如图六，正东拍摄）。随腰继续左转，向前弓步，两臂动作说明和前述西南方穿梭相同。弓步到位时，身体中线朝东北。（图

图一

图二

图三

图四

图五

图六

图七

四为正南拍摄，图七为东南偏东方向拍摄）

（四）右穿梭 ---- 西北角

1. 此穿梭与前一个右穿梭动作完全相同，唯方向由东北转至西北。左脚先内扣至正南，随出右步，向右转腰，再内扣至正西。

图一 图二 图三 图四

劲力运转

1. 玉女穿梭定势虽为四个隅角，即西南、东南、东北和西北，但是整体的身法转换和攻防含义，却全部蕴涵于八个方位之中。因此也有说“玉女穿梭八方势”，在此须明白八个方位的虚实。总体来说，四正，即东南西北，主防。表现为封缠拿裹、闪展腾挪。而四隅主攻，表现为提滚托架、拗步击掌。四个穿梭要一气呵成，在螺旋转换当中，身随影动，步随身换，忽隐忽现，连绵不断。要做到“遍体弹簧劲，百骸若机轮”。整个身体被看做是一个圆转滚动的球体，螺旋滚动，伸手无形。

2. 歌诀说道：“转身顺掤拗手击，双臂斜穿肘后齐。旋肘摇化走内劲，贴身滚挤莫相离。”以第一个左穿梭为例，若对方从我右侧袭来，我右臂由下而上、由里而外先掤贴住对方来臂，如图左穿梭 -- 西南角图三、图四（正西拍摄），随即出左步以贴近其身，右臂採其腕回抽，同时，左掌由右肘下侧趁其不备横击其胸肋，劲点在掌根、掌沿和前臂外侧。随后向上翻滚托架其臂肘，右掌随弓步再击其腋下或胸肋，击掌时劲点在掌沿和掌根。

3.《全体大用诀》曰“玉女穿梭四角封。”其中的“四角”多被理解为四个隅角的封打之势，却忽略了四个正角的掩护拿化之意。当身体转至四个正角时，两臂似十字手而交叉，实为封缠拿裹之意。以西北角右穿梭图一、图二为例，若对方以左拳出击，我左手托架其左肘，右掌击其胸肋，此时，若对方又以右拳击我胸部，我随即以左臂下沉格挡，同时与右臂相合，裹其臂肘，形成封裹、拿缠、捋转之势。左臂劲点在掌沿、掌根和前臂外侧及肘。右臂掤中要有里合之意。两臂封裹之时，护己之胸肋。

4. 弓步击掌之前，身体重心在后，要做到开胯圆裆，虚领顶劲。两胯做到充分松沉后，随转腰向前弓步，脚下前蹬后撑的劲力才能节节贯穿，发于背脊，输于两臂。

虚实开合

1. 由上一定势开始转腰、收脚、提膝、迈步时的过程中，身体内在由实变虚。

2. 由一掌上托，另一掌前按，蹬腿弓步到位时，身体内在由虚变实。

3. 穿梭定势接下一动实腿旋转，另一只脚未抬起之时，如图右穿梭—东南角，图一至图二的过程，身体内在都是实。

要点提示

1. 玉女穿梭身体旋转的角度比较大，以西南角的穿梭转到东南角的穿梭为例，左脚要内扣两次，第一次由西南内扣至正北，第二次由正北内扣至正东。第二次内扣时应掌握好时机，当右脚落于东南，身体重量仍在左腿时，身体中线一边转至东南，左脚一边实腿内扣，然后再蹬左腿，弓右腿。不应蹬到位了再扣左脚。扣脚时，承重腿的膝盖要往后收，右腿弓步小腿垂直于地面。

2. 很多学员在做玉女穿梭时，容易出现的毛病集中在实腿扣转时胯根不能里收，容易造成跪膝和出步腿胯根难以打开。身体旋转时要注意身体中轴要竖直，肩胯上下和水平都要对齐。穿梭托架时，不可翻肘耸肩，到位时身体不可前倾。

3.《太极拳体用全诀》上说道：“玉女穿梭巧为贵，护臂穿打四敌溃。”关键在一个“巧”字。“巧”即“身巧”“劲巧”“灵巧”之意。第一，要做到“身巧”。则需在起承转合之间，即发势为起，接榫为承，变换为转，成势为合的过程中，身形上要处处放松，不可起犟劲拙力。同时也要守得住规矩，旋转时肩胯齐转，手脚齐开齐合，齐出齐到，守住中线、尾闾和胯根，做到虚领顶劲，松肩沉胯、尾闾正中。前后、左右、上下都要对拉拔长，支撑八面。身形步法上亦要分清虚实，轻起轻落，松活圆满。运动过程中，勿使有缺陷、断续、凸凹之处，招招连贯，绵绵不绝。身形上做到身巧，则前进后退，毫无散乱。第二，要做到“劲巧”。这里说的劲是内劲，非用力所为。松肩沉肘、松腰落胯之后，劲力才能借地面反弹而上，发于腿，主宰于腰，行于体内，贯于指稍。劲路通畅、劲点明确、劲别清晰，这是做到“劲巧”的基础保障。只有在全身松透情况下，使得地面反弹力节节贯穿而上，再加以神、意、气的主导和催化，久而久之，内劲才能逐渐形成。劲蓄而后发，曲中求直，全凭心意下功夫，而非身形外在所为。除此之外，还要掌握好时机分寸方能为巧妙。何为时机分寸？李亦畲《五字诀》上说道：“彼之力刚触我皮毛，我之意已入彼骨里。”或曰：“于彼劲将出未发之际，我劲已接内彼劲，恰好不先不后，如皮燃火，如泉涌出。”第三，要做到“灵巧”。有了身形和劲力的基础之后，就要注重身体的内外相合，上下相随。神意领手走，以内动带外动，外动合内动，内外合一。神、意、气合于一体，融于一身，四肢百骸松活圆满、虚实开合运化于内外，纯任自然，这就是所谓“虚灵巧妙”的境界。

第五十三式 揽雀尾

动作说明

1. 接上式（西北角右穿梭），腰左转，右脚跟为轴，实腿内扣至脚尖朝正西偏南约 30 度，右臂松肩沉肘，边外旋边弧形收于右胸前，掌心斜朝左下。左臂随转腰向左弧形下落。随身体重量移于右腿，左脚弧形收回，左臂经腹前抄手，右臂微向左里合，呈右斜抱掌。

2. 开左胯，左脚弧形向南迈步。眼神平视，随向南出左步，眼神转至西南。随后做揽雀尾的左掤、右掤、捋、挤、按。劲力运转、虚实开合及要领提示参照前述第三式揽雀尾。

第五十四式 单鞭

与前述第四式相同。

第五十五式 云手

与前述第二十八式相同。

第五十六式 单鞭

与前述第二十九式相同。

第五十七式 下势

下势避敌转腰胯，手似採蝶下寻花。
顶头立腰神贯顶，松肩沉胯裆圆滑。

动作说明

1. 腰微右旋，松右肩，右脚以脚跟为轴，脚尖由东南向右外展约60度。同时，身体重心渐渐后移，左臂松肩沉肘，左掌边沉腕微外旋边屈肘回收，掌心向南。右臂随转腰微向右开展，手型不变。眼神平视，关顾左掌（如图二）。

2. 随即身体整体垂直下坐，至右膝与右胯根齐平，右胯根里收。同时，左掌沿左腿内侧弧形下採，微向前穿掌。到位时，左腿为扑步，微弯曲。左掌沉腕穿掌至左小腿内侧，指尖微朝前。眼神关顾左掌（如图三）。

图一　图二　图三　图四

3. 随后，左掌弧形向前、向上穿出，随穿掌，身体微左转，重心渐渐前移，左弓步。弓步到位时，左掌穿至胸前，指尖朝上，掌心向南，掌根高与胸窝剑突齐，距离胸窝约三个平拳。右手随转腰弓步，勾手微松，弧形下落，收于右胯侧后旁。身体中线对准正东。眼神平视、关顾左掌（如图四）。

劲力运转

1. 杨式太极拳的下势以及单手的黏回、採截、穿掌、撩阴的招式组成。左掌为主，右掌为辅。黏回、採截、穿掌、撩阴四个部分组成一个向下回带，向前穿挑的弧形。随身体重心后移时，左掌沉腕顺对方来势，轻轻黏回，将其落空，劲点在尺骨近腕部、掌根和掌沿。随身体下沉，用沉挫、採截之劲使敌如临深渊，如坠深谷，沉腕保持不变，劲点在腕、掌根和掌沿。随重心前移，左掌弧形向前、向上穿掌时，劲点在掌指，以贴身撩阴之势取其要害。

2. 歌诀上说道："下势避敌转腰胯，手似采蝶下寻花。逆收顺採皆由我，退进自如用不差。"《太极拳体用拳诀》曰"下势蓄劲避锐气，俯之弥深无所畏。"《全体大用诀》曰"单鞭下势顺锋入。"都在强调在攻防上，顺化、黏回、採截、撩阴等变化的意涵。左手上的劲路虽是一个立圆，用功却并非在手上，手臂也没有自主的收缩和前伸之势，此皆是在腰胯上求得的功夫。因而避敌、进敌的关键全部在腰胯上运化。黏回之势，腰微右旋，同时以腰带肘，以肘带手。採截之势，以腰胯整体的松沉坠身之劲力贯穿劲点。穿掌之势，腰微左转，随弓步撩阴，以腰催肘，以肘催手。此所谓"有手似无手，全在腰胯走"。

虚实开合

1. 由图一至图二，身体内在由实变虚；由图二至图三，身体内仍然是虚。

2. 由图三到图四，即左手穿掌至左弓步到位时，身体内在由虚变实。

要点提示

1. 很多学员在做下势时，右脚外展角度过大，使得右膝在屈蹲后坐时，不能和右脚尖方向保持一致，造成膝、踝关节软组织及韧带损伤，是造成膝关节疼痛的常见原因。也有些学员在后坐时，右脚跟不能够踏实，重心前浮，或者将全部重心坐于右脚上，使得右膝超出右脚尖，臀部后撅，身体前爬，上述毛病都应避免。

2. 单鞭下势关键是保持上身的竖直，因此虚领顶劲、松柔灵活为第一要义，全身不可有僵硬、别扭之处。身体后移下坐时，右胯要充分里收。肩胯上下，水平要对齐，然后整体下沉。尾闾里收，命门外撑，臀内敛并且保持与肩背垂直在一个平面。仆步到位时右膝盖不能超脚尖，左腿不可僵直，膝盖放松微屈。左掌向上穿出时，要注意左胯外旋里收，左胯根至左腿外侧应该保持一个垂直侧面。

3. 初学者在身体后坐时，左脚蹬地，脚尖可稍微内扣 15 度左右，这样更利于裆劲的撑圆。同时，下势不宜太低，两腿和两胯要保持撑劲。不可尖裆或软塌松懈，更不可臀部落地破坏两腿形成的弓型，使得地面的反作用力不能顺达舒畅。

第五十八式 金鸡独立

顺势跟进独立站，擎掌托肘敌臂弯。
上顶下踩勿轻使，顶头立腰实丹田。

动作说明

1. 左脚跟为轴，脚尖外摆约 40 度，左胯里收。右胯微前移，身体重量渐渐移于左腿。随即右胯微

图一　图二　图三　图四

里合，右腿提膝上顶，右脚自然下垂。同时，右勾手变掌，沿右大腿外侧边外旋边沉肘，弧形向上挑托，掌心斜朝左前，指尖朝上。左掌弧形下採至左胯侧前。到位时，右肘与右膝上下对齐，相距约一平拳。右掌指尖高与眉齐，右膝高与腰齐。眼神平视，关顾右掌。左腿随左手下採，右手上托，渐渐直立（如图二）。

2. 左腿屈蹲下沉，右脚自然收回，微向右后方下落，脚尖朝东偏南约40度。右脚尖与左脚跟水平对齐，两脚间距略窄于肩。随身体下沉，右掌随右臂坠肘，边内旋边下沉。身体重量渐渐移于右腿（如图三）。

3. 当身体重量全部移于右腿时，左腿提膝上顶，左脚自然下垂。随右腿渐渐直立，左掌沿左大腿外侧边外旋边沉肘弧形上托，左膝随之上顶至与腰齐，右掌弧形下採至右胯侧前。到位时，左侧膝高与腰齐，指尖高与眉齐。肘膝上下对齐，相距约一平拳。眼神平视，关顾左掌（如图四）。

劲力运转

1. 歌诀上说道："顺势跟进蛰龙现，擒掌托肘敌臂弯。下跺脚背勿轻用，提膝休撞下丹田。"此势以手、膝、足三点又攻又防，阴狠毒辣。故歌诀中强调"勿轻用""休撞"等词，强调莫轻易使用。技击时，顺势跟进，下蹬上顶，犹如蛰龙出水。上手托其臂肘，下手採其腕，上下而分，使敌门堂大开，无以防守，近则提膝顶撞其下阴、丹田等要害，远则可弹踢敌裆部或膝腿，亦可防敌攻己之下盘，攻防兼备，不一而论。同时，两脚转换之间，足可踩跺敌之脚背。故而《全体大用诀》曰"提膝上打致命处，下伤二足难留情。"《太极拳体用全诀》曰："金鸡独立随势起，撩撞闭踢任我为。"

2. 以左金鸡独立为例，右掌先向前抄、弧形前穿、最后向上托。劲点随劲力变化，由虎口和大拇指一侧，变为掌指，最后到掌心和掌根。左掌下採，劲点在左腕、掌根和掌心。独立时，提腿的劲点在膝盖，下沉落步时，肩胯整体松沉坠身，劲力贯于足跟。

3. 此势的劲源仍由脚发，有下蹬才有上顶之势，而下蹬的前提是肩胯松沉，气沉丹田，虚领顶劲。周身松活圆满，气遍全身。外则手与足合，肩与胯合，肘与膝合。内则心与意合，意与气合，气与劲合。内外相合一，上下弹簧力。

虚实开合

1. 由单鞭下势左弓步开始到右腿收回的过程，身体内在是由实变虚。

2. 右膝盖上提至独立到位的过程，身体内在由虚变实。

3. 右脚渐渐下落踏实，身体重量移于右脚时，身体内在由实变虚。左膝上提至右独立到位时，身体内在由虚变实。

要点提示

1. 由下势接左独立提右脚时，身体不可前倾，关键是左胯松沉，右胯前移。提膝上顶时，右胯要收住，使得两胯要保持水平，不可膝盖拉着胯前移或上掀，从而造成脊柱前后歪斜。膝盖上顶的劲力是靠腰胯松沉的作用力反弹而上来的。

2. 左独立到位时，右小腿自然下垂，脚尖朝前下。很多学员小腿容易勾回，绷脚面、勾脚尖，都是用力所为，应自然松开虚悬，劲蓄于内，而不露于形。

3. 由左独立接右独立时，随左腿屈蹲，身体下沉，肩胯要水平齐落齐起。随身体重量渐渐移于右腿，左脚即起。不可身体重量移至右腿时，右腿再屈蹲下沉，这样会造成内在虚实开合运转不连贯。

第五十九式 左右倒撵猴

动作说明

右腿屈蹲下沉，腰微右转，右胯外旋里收，右掌随转腰外旋向右后方反撩掌，左掌微内旋为坡掌，微前推。随后，左脚随沉随向左后方弧形撤步，左掌边外旋边指尖向前，掌心斜向上。右臂外旋后弧形屈臂收回至右耳侧，随后接左右倒撵猴共五个。劲力运转、虚实开合及要领提示参照第十七式所述。

第六十式 斜飞势

与前述第十八式相同。

第六十一式 提手上势

与前述第十九式相同。

第六十二式 白鹤亮翅

与前述第二十式相同。

第六十三式 左搂膝拗步

与前述第七式相同。

第六十四式 海底针

与前述第二十二式相同。

第六十五式 扇通背

与前述二十三式相同。

第六十六式 转身白蛇吐信

转身白蛇吐信变，鞭挞弹抖势相连。
连环扑面惊敌胆，挑戳穿刺喉瞳间。

动作说明

1. 由扇通背开始接转身白蛇吐信，动作要领和路线与前述第二十四式扇通背接翻身撇身捶动作说明（一）相同（如图二）。

2. 随腰右转开右胯，右脚向正西出步，横向距离与肩同宽，右拳边外旋边变掌，由里向外，由下朝上，向正西撇掌，掌心向里斜向上，掌根高与锁骨齐，掌指朝左斜上。左掌微下沉坐掌，腕高于肘，屈臂于胸前（如图三）。

3. 随向前弓步，左掌由左腰催肘手向前推出，到位时，竖掌，掌心朝西北。

图一

图二

图三

图四

图五

图六

右臂弧形下沉至右腰侧前方，距离身体约一个立拳，掌心向上。随后，右掌边内旋边握拳弧形向前击出，松左胯，左掌微外旋掌心向里斜向上，掤于胸前（如图五）。其余动作与第二十四式撇身捶接回步搬拦捶动作相同（如图六）。

劲力运转

1. 扇通背接撇身捶和接转身白蛇吐信的劲力和虚实开合基本相同，唯右拳变掌后，劲点在掌根和掌背。劲力由腰而手，掌背似有鞭挞、弹抖之势，以作翻身迎击敌方面部之用。

2.《全体大用诀》上说道："翻身白蛇吐芯变 ，採住敌手取双瞳。"《太极拳体用全诀》曰："转身白蛇吐芯烈，叉喉刺瞳敌胆碎。"在技击用法上，它与撇身捶的连环掌用法相同，只是在此强调了右掌迎击敌面之后，左掌由原来的扑面掌转化为挑穿、戳刺之意涵，在演练时各有侧重。故有一手反採敌之臂腕，另一只手取其咽喉或刺其双瞳之说。

3. 其余要领参见第二十四式翻身撇身捶。

第六十七式 搬拦捶

与前述第二十五式相同。

第六十八式 揽雀尾

与前述第二十六式相同。

第六十九式 单鞭

与前述第四式相同。

第七十式 云手

与前述第二十八式相同。

第七十一式 单鞭

与前述第二十九式相同。

第七十二式 高探马带穿掌

高探马势带穿掌，右探不成左掌上。

往复连环敌难防，一身正气神意扬。

动作说明

1. 由单鞭开始接高探马与前述第三十式相同（如图二，图三）。

2. 右腿微屈蹲下沉，左脚提起虚悬向左前方迈步，右臂边松肩坠肘弧形下沉，边外旋至掌心向里，掌指朝左。左掌微上提前穿，掌指转向正东，右臂弧形掤于左前臂下侧（如图四）。

3. 随后，蹬右腿，渐渐向前左弓步，左掌继续向前穿出，右掌内旋盖掌，掌心向下。弓步到位时，身体中线朝正东。左臂沉肩坠肘，左掌指高与喉齐，左肘与左膝上下相对。右臂屈肘横于胸前，右掌背在左上臂下，掌指朝左。眼睛由高探马前探，关顾右掌逐渐转移至关顾左掌，平视前方（如图五、示例图片，东北方拍摄）。

劲力运转

1. 歌诀上说道："右手探马以高强，谁料左手以穿掌。胸前护肘靠右手，左脚跟进又难防。"高探马左手擒敌臂腕，右手刺其咽喉或取其双瞳，如若对方躲闪或以另一臂袭来，我则以右掌滚压下盖，截其来势，护己之胸肋，同时，上左步，穿左掌再取其咽喉或双瞳。连环往复，出其不意，防不胜防。故而《太极拳体用全诀》曰："穿掌採挑叶底藏，疆场搏敌喉间刺。"

图一

图二

图三

图四

图五

2. 右掌外旋滚动下沉时，劲点在掌沿、右腕外侧和尺骨，随左掌前穿，右前臂及右掌由滚压变为下盖防守，略有按意。左掌随弓步，以腰胯催肘手，劲达指尖，直逼对方咽喉。

虚实开合

1. 高探马虚实转化如前所述。

2. 由高探马开始，图三至图四，身体内在由实变虚；图四至图五，身体内在由虚变实。

要点提示

1. 穿掌时，身体中线一直朝正东，肩胯上下水平都要对齐，随弓步整体向前。前进之时，身体仍要有后撑之意。到位时，左小腿垂直地面，以免将左胯拉向前，从而导致两胯不能相合，身体中线歪斜。

2. 很多学员在弓步穿掌时，左膝容易主动向前移动，形成两胯前后摆动。

应该在右腿前蹬之时，左腿要有后撑之意。劲力由脚而腿，由腿而腰，以腰胯催肘手，贯于指稍。若是膝盖或两胯主动前移，脚下的劲力不能上达，形体便是一盘散沙。

3. 此势仍要虚领、敛臀、命门后撑、两胯松沉。只有身体各个关节放松舒展，劲力才能节节贯穿。

第七十三式 十字腿

忽闻敌从右后上，左掌横切封裹藏。
先以神意惊敌胆，蹬踹两臂亦分张。

动作说明

1. 随腰右转，左脚跟为轴，实腿内扣脚尖至西南偏南。右臂边外旋边沉肘，左臂松肩沉肘，随转体横切，屈臂掤手于胸前。随转体，身体重量渐渐移于左腿，左胯里收，右脚跟自然提起回抹。眼神随转体平视，顾及左掌（如图二）。

2. 当身体中线转至西南时，两臂十字手相交叉于胸前，右掌在外。左腿

图一

图二

图三

图四

微直立，同时，右膝向上领起。随即朝正西蹬脚。两臂随身体微起，边外掤边分开，内旋至掌心微朝外，向两侧击出。眼神平视顾及右脚蹬出。

3. 其余要领、劲力转换、虚实开合与前述右蹬脚相同，唯方向朝正西。

第七十四式 进步指裆捶

右採左搂靠为先，握拳指裆莫等闲。
若问要领终何在，圆裆沉胯顶头悬。

动作说明

1. 随腰左转，左腿微屈蹲下沉，左胯里收。右腿屈膝收回，渐渐下落，小腿自然虚悬。同时，右臂外旋下沉，随转腰屈臂盖掌于胸腹前，左臂微外旋，坠肘收至胸前，掌心向前微偏右（如图二）。

2. 随后腰右转，开右胯向右前方迈步，脚跟着地，脚尖随转腰落于西北方向。重心渐渐前移，右臂随转腰向下搂膝，左臂随转体边内旋边弧形下沉（如图三）。

3. 继续右转腰，身体重量渐渐移于右腿，左脚提起弧形收回。当右掌搂至右膝侧上方时，身体中线朝西北，随即右腰微右旋，右掌边外旋边握拳微上提，收于右腰侧前方。拳眼朝上，前臂离体侧约一个平拳。同时左掌心斜向下，随转腰屈臂坐掌于小腹前，指尖朝右前。随即，右胯里收，开左胯，左脚弧形向前迈出，脚尖朝正西（如图四）。

4. 腰左转，松肩沉胯，蹬右腿，弓左步。左掌随转随向下搂膝同时，右拳随沉肘转体，向前击出。到位时，左掌搂膝至左膝前侧，右拳眼高与肚脐齐。身体中线朝正西，肩胯上下对齐（如图五、图六，正西拍摄）。眼神平视，

图一 图二 图三 图四 图五 图六

随向右再向左搂膝，有左顾右盼之意，随弓步出拳，眼神平视顾及右拳。

劲力运转

1.《全体大用诀》上说道：“十字腿法软骨断，指裆捶下靠为峰。”指裆捶是由左右搂膝，连环上步前冲之势，前冲之中以肩靠击敌胸肋，同时趁其不备，以右拳击其下阴裆部。左右掌向下搂膝时，劲点在掌沿、掌根和尺骨。弓步打拳时，劲点在拳面和掌根。

2.《太极拳体用全诀》曰：“进步指裆捶下路，搂腿寸靠把裆指。”说明指裆捶主要是攻取敌方下路，拳法上以前冲之劲为主，亦可有下砸、外崩之势，不一而论，全凭得机得势，活灵活现。此处强调“搂腿寸靠”之势，须知“靠”用在何处，如何而用。歌诀强调“靠”以寸劲巧取，非用力顶撞。因此贵在得机得势，顺其自然而为之，与斜飞势主靠，靠中还有挒，野马分鬃主挒，靠为辅稍有不同。此“靠”时机在左搂膝侧身进步之刹那，身体重量仍在右腿，重心在后。此时，左肩以寸劲走崩弹迎击之靠势，随即左掌搂膝，弓左步，出右拳取其下路。此劲路皆由腰腿求之，沉胯圆裆，松活圆转，沉稳矫健之中见其威力。

虚实开合

1. 由右蹬脚下落开始，身体内在由实变虚。当右脚迈出，随身体右转腰，右腿弓步，右掌搂膝时，身体内在由虚变实。

2. 随左脚提起弧形向前迈出时，身体内在是由实变虚。随腰左转，沉胯弓步打拳时，身体内在由虚变实。

要点提示

1. 很多学员在做进步指裆捶时，两胯沉不下去，使得步法无法达到要求。由十字腿开始，保持虚领顶劲的同时，身体要充分往下松沉，支撑腿胯根要里收。右腿放松，随沉胯而下落。右脚迈步时，要充分保障横向距离的宽度，从而更利于圆裆开胯。左脚提起侧身进步时，右胯要里收，左脚随落地随有后撑之意。上身前倾、哈腰、撅臀都是弊病。

2. 弓步打拳时，两胯、两肘要做到充分下沉，提顶敛臀，肩胯上下对齐，整体向前。劲力才能由腿而胯，以胯助腰，以腰催肘，以肘催手，节节贯穿。有些学员在右臂击拳时，臂膀主动前伸，造成肩胯不合。到位时，两肩两胯都应该保持水平、上下对齐。要保持形体圆球转，形如钟，势如虹。

第七十五式 上步揽雀尾

动作说明

随腰左转，左脚跟为轴，脚尖外展约 45 度。随转体，右手渐渐松拳变掌，边内旋边向腹前抄手，左臂随转体弧形上提。随重量全部移于左腿，右腿提起，弧形收回，两臂成左斜抱掌。随后，出右步接揽雀尾右掤势。其余要领与劲力、虚实与前述揽雀尾相同。

第七十六式 单鞭

与前述第四式相同。

第七十七式 下势

与前述第五十七式相同。

第七十八式 上步七星

穿掌上步盼七星，头肩肘手胯膝足。
防中带攻无穷变，明掤暗打护正中。

动作说明

1. 由图二开始，左脚跟为轴，脚尖外展约40度，左胯外旋里收。头上领，两胯松沉，重心渐渐前移，右勾手边变掌边外旋。随后，右脚提起弧形收回，两掌同时渐渐握拳。

2. 右脚继续弧形前伸，同时右拳经右腹前，弧形从左腕下向前穿出，右脚尖向前点地，两拳交叉一起向前掤出（如图三）。

3. 到位时，两拳眼向里斜向上，高不过下颌，低不过肩。右腿虚步点地，膝盖微屈。两眼平视，随右脚上步，关顾两拳前冲。

图一　　图二　　图三

劲力运转

1. 歌诀上说道："上步七星变无穷，看似防守实寓攻。远打近靠中出肘，前踢旁踹膝上冲。""七星"是指人体的头、肩、肘、手、胯、膝、足七个部位。杨班侯《十八句诀》有言"顾在三前、盼在七星"，因此上步七星是在前冲之中，眼观六路，耳听八方，封锁、防守敌人可进攻的任何动机，上下齐防之中亦有上下齐进齐打之势，因而有"远打近靠中出肘，前踢旁踹膝上冲"之无穷变化。

2.《太极拳体用全诀》曰："上步七星防上打，掤架之下直拳驰。"此处强调上步冲打之时，左臂劲别为掤劲，劲点在掌沿、掌根和前臂外侧，随右步跟上，右拳从左拳下直拳冲击，劲点在拳面。明掤暗打，击其不备。

3. 整套拳中有两次单鞭下势，一次接金鸡独立，一次接上步七星。都为下势之后的连环用法，不可拆开理解。金鸡独立主向上冲打，上步七星主向前冲打，侧重和攻防各有不同。

4. 此势，劲力仍由脚下而生。左腿虽为实，但不可坐死，重心仍在两腿之间，尾闾正中。右脚虽为虚，但是虚中要有实，两腿互为其根，但右脚又能提得起放得下，可进可退，松活自然。上下拔长，前后对拉。身备五弓，周身弹簧，肩胯松沉，处处圆满。

虚实开合

1. 由单鞭下势左弓步到位之后，随左脚外展，重心前移，右脚提起缓缓向前的过程中，身体内在由实变虚。

2. 随右脚虚步点地，两臂前冲到位时，身体内在由虚变实。

要点提示

1. 有些学员在做上步七星时，身体容易上窜。两拳向前掤架时，两肩容易前倾，造成肩胯上下不合，臀部后撅。在右腿上步时，左腿要保持屈蹲，左胯里收，应当注意身体不可有上窜之形。同时要做到虚领顶劲，两胯松沉，此谓上下拔长。两拳相交外掤时，两臂要掤圆，胸背要有后撑之意，此谓前后对拉。

2. 有些学员认为右脚全部是虚，轻轻点地，如果这样会造成左腿坐死，右腿松软。右脚高虚步点地时，脚背应当略有掤意。两腿互为其根，才能使劲力贯通，八面支撑，起到可攻可守的效果。

第七十九式　退步跨虎

左顾右盼退步闪，挤靠未使神意先。
转腰粘黏化敌劲，斜退跨虎两肱旋。

动作说明

1. 腰微向左松沉，左胯里收，右膝领起右脚，弧形后撤至右后方，脚尖朝东偏南约 40 度落地。随右脚后撤，同时腰右转，两臂随转体沉肘，右臂微外旋弧形向右侧下沉外掤。随右脚落地，两拳渐渐变掌。右掌心向上微偏左。左掌按掌于右前臂里侧。眼神随转体平视（如图二）。

2. 继续右转腰，右腿渐渐坐实，右掌边内旋，边向右腰外侧弧形掤出，左臂弧形下採（如图三）。

3. 当右腿坐实时，身体微左转腰至中线朝东。随转腰，右臂继续内旋，并且弧形向右侧前上方外掤。左臂弧形下採至左胯侧前，微外掤。同时，左

图一　图二　图三　图四

脚提起微向里收回，脚尖点地。到位时，右臂沉肘圆撑，掌心朝东微偏下，掌指高与头平。左手坐掌微圆撑（如图四）。

劲力运转

1. 歌诀上说道："上压下踢来势欢，退步闪战莫迟缓。圆转两臂任开合，粘连黏随稳如盘。"退步跨虎，贵在以退为攻。对方上下齐进时，我通过左右转腰，同时撤步旋臂，闪化之中有掤採、挤靠之势。随转腰撤步，右臂劲点在前臂外侧，有掤挤之意，左掌为助势。随到位腰左转，右臂内旋，劲点在掌根、掌沿、尺骨一侧。劲路走的是由下而上、由里而外的弧形。左掌为採劲，採中带有外掤之意。

2.《太极拳体用全诀》曰："退步跨虎闪正中，如虎劲敌受扼制。"此处强调闪化和引进落空的意图。闪化不是单纯的右转和后撤，太极拳讲究欲右先左，欲左先右，声东击西，攻其不备。故而退步跨虎腰胯的变化为：先微向左松沉，以引化敌之来势，随后撤步右转，以粘黏之劲，旁引侧化，同时避闪己之中线，最后再左转腰，使脚下劲力螺旋而上，输于两臂，势如长虹，掤架而开。只有腰胯转换灵活，四肢百骸才能旋若机轮。

3. 杨班侯《十八句诀》有言："退在转肱。"意欲强调后退之中两臂螺旋转动是关键所在。倒撵猴同样也是退，同样也强调两臂的缠绕黏裹之劲力。不同之处在于倒撵猴虽是身形步法后退，劲力却是一直往前延伸的，退中以进为主。而退步跨虎的"退"，意在走粘黏闪化之劲，步法上要求就后撤步时，横向距离稍略宽于肩，此谓"直退易溃，斜退得横"。粘黏之劲非长年有推手听劲的习练，轻灵柔化到一定地步而不能得。因而李亦畬在《走架打手行工要言》中强调："两肩松开，气向下沉，劲起于脚，变换在腿，含蓄在胸，运动在两肩，主宰在腰。上于两膊相系，下于两腿相随。劲由内换，收便是合，放便是开，静则俱静，静是合，合中寓开；动则俱动，动是开，开中有合。触之则旋转自如，无不得力，才能引进落空，四两拨千斤。"

虚实开合

1. 由图一至图二，身体内在由实变虚；由图三至图四，身体内在由虚变实。

2. 形体上到位为开，转化过程中为合。

要点提示

1. 有些学员在做退步跨虎时，随右脚后撤，向右转腰幅度过大，右肘容易主动后拉、掀肘，从而导致向左转腰时，两臂如舞蹈般漂浮前后摆动，劲力劲点空空荡荡。向右转腰时，应当注意身体中线最多转至东南，不可多转。劲力依靠左採右掤从中间而分开，右臂的掤劲从右脚撤步直到定势时，始终贯穿，中间不可有断续，亦不可以有多余的摆动。身体转至正东时，右臂仍是弧线外撑，一步到位。

2. 随右脚后撤，向右转腰时，两臂不可分开过早。而是随重心后移，右臂要有挤靠之意，随身体重量渐渐坐实于右腿，两臂再渐渐分开。到位时，右胯跟要里收，左胯稍向后收，保证两胯对齐，身体中线朝东。同时注意虚领顶劲，含胸拔背，两胯松沉。后坐时要有入地三分的感觉，两臂掤开时，要左右饱满。

第八十式　转身摆莲

前封后打扫堂腿，平地旋风落叶飞。
採捋敌臂粘缠劲，连环横扫使敌归。

动作说明

1. 腰微右转，右胯里收。右臂边沉肘屈臂边微外旋，随转腰右掌弧形收至右胸前，腕高于肘，掌心朝左前下。左掌随转腰沉肘向上抄提至腕高于肘（如图二）。随后腰微左转，右掌向前推出，左掌向上托掌。到位时，左手微坐掌，掌心朝前，掌指斜向右上。右掌微坐掌，指尖高与下颌齐，掌心朝左前方。眼神平视，关顾右掌（如图三）。

2. 腰右转，右腿屈蹲下沉，左脚尖点地微蹬，右胯里收，裆部圆撑。右

图一

图二

图三

图四

图五

图六

图七

图八

脚以脚掌为轴，脚跟弧形顺时针向右抹转。右臂随转体屈臂沉肘至左胸前，左掌随转体，边外旋边沉肘弧形盖于右腕外上侧（如图四）。当身体中线随转体经过正南时，左脚抬起，脚尖微里勾，脚面微绷，随转腰而向右后扫腿。同时，右掌从左前臂上方近腕部穿出。随转体，右臂圆撑向右后横扫，右掌心朝前下，高与肩平。左掌位于右肘里侧，微低于右臂，掌心朝里微向下，随转腰与右前臂相随（如图五）。

3. 当身体中线转至东北时，左脚尖朝东北方向落地，此时右脚尖也转至东北，脚掌踏实，身体重量仍在右腿。两脚间距略宽于两肩外侧。两臂随体旋转至右臂朝东，高度与位置基本不变。随后，腰微右转，身体重量渐渐移于左腿，右臂随体转至东南。左臂相随，左掌指尖朝向右前臂近腕部。眼神随转体平视，关顾右掌（如图六）。

4. 随后腰左转，右腿弧形收起，朝东北方向提膝，同时，右脚自左向右，自下而上弧形外摆。左腿随右摆腿，微直立。两臂随转腰弧形向左横击，右脚外摆至最高点时，脚背与两掌先后相擦而过（如图七）。随后，右腿摆至正东偏南时，小腿自然屈膝下垂，两臂左转至西北。眼神随转体平视，由东南转至正北，随摆腿关顾两掌，到位时朝西北，关顾两掌。（如图八，正北微偏东拍摄）。

劲力运转

1. 转身摆莲是在遇敌前后进攻之时，手脚并用，左右横扫，旋若飞轮之势。其攻防可分为三步：第一步，由退步跨虎开始，若敌攻取我中路，我以向右转腰闪化避开己之胸肋，同时左臂向上托架其臂肘，劲点在掌心和掌根，右掌击其胸肋，劲点在掌根和掌指。第二步，若敌从身后袭来，我身体下沉向右后旋转之际，左臂下盖格挡其来臂，劲点在前臂外侧，右臂穿掌横击，劲点在掌沿、掌根和尺骨，同时以左脚扫勾其下路来腿，扫腿时脚尖内扣，微绷脚背，小腿要有外掤之意，劲点在脚踝内侧、脚背和脚尖。第三步，设敌从我右侧袭来，我以两臂採捋其臂肘，向左捋转，同时右脚由下而上，由左而右扇形外摆，取迎击之势，高可击其喉头，中可弹其胸肋，下可扫其裆腿。摆腿时，右脚面要掤平，劲点在脚尖和脚外侧，两臂劲点在掌沿、掌根和尺骨。正如歌诀所言："前封后打进腿攻，势如旋风平地生。採捋敌臂粘缠劲，连环横扫锉敌锋。"

2. 第一步托掌出击时，左掌的劲力源自两胯松沉下落，身体上下似弹簧，有下就有上。右掌击出时，前去必有后撑之意，前后似张弓，有后就有前。右腿实，左腿虚，但两腿仍须互为其根，劲力起于脚，主宰于腰，通于脊，输于两臂。第二步转身扫腿时，先要沉胯圆裆，虚领上顶，保持周身轻灵圆活，旋转的动力仍起于脚下，主宰运化于腰。左腿提起扫腿之前，脚尖蹬地以助身体旋转之势，脊柱为轴，两臂为轮，劲力由下而上，由里而外，离心螺旋而发，贯于四稍。第三步后坐摆腿时，重心转换之间，擒敌臂腕，松肩沉胯，劲力由脚而生，上下贯穿，螺旋而起。各处关节都要松开，处处饱满，脚下轻灵沉稳，内劲才会贯通。

3. 以上三步只为动作分解而设，在实际练习当中则须一气呵成。虽节奏有缓急之分，但是劲力、气势、意念不可有断续之处。势势以意为先，四肢百骸均为意气所使，此所谓"意气君来骨肉臣""全凭心意下功夫"。

虚实开合

1. 图一至图二时，身体内在由实变虚；由图二至图三时，身体内在由虚变实。

2. 图三至图四身体内在由实变虚。由图五至图六，身体内在都是虚。

3. 由图六至图七时，身体内在由虚变实。图七至图八，身体内在又由实变虚。

要点提示

1. 第一步左掌上托右掌前击时，身体向右旋转角度不可过大，旋转目的在于以左腰催左侧的肘手，以助上托之劲力，右掌前击时，是以右腰催右侧肘手，如果转动过大则形成肩胯前后摆动，劲力散失。到位时身体不可前倾，左肘不可外翻。

2. 第二步身体下沉旋转时，有些学员容易以右脚为动力，借助旋转的惯性而摆动，因而往往控制不好重心，造成身体歪斜，或旋转不够或旋转过度。旋转时，关键在于两胯松沉，不可起犟劲拙力，胯根放松，才能圆活自如，身正体松。肩胯上下相合，左右水平，头上领，保持脊柱垂直。身体随下沉随旋转，似有螺旋之意。旋转时两臂不可主动前伸，要做到平稳自如。同时，要控制好扫腿的高度，使之保持一致。扫腿不宜太高，练习时应以不超过地面一拳为宜。

3. 第三步右脚摆腿时，右腿做的是一个扇形的立圆，要有弧度。摆腿时要以腰为动力，右胯根放松，里收。左胯随旋转而内裹。身体整体要松沉，虚领顶劲。两臂随腰向左横摆时，要保持圆撑，不可主动伸手去前够，或主动拍击脚面。手脚相向摩擦而过，轻灵之中显沉稳，不可用力拍击或故作声响，松活自然，全凭神意演绎。总体要做到起伏有致，上下相随，快慢相间。同时要注意起势不起身，身体不可有缩身或上窜之形。

第八十一式 弯弓射虎

捋转闪化拧腰蓄，黏挑握拳内劲提。
气沉丹田接地力，双拳冲架莫迟疑。

动作说明

1. 左腿屈蹲下沉，左胯里收。腰右转，开右胯，右腿由虚悬随转体渐渐朝东南迈出，脚跟着地。两臂随体下沉，左掌心向下，右臂微外旋至掌心向里微斜上。随向右转体，两臂同时向右下弧形捋转（如图一）。

2. 随腰继续右转，右脚掌踏实，重心在后。右掌经右胯前向右反搂，左掌渐渐弧形下采至小腹前。当身体中线转至东南时，右掌心向里微偏左弧形外掤（如图二）。松右肩，身体继续微向右后拧腰，当右肩微过西南偏西时，左掌边外旋边上提，右掌边内旋边上提，当右掌快与肩平时，两掌渐渐握拳，

图一

图二

图三

图四

图五

图六

左拳上提至心窝，右拳边内旋边屈臂弧形里收。眼神平视，随转体由西北扫视到西南，关顾右掌（如图三）。

3. 随即，腰微左转，渐渐向前弓步。左拳经胸前向东北打出，右拳由西南向东北直击。到位时，右拳眼朝下，拳心朝外，位于右额侧前方，高与额齐。左拳眼朝上微偏里，松肩沉肘。身体中线朝东南微偏东。眼神平视，随握拳扫向东北，关顾左拳（如图四、图五，正东拍摄；图六，东南拍摄）

劲力运转

1. 弯弓射虎的劲力过程可分解为四个过程：第一，设敌从我左前方来拳，我以两臂捋裹住其臂腕，左掌下採，右臂里合或外掤其腕，随右转腰向右前迈步，两臂向右下捋转。第二，若对方趁势挤靠或寓意后撤，我则向西南拧腰，一方面闪化其来势，避开己之中线和胸肋，使对方落空，另一方面以借拧腰之势，蓄劲于内，以助发放。拧腰时仍要周身放松，右腰尽量向右后旋转，松肩沉胯，虚领上顶。第三，两掌渐渐握拳上提，劲点在桡骨和手腕，此谓“提劲”。赵斌先师著作中有言：“此势以提劲为主，黏挑放打兼而有之。其效用拔敌之根，放敌以铿。”上提之劲亦非在于两臂，而是以内劲粘黏住敌之重心，使之拔根而起，而我仍要周身松灵，有下沉之气势，才有上拔之内劲，关键在于尾闾与腰胯相合，似钓鱼杆一般将敌黏连而起。此劲，非得内劲而不能为。第四，待敌落空，连根拔起之时，我则转腰双拳而冲，劲点在腕和拳面，上打头喉，下打肩胸。蓄于无形，发放有矢。定势时，外形虽如拉弓放箭，实则劲力已达梢尖。所谓劲贵短，意贵长，皆此全是意。

2. 歌诀有云：“敌进双拳打我胸，右提左拂似弯弓。紧贴敌臂回劲放，当头炮架左拳冲。”此处强调若对方是以双拳冲来，我则左右分其臂腕，右臂先沉后提，左臂先捋后採，贴其两臂内侧，粘黏闪化之际，将对方来劲化解，以当头捶和左冲拳发放而去。提得起，黏得好，则敌之来劲无法有着落点，如球碰壁，不知所以。俗语说“拳打两不知”，即功夫纯熟之后，黏敌来臂，闪化拿发皆随心所欲，纯任自然，非有意识所为，乃下意识反应。而双方要细说如何交手，如何失手，难以言明，此皆体悟之功夫。

3.《太极拳体用全诀》上说道：“弯弓射虎如发矢，沉劲蓄气双拳使。”《全体大用诀》曰：“弯弓射虎挑打胸。”实际上是将以上四步整体合一而使，一气呵成。此处强调了“沉劲蓄气”和“挑打”之势，有下沉之劲力才有上提之气势，一沉一提非外形所使，而是内力所为。身体各处关节都要放松，松肩沉肘，虚领顶劲，竖腰沉胯。虽曰“蓄气”乃强调丹田沉降、上提、鼓荡之由虚变实的过程，实则意在蓄神，不在聚气。李亦畬在《五字诀》中有言：“神聚则一气鼓铸，炼气归神，气势腾挪。精神贯注，开合有致，虚实清楚。”又曰：“吸为合为蓄，呼为开为发。盖吸则自然提得起，亦拿得人起；呼则自然沉的下，亦放得人出。此是以意运气，非以力使气也。”一吸一呼，一开一合，一提一放，虚实转换，发人无形。

虚实开合

1. 图一至图二以及两臂下沉捋转和向西南拧腰的过程，身体内在都是虚。

2. 图三至图四，随两臂上提弓步转腰冲拳时，身体内在逐渐由虚变实。

要点提示

1. 有些学员在做身体下沉向右捋转时，右脚出步不到位，出现后仰或者不能轻起轻落。关键要领在于左腿胯根充分里收，左膝盖不超脚尖。头上领，肩胯松沉，边落步边转体，同时将右胯微前送，气要下沉，整体不可有断续和停顿，圆活自如。

2. 身体向西南拧腰时，仍需全身处处都要放松自如，尤其是右侧肩胯松灵而动，身体脊柱上下要垂直，不要为了拧腰而挺胸后仰，身体歪斜，而仍要做到含胸拔背，虚领上顶，命门后撑。两拳提起出拳时，不可掀肘耸肩。

3. 有些学员在两拳出击时，转腰幅度过大，造成两胯向右摆动，使得身体中线偏向正东或者超过正东偏北，从而使得两胯不能将脚下的劲力传导上来，劲力散乱。出拳时，右拳从西南到东北在一个垂直侧面上直击，转腰幅度要小，靠拧腰将劲力加速，贯于拳面。不可出现由右向左弧形摆拳，或者向里勾拳。两臂都要松肩坠肘，左臂不可前伸过大，到位时，肩胯左右上下都要对齐。随渐渐弓步到位，转腰击拳也同时到位。眼到手到脚也到，整体如一。

第八十二式 进步搬拦捶

右臂沉压左臂挪，肩胯松沉守正中。
随腰捋转虚实变，连环上步搬拦冲。

动作说明：

1. 随腰左转，身体微后坐，左胯外旋里收。两臂沉肘下落，左拳边外旋边变掌，边沿身体中线弧形收回，掌心向里微向上（如图二—正东拍摄）。

2. 身体随转随将重量渐渐移于左腿，随后两臂向左下捋转。当身体重量全部移于左腿时，右脚提起弧形收回，左掌边内旋边弧形上掤至左肩前，掌心向东。右拳随捋转弧形收于腹前中线，拳眼朝里。身体转至中线朝东北（如图三，正东拍摄）。

3. 随后接进步搬揽捶，要领如前所述。（图一至图五皆为正东拍摄）

图一

图二

图三

图四

图五

图六

图七

图八

第八十三式 如封似闭

与前述第十三式相同。

第八十四式 十字手

与前述第十四式相同。

第八十五式 收势

两掌微伸臂内旋，缓缓下落按胯前。

神意内敛松静站，颗粒还仓归自然。

动作说明

1. 当十字手两腕相交，由里向外、由下而上，向胸前掤出到位时，两臂同时内旋至掌心朝下，指尖朝前，左掌在上，右掌在下。再同时微向两侧掤开，与肩同宽，眼神平视。

2. 随后两臂松肩坠肘，渐渐下落。当腕落至与肘平时，两掌微沉腕下採至两胯侧前方。随后神意内敛，

图一　图二　图三　图四

意守丹田，两掌自然下垂至两腿侧，调心、调身、调息，回归无极式。

劲力运转

1. 太极拳的收势即是劲力运转的归结所在。《全体大用诀》曰：“太极合手势完成。”在此是将心、意、气，收敛于内，归于虚静。太极拳起势强调于湛寂之中，自然而感，有如火始然、如泉涌出、如日东升之气势。而收势亦是自然而收，有如火渐熄、如水复平、如日西落而沉之气势，一切又归于湛寂之中。

2.“收势”从功夫修炼角度来讲有两层含义：一是整个套路的完成收场，需要调心、调身、调息，使其归于一种平和虚静的状态，回归无极之势。二是将身体所运行的内在能量收藏起来，养于体内，故而收势是养生之道的关键。一切原本都是空虚而宁静的，万物也因而能够在其中生长。因此要追寻万物的根本，必须恢复其最原始的虚静状态。老子《道德经》上篇十六章有言：“致虚极，守静笃；万物并作，吾以观复。”只有虚无柔弱，才能无所不通，无有不可穷，至柔不可折。因而“以天下之至柔，驰骋天下之至坚”，此谓“道法自然”。

3. 由于功夫修炼的层次不同，身体感觉亦有所不同，因而如何以意念引导气机使之归藏于体内，非口传身授而不能言明。总体要意静神舒，敛神内省，息息归根，松静自然。

虚实开合

1. 随两臂分开，渐渐下落，身体内在由实变虚，随两臂下採至两胯侧前方时，身体内在又由虚变实。

2. 随神意收敛，归于虚静，身体内在虚实逐渐淡去，虚实无形无象。

要领提示

1. 身体在两臂打开与肩平时，两腿已经微直立，随两臂缓缓下落，身体不能上窜或者下沉。精神虽是内敛，但是形体上，仍要虚领顶劲，松肩沉胯，臂腕不可软塌松懈。两臂内旋分开时，劲点在掌根，掌沿，两掌下採到位时，劲点在尺骨、掌根和掌心，掌沿略低于大拇指。

2. 待所有动作结束之后，体内的气血仍处在兴奋状态，此时让腹内腾然之气渐渐安静下来，微站立一会，腰腹部位会自然而然的有种聚合，似乎是将整个身体梢节的内气全部收回，此谓“颗粒还仓”之态。稍后，其慢慢自然消散，归于虚无。两脚似有入地三分之感。收势可配合气功一起练习，“开三关，通三田”，使得任督二脉循环流畅，则百病不生。

3. 身体虚静之后，缓缓移动，不要马上行走和做剧烈运动。因为打拳时毛孔都因呼吸而张开，此时容易受风，应避免着凉。不易猛烈饮水或吃东西，也不易立刻躺下休息。提膝松胯，散步为佳。

第四章
循迹圣贤路　浅论太极拳

肆 循迹圣贤路　浅论太极拳

一　浅谈运用腰和胯的体会

太极拳习练中，如何分清腰和胯以及如何运用腰和胯，对许多人而言是一个常见的难题。不懂如何正确运用腰胯，习练中往往容易出现腰与四肢“分家”的现象。腰与胯“不合”，容易造成动作僵硬不协调，四肢散乱无秩序，这个问题不克服，劲路上就无法讲求通畅与顺达。几十年来，我遵恩师的教诲刻苦习练，对杨式太极拳中如何运用腰胯有了一点粗浅的体会，现在我把它写出来，求教于前辈、方家，诚望垂教指正。

什么是太极拳中的“腰”和“胯”

腰：一般是指系腰带的那个部位。“医家”特别是中医学家，多指两肾（肾俞）之间的命门部位。太极拳家所说的腰，是包括人体肋以下胯以上的部位。

胯：是一个统称，一般指的是腰以下，大腿以上的骨盆部位。骨盆是由左髋骨、右髋骨、骶骨、尾骨以及它们之间的连接骨一起构成。我们所说的胯是指髋骨与股骨构成的髋关节，它是全身最大的关节，其灵活度仅次于肩、腕关节。

1. 腰在太极拳中的重要性

先辈们在诸多论著中都强调腰在太极拳当中的重要性。王宗岳拳论：“气如车轮，腰似车轴。”杨澄甫《太极拳说十要》中说：“腰为一身之主宰，能松腰然后两足有力，下盘稳固。虚实变化皆由腰转动。故曰：命意源头在腰隙，有不得力必于腰腿求之也。”李亦畲《五字诀》中说道：“劲起脚根，主于腰间，形于手指，发于脊背。”

腰的重要性被先辈们阐释得很清楚，然而就太极拳如何训练腰，如何运用腰，如何将先辈们所说的理论实践到身上，却只能成为拳家们口传心授的内容了。我们在练习传统杨式太极拳八十五式的时候，当拳架动作规范以后，第一步强调的就是用腰。

2. 胯在太极拳中的重要性

在演练太极拳时，人们在身法上追求“中正安舒，轻灵圆活”，在步法上追求“进退转换虚实分明”，还讲求“虚领顶劲“和“尾闾正中”，在行拳走架中要求以脊柱为轴，以腰带动手足运动，腰不动，四肢不可妄动，一切动作以腰为主宰。可我们在重点谈腰的重要性的同时，往往忽略了胯的重要性。其实我们在做转体动作时，腰胯是联动的，是同时转动的。如果腰转胯不转或胯转腰不转，那必定会产生“扭腰”“扭身”“摆臀”等不正确的动作。这不仅不好看，劲势也不顺，上下不合，四肢分家，整劲更是难以产生。试想，胯没有松开，僵劲充满其中，腰能松吗？试想胯不平身子能中正吗？显然不行。因为腰是坐在胯上的，胯不平，腰必然歪斜。根据恩师赵斌先生和傅钟文先生的教导，加之我多年的练拳体会，我认为不可轻视胯的重要作用。

胯是人体中最大的关节，也是调节腰腿运动的关键。拳论说：“有不得机，不得势处，其病必于腰腿求之。”而胯是腰腿转换之处，胯关节不灵活、不松沉，腰腿就很难相顺相随。杨澄甫在《太极拳说十要》中曾明确指出：习拳必须“松腰”。“松腰”必须松胯，因为腰胯紧密相连，胯松则腰松，胯沉则腰活。拳论还说：“命意源头在腰隙。”只有腰胯松沉，才有利于气沉丹田和劲达四肢，腰活胯开，才能使下盘稳固、动作协调、周身灵活。从生理学讲，胯关节松开，可使耻骨联合于坐骨关节上的缝隙加大，运动幅度也会因此而加大，腿脚的伸缩会变得灵活。

以右搂膝拗步定势接左搂膝拗步为例，随腰右转，带动右脚尖外展45度时，右胯根随腰同时转动被称作外旋里收下沉。这样，当身体重量移于右腿，左脚弧形收于右踝内侧时，腰和胯都是水平对齐的，才能保证尾闾正中，右膝不超脚尖，身体上下虚灵贯穿，立身中正。当左腿出步时，以腰带动肩和胯同时向左微转松开两个胯根，用实腿送虚腿缓缓迈出，脚落地后，腰和胯继续同步左转至弓步时，腰胯正好转至正前方。如果腰胯不转或不能同时转动，将会使动作重滞，散乱，劲势不整。很多学员当身体重量移于右腿时，右胯关节向外突出，造成撅胯凸臀，身体歪斜，守不住重心，守不住尾闾。所以，凡是有转腰处，必须是腰胯联动，才能动作和顺，上下相随，产生整劲。

3. 太极拳对腰的要求是：松、沉、直、顶

腰的功用和做法，不仅在太极拳古典拳经中多有论述，也是历代太极拳家们谈论较多的话题。因为腰是全身承上启下的关键部位，是上下肢转动协调的枢纽。它对周身动作的变化，身体重心的调整和稳定、劲力的运达、上下肢的配合及虚实的变化等都起着十分重要的作用。我们练拳时讲，每个动作都是由腰来带动，要分清左腰和右腰，也要分清腰的虚实转换。只有做到每个动作都是由腰来主宰，才能讲求肢体四梢的放松。然而练腰不是要求增加腰部肌肉的负荷，很多拳友只顾想着用腰练拳，结果练下来是腰酸背痛，原因就是还没有掌握用腰的要领。我们讲练腰，目的是要把两个腰练活了，而不能练僵了，所以对腰的总体要求就是“松”“沉”“直”“顶”。

所谓“松”，就是在虚领的基础上，放松腰椎每一节和背部肌群。松腰，是杨澄甫宗师在《太极拳说十要》里讲的第三大要领。他强调“腰为一身之主宰，能松腰然后两足有力，下盘稳固。虚实变化皆由腰转动”。这就要求腰要足够的灵活。僵滞、转动不灵，显然是不能完成“一身之主宰”的任务。那么要灵活的前提就是“松腰”。如何做到松腰，一方面在虚领的基础上，放松四肢各个关节，使之对拉拔长，腰轻轻转动，四梢自然灵活自如，如果四肢关节不能够对拉拔长，肌肉用力，那么尝试用腰带动也是很费力的，同时也增加了腰肌的负担；另一方面在转动时，虽是以腰为主宰，但是要做到腰胯联动，胯为腰的转动做好基础，同时自然使得脚下的劲力传导到腰，通过腰的加速而上达背脊，输于两臂。故而“松腰”并不是在腰上下功夫，第一要求虚领和四肢的放松，第二要做到腰胯联动。

所谓“沉”，就是在沉肩坠肘、放松肢体的基础上，让腰间隙有一股子劲向下沉，臀部下沉内敛，形成上领下沉的对拉劲。“松”与“沉”密不可分，两者是一个有机的统一体，没有“松”，也就无所谓“沉”。“松”与“沉”可使丹田之气不至于上浮，可使下肢沉稳矫健，腰间亦能转动灵活。

所谓“直”，是指腰在“松”“沉”的基础上，腰部要有向上的挺拔之力。同时尾闾内敛，命门稍稍后撑，脊柱有拔长之感，这就是所谓的“直”。我们在练习桩功时，要求“形”如坐凳。同样我们要求在行功走架中也要“行”如坐凳。不能前俯后仰，左右歪斜，这样，“腰”不直显然是办不到的。只有做到腰部的正直，才会有身法的中正，身体转动才会不弯不摆，不歪不斜，肩胯也能上下对齐，呼吸才能和顺。

所谓“顶”，是指在虚领顶劲，含胸拔背，松腰的基础上，命门稍稍后撑、尾闾微下垂前收的一种状态。这种状态是在意念的作用下，从而使人体腰椎的自然前凸的生理曲线得以适度的调整，使它如一张弓，更有弹性。顶就是指拳论上所说的“腰顶”，它是太极拳用腰的一个重要方面，是贯穿于练拳始终的，尤其是每个动作的结尾或者是定势时表现得更为明显。腰的松、沉、直、顶和含胸拔背、正尾敛臀、气沉丹田是统一的，再加上虚领顶劲，则会形成身法上的“太极态”，在“太极态”下演练太极拳，拳艺才会有长进。

4. 腰在太极拳中运用

既然习练太极拳对腰有严格的要求，那么在演练过程中就应时刻注意“腰”的主导作用，或者叫“主宰作用”，也就是拳论所强调的“刻刻留意在腰间”。从起势到收势，腰始终要做到“松、沉、直、顶”，还要注意腰与四肢，腰与肩、胯的协调，做到“腰动身动，腰静身静”。还是以右搂膝定势接左搂膝拗步为例，由腰带动，右脚尖外展45度时，肩胯也要随腰同时右转，使脊柱犹如门轴，在腰的带动下 ，整体右转，这叫做“转体犹如把门关”。左腿出步时，以腰带动肩、胯向左微转，左脚落地后，脚掌向后微撑，右脚微前蹬，然后随腰胯微左转，使地面的反弹力自脚至腿、腰、背螺旋而上，输于两臂。到位时，沉胯顶腰，此时带脉、命门处产生膨胀、绷紧之感。只有两胯松沉下去之后，地面的反弹力才会上达，通过顶腰和送腰才能输于两臂。又如云手这个动作，我们在讲拳讲到用腰带动手脚时，总是以云手为例，因这个动作转腰的幅度大，腰的左右转动、虚实转变都比较清楚。云手一式，同样要以腰带动全身，身正，腰直，腰顶，要虚领、沉胯、体松。手臂的掤、捋、按、採、抄等一系列劲力，都要以腰为源泉。云手时，四肢运动和身体的转动均要以脊柱为轴，两腰为动力，手随腰走，劲随腰换，缓缓转动，徐徐呼吸，不可出现左右歪斜，前俯后仰，手臂自转，上下脱节，忽快忽慢等弊病。要保持立身中正和呼吸顺遂、舒畅的要求。

前面两个例子我讲的都是腰的平面转动，左右旋转，这都是用腰的重要方面，其实腰部的运用是一个立体的运动，有平面的左右转动，还有上下的对拉拔长，还有前后的“顶”和“送”等。其中“腰顶”就是用腰的一个重要内容。我们常说顶头、立腰、鼓命门，是说上要有虚领顶劲，中要脊柱保持中正不偏，虚对拔长，命门要微微后撑。就是这个微微后撑要贯穿于行拳始终，只是动作到位时表现的更明显一些。它是发力击打，八法运用的基础和保证。腰部如果软塌无力或僵硬不活，而形成软腰、死腰，那么下肢的劲力不能顺利传至有效的发放点，劲力走到半路就停止了或改变了方向而不能形成整劲。有人用千斤顶为例来说明“腰顶”，我认为比较形象。如果想在一块较松软的地面上，把汽车用千斤顶顶起来，首先要在千斤顶底下放一块硬的木板作垫子，这样就避免了在上顶的同时，千斤顶陷入地下而车顶不起来。这块木板就是我们的腰，向前发力，腰部须微微后撑。

除此之外，腰的运用还要分清左腰和右腰的虚实转换。两腰在水平面和垂直面的立体联动时,多半走的是弧线,此时要分清哪边腰是实,哪边腰是虚，这在套路图解和说明里都会讲到。推手时，运用好腰上的虚实是最为关键的。

5. 对胯的要求是：“松”“沉”“平”“开”

在演练传统杨式太极拳时，胯的基本要领是：两胯松沉，左右端平，胯根的内侧微微外撑。也可以用四个字来概括，即“松、沉、平、开”。

胯的“松、沉、平、开”是身法上“立身中正、旋转灵活的基本保证。在练拳时，形体上力求表现出中正、大方、严正、舒展，这就要求身体在前进、后退、左旋右转时，自头顶至会阴，始终形成一条垂直线，身体不可前俯、后仰、左倾、右斜。在进退时，两胯必须松沉端平，或齐进齐退，或均匀转换，务必不偏不倚。如“倒撵猴“接“斜飞势”一式时，左胯根应先松沉里收，使左胯、左膝、左足外侧处于同一垂直平面，两胯端平，尾闾正中，然后右胯根松开外旋，右膝扇形打开，随腰右转，膝盖、脚尖处于同一方向，右脚落于右后方，然后扣左脚，右脚微微后撑，左脚前蹬，两胯根向两侧撑开，右脚渐渐由虚到实，形成弓步。在这一式中，两胯松沉端平是关键，若左胯不松沉里收，右胯的旋转角度就会受到牵制，若两胯不能端平，那么尾闾就不会正中，身体就会歪斜。

胯的“松、沉、平、开”是步法上进退转换、虚实分明的基本保证。太极拳要求迈步要轻灵，起落似猫行。起步要轻灵，不可蹬地靠惯性起步，或者以身体拖拉两腿；落步要轻缓稳健，不可摇摆或笨重，要做到这一点，腰功和膝功不可没。上步时，须先坐稳一腿（实腿），实腿膝要略屈，这样就要求控制好胯根。实腿的肩、胯、膝、足外旋时，膝、足、胯处于同一垂直平面，实腿胯根松沉里收，使重心稳定，然后虚腿屈膝提起，使脚轻轻离开地面；出步时，虚腿胯松开，并以足膝领劲，轻轻落下。凡遇上步，实腿的胯须先下沉里收，虚腿迈步才会轻灵。反之退步时，实腿胯只有松沉里收，两胯端平，虚脚的起落才会轻灵。

胯的“松、沉、平、开”还有助于虚领顶劲和尾闾正中。在太极拳中腰胯松沉、下盘稳固有利于气沉丹田。从辩证法的角度看，矛盾的双方互相依存，如果没有“沉胯”，也就不会出现“虚领”。因此在腰胯松沉时，虚领顶劲也才十分明显，此时腰脊会有拉长之感。胯的“松、沉、平、开”也有助于尾闾正中，如云手，在大小马步的转换中，两胯始终端平，胯根松沉，脚的起落由大腿面控制，这样才能保证尾闾始终不偏。

总之，腰和胯在太极拳练习当中都是最为重要的。不能只注重其中一面，忽略另一面。二者相辅相成，上下联动，互为保障。学练者在基本掌握了套路之后，首先就要在腰胯上下功夫，招招揣摩，刻刻用心，则能求得轻灵沉稳。

二 浅谈太极拳的松

（访谈时间为2009年10月24日在扎西家中）

大卫：奶奶，请您讲讲太极拳的松吧。

扎西： 打个比方，我们的身体是一块土地的话，我们希望要在这块土地上播下种子，得到收成。我们的目标是收成而不是土地。练太极拳，就好比是在身体这块土地上撒下种子，得到收成。这个种子就是太极拳的“松”。身体全部都要松，没有松就产生不了柔，就不会有太极拳内在的功夫。“松”是种子，收成就是太极拳内在的东西。我就是这么想着，这么练着，这就是没有文化的人瞎比喻的吧，哈哈。

大卫：噢，那我们如何做到松？松到什么程度才算好呢？

扎西： 我觉得，要是一味的只求松，全身松过了，就成了“懈”，软塌塌的啥也没有，“这块田地里”也长不出东西来。松是练太极拳最重要的，没有松就没有太极拳，没有种子啥也没有。但是松是一种手段，要学会利用它，学会借用这个种子，使它产生收成。“松”，我们首先要求松大脑神经，要无思无欲。先松心，后松身，这样松才对。如果大脑紧张，那么身体也是紧的。太极拳中再往高深里练，就是用意念来练拳，用意念练套路，那是意念的境界了。开始用意念引导，是一种静下来以后的专注，身心都不能紧张，一紧张就都没有了。所以说要松，心先松开，静下来这是前提，心静才能体松，家里的事情全部抛开，好好练拳。

大卫：先松心，后松身，那么身体怎么松呢？

扎西：大脑放松，心静下来以后，接下来最重要的就是虚领。下颚微收，下颌两侧到后脑勺轻轻往上领起，使得脊柱上下对拉，就像衣服被挂起来似的，然后两胯端平，两胯尖（髂脊）微往后收，命门微后撑，尾闾自然松垂，两腿似直非直，使得脊柱弯曲的生理曲线微微调直，后背都是平滑饱满的，这时候做到虚领，用意念使得脊柱一节一节拉开拔长，这样就能做到脊柱的放松。脊柱放松是全身松开的关键，所以说虚领是第一要义。

大卫：脊柱松开以后，然后松哪儿呢？

扎西：脊柱松开以后，全身就灵活了，接下来就要使你的关节放松。首先是肩关节和胯关节，肩怎么松呢？我在讲拳习拳总体要领和套路中，例如起势动作的时候都强调过了。我们说说胯如何松。

做到虚领以后，盆骨似乎是把小腹托起来一样，这时候要将两个胯根里侧微向两侧撑开一点，这样就感觉到整个盆骨就沉下去了，我练到现在，胯一松沉，两侧胯关节就同时向两侧延伸出2—3厘米。胯松开以后，练拳走架时，一定要注意两胯平稳，胯根里收。这样才能保持尾闾正中。接下来就是肘、膝、腕、踝、指等关节，要使这些关节不受力，节节松开之后，在行拳走架过程中，关节与关节对准就行，对不准就容易受力。比如说弓步到位的时候，前腿的小腿与膝关节垂直地面，脚踝放松，这样地面的反作用力很自然地毫无损失地反弹上来。如果膝盖一超脚尖，部分身体重量压在膝关节上，地面的反作用力亦不能传导上来。最后，脚掌与手掌也要松开，使得指节一节节拔开，练拳的时候身体就像是气球充满了气。不能僵硬，也不能软塌。骨节与骨节之间，轻轻拔长松开，肌肉自然就跟着松了，松要松得明白，不要上来就盲目地松肌肉，肌肉松了半天，里面没松开。

大卫：您练了这么多年，那么松是一种什么感觉？您的体会呢？

扎西：我开始练拳的时候，很多动作里赵老师、傅老师都强调坐掌，好，我就都坐掌，但是我一坐掌就松不下来，不坐掌劲又懈了，腿也没办法蹬地。所以坐掌只是外形上有，感觉有力量，却松不下来，勉强松懈下来了却又不是太极拳的那个味道，这个问题一直困扰了我很多年。真正松下来，是我没有想到的，它自然而然就来了。这时候我才体会到什么是真正的松。因为松下来之后，坐掌时才使得松里面得来的内劲传导出去，才体会到先师为何总是强调坐掌的好处。

大卫：这个松是如何产生的呢？

扎西：你刻意地去找松，越松不下来，你静下来它自然就来了。打拳的时候，不要刻意找松。盘拳时，心平气和，神情专注。开始想着以腰轻轻带着四肢运动，后来渐渐感觉到体内充满了内气，是内气领着肢体在走，再后来就是意念领着，形体随着，四肢一点力也不使，都是在腰的带动下，在意、气的引领下，做出各式的动作，上下内外是一个整体。打起拳来感觉很灵活。每个动作做到位的时候，自然而然地内劲就到位了，内劲就是松里面出来的。行拳走架的时候整个形体应当是圆满的，而不是“懈”的。

大卫：您练了多长时间以后才有了松的感觉？

扎西：大概是在1989年的时候，我搬到咸阳以后，身体里面出了掤劲才体会到内劲是从松里出来的。这是我比较笨蛋的练法，稍微有点文化的人可能比我要早练出来了。

大卫：这个过程您是怎么体会到的呢？

扎西：就好比这松紧带，松和紧是相互对立、相互依存的，可是你看松紧带，把它拉长的时候，似乎里头都松开了，可是松里面存在着紧，当手放开的时候，里面又堆在了一起。我觉得，开始的松可能是松得不恰当，是盲目的松，盲目的紧，但是松也可以是从紧里面找到感觉的，我说是“松从紧中求”，哪里觉得不舒服，哪里觉得紧就松哪里，最后才找到一点感觉。松里面紧很少，不像刚开始学拳那样有那么多的紧。紧可能就是用力了，后来分清楚了劲与力的感觉，才在松里头体会到柔。这里头很深奥，像我这样的人，再练一百年也说不清楚。我现在也快八十了，说大也不大，毕竟是老了，可是练一天有一天的体会。我自己觉得，虽然外形上有些动作做不出来，像下势、蹬腿等，腿脚都不如以前了，但是内在的东西却不退化，而且是越来越旺。比方说，把腰扭了或者落枕了，练一遍拳什么都好了，这可能是内气的作用吧。

三 浅谈太极拳的虚实开合

太极拳的实质是阴阳、虚实、开合所构成对立统一的变化之体，其中的奥妙非语言和文字所能企及。前面提到太极拳的练习是有层次之分的，每一个层次的侧重点不同。在拳架解析中，我们分别用“动作说明”“劲力运转”和“虚实开合”来强调不同层次练拳者应掌握的重点。遵循的正是“由招熟而渐悟懂劲，由懂劲而阶及神明”的过程。所以要知道自己处在什么样的层次，就应该抓住此阶段的训练重点，循序渐进地练习，切不可好高骛远。练拳就如同盖房子，拳架练不好，就如同地基打得不好一样，房子盖得再漂亮，也是危险的。因而切不可自作聪明，眼高手低，拳架没有规范好就去追求劲法的变换，内气没有培养好，就去追求丹田的虚实开合，本末倒置，舍近求远。仔细一检查，手、眼、身、法、步等外在形式皆不到位，内在空空如也，更别提劲路的顺畅和劲别的变化了，也无法体会到太极拳内劲的奥妙，无法感知太极拳的内在精髓。

一、练拳的不同阶段和身体内在虚实开合的产生

练拳者在第一阶段，讲求的是套路动作的准确，四肢运动的协调，身体的稳固，使得头、肩、胯、肘、膝、足、腕等能够听从指挥，符合规矩协调一致。动作准确了，方位明白了，四肢能够听从指挥了，则要在“腰”和“松”上下功夫。体会以腰带动四肢，腰胯联动，以腰催肘，以肘催手。细细体会松而不懈，沉而不僵，稳而不滞。使得骨节之间对拉拔长，前后圆撑饱满。虚领顶劲，沉肩坠肘，含胸拔背，沉胯圆裆，上下拔长，前后对拉，有前就有后，有上就有下等等要领时时刻刻记在心间，默识揣摩，细细体会。

第二阶段，着重体会劲由脚起，使得大地的反作用力通过脚的前蹬后撑传导于腿，主宰于腰，上达夹脊，输于两臂，形于指梢，此谓“节节贯穿”。在此过程中要明白劲路、劲别、劲点在每势当中的变化，让身体各个肢节贯通一气，逐渐将身上的拙力、僵劲给去掉。将意念放到劲点劲别上，使得劲力有一定的穿透性，拳家所谓：“动贵短，劲贵长，意贵远。”体会劲路节

节贯穿的变化，呼吸均匀细长，意领神随。此时仍需在松上下功夫，习拳时手脚发热、发麻、发胀等都是正常现象，如若手脚冰凉，或者某个部位发凉、紧张、酸痛则是意气未能贯通之处，仍需在节节贯穿、上下相随，内外相合上找原因，落实到根本仍旧是在松上找原因，细细体会手与足说上话，腰与四肢说上话，心意与形体说上话。此间须注意处处松活圆满，不要有凸凹、断续之处，不要有紧张别扭之处。几遍套路连续打下来，全身松透轻快，毫不费力。坚持此阶段练习，久而久之，内气滋生，灌输充盈于体内。行拳走架时，体内、体外如气球饱满膨胀，圆弧滚动。全身松透了之后，掤劲自然产生，逐渐孕育出其他几种劲别，才知道太极拳真正的内劲并非用力和肢体技法所为，并非虚幻和神秘，而一定是由松里面求得的客观存在之物。此阶段逐日练习，内气日渐饱满。

到了第三阶段，随呼吸开合，意念的远近引导，内气在体内的灌输逐渐由不规律的流淌而走向有规律的收放，此时身体内在才有了微弱的虚实和开合的转换。须知阴阳、虚实、开合是太极拳的本体，是一种形象化的指示和描述，而非具体的部位或事物形态。身体外在的形体和内在的感觉均有阴阳、虚实和开合的变化，我们首先要区分身体外在与内在虚实、开合的区别，然后弄明白外在和内在之间的联系。

身体外在的开合是指形体动作的屈伸、收放。例如肢体弯曲收回为合，到位开展为开。身体外在的虚实，落实到脚上，则是支撑腿重量的变化，承重腿为实，反之为虚。通常讲要分清脚下的虚实，是指要明白脚下身体重量在动作运行中是如何在两腿之间转换和过渡的。虚实落实在手臂上，则需明白在运动过程中的劲力、劲点，哪只手臂领劲则哪只手臂为实，相随的手臂则为虚。例如揽雀尾按势接单鞭，两臂在胸前抹平圆的时候，向左转腰，左掌及左臂领劲，为实，右掌及右臂相随，为虚，向右转腰时，右掌及右臂为实，左掌及左臂为虚。再落实到细节，手背领劲时，手掌为虚，手背为实。等等表现，皆在用阴阳、虚实、开合等对立统一的范畴描述身体外在的变化。

身体在意念和内气的作用下，内劲自生。内气饱满之时，身体内部随劲路、劲别、劲点和意念的变化，开始有一种既有规律又没有规律的能量在运行，就产生了身体内在的虚实转换和开合变化，这是太极拳修炼到一定层次时，我的一点粗浅的体会。

二、身体内在的虚实开合

先贤们在论及虚实开合之时，文字不多，但是归结起来会说道“处处总此一虚实”，其中一切奥义只能靠师父引领和自己去悟了。不是先贤们不说，而是怕说出来不够准确，贻误了后人。因为拳是靠体认、体知、体证、体悟出来的，非文字语言所能及。先贤们认为说不清楚则宁可不说，这不是保守，而是慎之又慎。“处处总此一虚实”，一语道出了真机，习练者得靠自己用身体去悟才能明白。

例如我们练拳到了第三阶段，身体内在有了能量流动和收放时，就会有一个汇集和烹炼、储存和收养这些能量的空间，这个位置就是我们所说的下丹田。通常对于下丹田的描述和定位有说是脐下二至三寸之间，有说是在脐与命门穴前后连线前三后七的位置。练拳时，下丹田的虚实和开合变化，实际上不是一个具体的点，而是以小腹为中心的一个空间，包含了上面所说的下丹田的位置。下丹田不用刻意去找，而一定是内气充盈，随身体动作和意念引导，内气在体内有所开合之后，用心体会就能发现自己下丹田的位置。古人称“精、气、神”为人生三宝，视下丹田为贮藏精气神的所在，是真气升降开合的枢纽，因此很重视下丹田，视其为“性命之根本”。尽管从现代解剖学和生理学角度来看，下丹田所在的位置并没有特殊的形态，但是通过意守丹田来养生或者取得疗效已经被实践所证实，这就是体认和体证的功夫，因为存在的不一定有表现形式，也不一定能够感觉得到，而要去用身体实践，才能逐渐走入对身体更深层次的认知。

太极拳是内家拳，练的是心意，亦是身心修炼的艺术，故而有用意不用力之说。外在的身形要和内在的心意结合起来，到了高级阶段，固养内气，以心行意，以意导气，以气运身。始有意动，才有气动和形动。通过这样的练习，太极拳开发了人体内“神、意、气”结合所产生的内在能量和潜力。故而说，身体内在能量的流动，是由气为基础的一种综合能量，有人称为太极拳的内功，有人称为内劲，有人称为内气，其实是一种东西。

身体内在的开合说的简单一点就是指在意念的引导下，内气在体内的收和放。武式太极拳家李亦畬认为：“气向下沉，由两肩收于脊骨，注于腰间，此气之由上而下也，谓之合；由腰形于脊骨，布于两膊，施于手指，此气由下而上也，谓之开。合便是收，开即是放。”内气的收和放一定是与身体外形动作相互作用的。例如做搂膝拗步时，随转腰向前弓步，一手搂膝，一手前按时，手脚渐渐到位，身体中的内气由丹田开始缓缓向四梢灌输，同时，丹田这个空间缩小、聚合、下沉。到位时气贯全身，无内无外，周身松透，丹田聚合、沉降。开合主要用来描述内气的收放，内气由丹田贯于四梢时为开，为伸，为长，为放，为发；而内气由四稍回归丹田时为合，为缩，为卷，为收，为回。

同样，我们用身体内在的虚实描述丹田的表现形式和感觉。通常来讲，当动作渐渐到位，劲力由脚而腿，由腿而腰，由腰而脊，由脊而输于两臂指稍，同时，内气也随着动作的渐渐到位由丹田向四梢输送，丹田总体空间的体积变小。依据不同的外形动作，身体内在表现为聚合、收拢、鼓荡、翻滚、沉降等诸多不同的形式，此时我们称身体内在为实。当前一势劲力已去，下一势开始酝酿，灌输四梢的内气开始回收、蓄存于丹田时，丹田空间的体积松松膨大，犹如气球被吹起来似地，松散而开，充盈小腹，此时我们称之为身体内在为虚。丹田内在的虚实在每一个拳势动作中，身体感觉都是不一样的，我们仅仅以虚实来笼统地概括它的表现规律，但是无法用语言描述清楚其在每一刻的状态。因为随意念、劲路、外形动作的变化，丹田的表现形式亦是千变万化，时而上提，时而下沉，时而左旋，时而右转，时而聚合，时而虚散，时而如泉翻滚，时而如水归流，时而鼓荡，时而松静……又如每个人功夫层次不同，对同一动作的内在虚实体悟则不同，因而更无法用语言精确表达。

身体外在的虚实开合和内在的虚实开合，多半时间是同步的。比如形开到位时，内气也是贯于指梢，身体内在表现为实。手脚收回的同时，内气也收回，身体内在表现为虚。太极拳以身体内在的虚实开合转换为主体，外则以腰为力源，脚为劲根，心意一动而分发四肢。以心行意，以意导气，以气运身，能够做到以内动导外动，使之身心合一，意念与神经系统合一，则能通过触觉感知自己和他人身体上的信息，这便是推手的高级境界。

第五章

简答弟子问　诲人无倦时

伍 简答弟子问　诲人无倦时

1. 弟子：太极拳练习有何程序？如何安排时间？

答：太极拳是一个系列，它包括拳、械（刀、剑、枪等）、推手等。一般情况是先盘架子，等拳架定型后再学推手。推手可以检验拳架的正确性，对提高拳架有一定的帮助。二者相辅相成，不可忽视。待到拳架和推手有一定的功夫了，再练器械。器械是手臂的延伸，要以气运身，以身使械，才达到身械协调，械身合一。以上程序要根据自己领悟和习练情况而定，绝不可草率行事，急于求成。学拳必须一式正确再练下一式，做到式式有根基，合规矩。俗话说“学拳容易改拳难”，学得太快，囫囵吞枣，不足一年半载，刀、枪、棍、剑、拳、及推手，样样都学全，可没有一样合规矩，养成一身的毛病和坏习惯。正如澄甫宗师所说：“虽然依样葫芦，而实际未得其中三味，一经考究其方向动作，上下内外，皆未合度。如欲改正，则式式皆需修改，且朝经改正，而夕已忘却。”更令人堪忧的是，有些拳友参加一期学习班，初步掌握了拳架，就认为自己会太极拳，离师而去，自己瞎练，实则越练越差，如再以此授人，以误传误，以致误己误人。我希望大家在学完拳架后，不但要刻苦按要领去练，还要经常来找师父改拳，及时不断地修正拳架，把毛病处理在萌芽状态。还可以和拳友之间相互纠正，逐渐深入。时间根据各人情况安排，每天不少于一个小时，有条件者晨昏坚持，必有好处。

2. 弟子：学太极拳什么最重要？

答：我在谈“太极拳如何入门”中提出，学太极拳有四个重要的基本条件：明师指导；勤恒苦练；与同道交流；要有悟性。除此之外，对拳、对师、对同道要有敬畏心、谦卑之心、和蔼之心、审慎之心。

3. 弟子：杨式太极拳的特点有哪些？

答：杨式太极拳是杨禄禅所创，历经几代人研习，已形成其独特风格：其拳架舒展大方、结构严谨、身法中正、动作和顺、轻灵沉着兼而有之，深受海内外广大群众的喜爱。我的恩师赵斌先生将太极拳的特点归纳为以下八句话：太极特点，柔和缓慢，虚实分明，圆活连贯，速度均匀，上下相随，精神贯注，呼吸自然。

4. 弟子：为什么学完拳后还要经常纠正拳架？

答：我们的大脑记住套路之后，随着时间的推移，记忆会变得模糊。所以离开师父时间长了，容易养成自己的一些动作和习惯，这样就不知不觉地走样了。因而学完套路后，要经常请师父改正拳架，千锤百炼。改拳的目的根据各人情况，有不同的侧重点。初学者以修正拳架为主，习拳多年者，以灌输拳理内练为主。要谨记“恒专不骄”四字箴言，学一式要钻一式，研一式要有一式的收获。拳要往里打，功要往身上练。

5. 弟子：请师父讲讲练拳时对头部姿势的要求？

答：总的来说是：头要正、顶要悬、项要直。头首先要求正，头顶百会穴要轻轻上顶，必须自然端正，切记不可强硬上顶，贵在虚领，好像头顶上有绳索悬着，所谓“顶头悬”。这样就可牵动整个躯干拔起来，竖直了，行拳走架，平正自然，贯穿始终。颈项要端正松竖，不可强硬，亦不可软塌。下颌要微微里收，两耳根部到玉枕穴及大椎穴要微微向后、向上提。口要微闭，齿要轻合，舌要轻抵上腭。眼要平视前方，面部表情自然。在行拳走架中头部要自然平正，不可随意仰俯、歪斜，这是一个习练太极拳者首先要做到的。虚灵顶劲是对头部更进一步的要求，虚领顶劲是能否做好松肩坠肘、含胸拔背、气沉丹田、松腰敛臀等诸多动作的前提；是太极拳精神气质的保证。

6. 弟子：请师父讲讲习拳时对腕部的要求？

答：腕部是劲力贯穿指梢的最后一处关键环节，通常腕部的表现形式有平腕和坐腕。平腕是指手背、腕部和前臂要保持平直，微有掤意。例如肘底捶、进步栽捶等。坐腕，就是掌根轻轻沉下去，手指轻轻竖起来，沉腕竖掌。坐腕在拳当中表现的比较多，它是控制内劲贯穿的一个开关，亦是内劲流量的枢纽。坐腕时，腕部既不能软塌，也不能强硬，而是柔活且具有韧性的，是随着身法、用法而有定向的下沉，并能使内劲贯注于指梢。在拳势动作当中，坐腕的表现形式随着劲力的走、化、拿、发，劲点的缠绕等变化，有着不同的表现形式，虽然动作细微，但作用巨大。练到一定时候，手掌的旋转，腕部的细微动作都是与身体内在的虚实开合紧密相连的，学者不可不予以重视。

7. 弟子：太极拳对手形的要求有哪些？

答：太极拳的手型包括掌、拳、勾三种。而拳架中以掌法为多，拳法次之，勾手最少。

掌。掌在太极拳中占有主导地位。太极拳对掌的要求是：五指既不能用力并紧，亦不可用力张开，而是要舒展自然，各个指关节不可强直，指间要有一定的缝隙，手指展开的宽度和手掌同宽即可，掌心自然微凹，有一个浅浅的窝形，拇指张开，虎口要圆。我们称之为“荷叶掌”。掌在行拳中要有吞吐的作用，要有虚掌和实掌之分。在发劲前按、下插、掤架、前穿时掌指略展，掌心之窝形变浅，使内劲贯于指尖，我们称此为实掌；当实转虚时，又恢复成虚掌。掌的动作是整体动作的一部分，所以掌的虚实，应与脚、腿、腰整体动作以及身体内在的虚实开合相结合，完整一气。手之所形，无非是内里所发。

拳。拳即捶。在八十五式太极拳中，有搬拦捶、肘底捶、撇身捶、栽捶、指裆捶。在其应用上，应注意虚实之变化，也要与脚、腿、腰整体动作的虚实变换紧密结合。虚拳时，拳心空松，意在拢气、纳气，形并不松散，此时多为走化；实拳时，拳心略实，有团聚之意即可，意在吐气发力，拳形并不奋张。太极拳握拳时，四指并拢，向掌心卷屈，然后将大拇指肚贴在中指中段上，握成拳形，不可松握或紧握。有团聚气势的意念。在行拳走架中，前臂、腕与拳背应保持平直，不可出现内扣、折腕等动作。

勾。在杨式太极拳中叫做“吊手”，系由掌变化而来。五指尖下垂撮拢，掌腕关节自然弯曲成弧形。指尖方向大约与前臂垂直。在外形上手背到指尖要成圆弧形，所谓五指下垂撮拢主要是拇指、食指、中指撮拢，并有顺时针捻动之意，小指和无名指松垂并拢，手心空可容一鸡蛋。勾手在技击上是一种擒拿的手法，起到刁、拿、锁、扣的作用，它是练习腕力和指力的方法之一。

8. 弟子：太极拳对“膝”有什么要求？

答：腿部支撑着全身的重量，而以膝关节的负担最大。因此太极拳对膝部的要求是放松、自然、柔和、有力。太极拳经常是屈膝做缓慢均匀的动作，在行拳走架中正确把握膝关节运行的要领和保护膝关节不受损十分重要。在练拳中膝部要放松，不可有僵劲参与其中。腿部在虚实转换时，实腿膝部要外裹内撑，防止膝关节软弱，左右摇摆。凡抬腿伸足，皆以大腿面领起，带动小腿灵活自然地前伸，切不可用力、僵硬，影响气血运行。拳架的高低，要视自己体质和腿上的功夫而适当调整，不可刻意放低架子，本来习练太极拳可增加膝关节的稳定性，对膝关节是一个很好的按摩，增加钙的沉着和代谢，有利于膝关节疾病的恢复，可往往一些初练太极拳的学员，造成膝关节的肿胀、疼痛、甚至有的人关节腔积液。究其原因，一是在运行中膝关节不能放松。二是膝关节不能随腰胯联动，往往是身转膝不转，或脚摆膝不随，致使膝尖和脚尖不能处于同一方向，造成膝关节周围韧带过分牵拉而形成慢性损伤。三是在弓步时前脚没有微微后撑，导致膝盖前冲超过脚尖造成跪膝，使膝关节受力不科学，负担过重，形成劳损。以上三点是造成膝关节损伤的主要原因，望大家切记保护好膝关节要从规范动作开始。

9. 弟子：太极拳对足、踝有何要求？

答：足为一身之根，要平实踏地，稳固不摇。前足要微微后撑，后脚要微微前蹬，双足下的反作用力，通过两腿合于腰间、通过转腰和顶腰使得劲力上达夹脊，输于两臂，形于指梢。足在行拳走架中要轻起轻落，点起点落，缓起缓落。如在上步时，后脚跟先轻轻离开地面，然后渐渐至脚尖离开地面，缓缓前伸，脚跟先轻轻落地，然后渐渐全脚掌落地，平稳踏实。后退时，脚尖先轻轻落地，然后渐渐全脚掌落地，缓缓踏平。在行拳走架中足要平实踏地，轻缓沉稳，不可有脚掌的内、外翻掀、拖地“写字”等不规范的做法。踝关节主要就是放松，保证气血的贯通和劲力的顺达。如在做提手上势、手挥琵琶、肘底看捶等动作时，脚跟轻轻落地，踝关节放松，前脚掌微离地面即可，切不可脚尖向上勾回，致使踝关节僵滞，膝、胯关节紧张，所谓一勾三个紧，影响沉胯圆裆，使劲力不能通达于手。在提膝时，踝关节放松，脚尖才能自然下垂。

10. 弟子：太极拳对裆部有什么要求？

答：裆，是指胯下二便之间的会阴部位。会阴为大小周天运行的必经之地，与百会穴上下呼应。太极拳对裆部的要求是虚而圆。能吊裆者可虚裆，能裹裆者可圆裆。吊裆，不是往下吊，而是会阴处虚虚上提，不使这部分皮肤往下荡，如忍便状。吊裆是保持身法端正，“上下一条线”的锻炼方法。在行拳走架中，上有虚领顶劲，下有敛臀吊裆，上下呼应，有利于精神提得起，神情专注。裹裆是指两胯根撑开，两膝微向内扣，犹如骑马势，有内裹之势。在身体下蹲时，裆的高度也不宜低于膝盖，否则会形成“荡裆“，影响虚实变化。如在单鞭下势时，就要求“弓形裆”，裆不低于膝，两脚均有撑劲，身体端然如坐凳。正确运用腰胯联动，做到虚裆、圆裆，才能转动灵活，才能虚实变换自然，发放击打力整。

11. 弟子：如何理解“沉肩坠肘”？

答：欲沉肩必须先松肩，在松的基础上才能做到沉肩。松肩又是练太极拳的一大难题，必须下苦功夫去体会。两肩要平，不可耸起或一高一低。两肩松沉微向前合，肩与胯上下垂直，做到肩与胯合。肩是上肢的枢纽，肩不松沉，劲力很难过肩背而形于手指，其气必上浮而致身法散乱。对肘的要求是：肘不离肋、不贴肋、不过背。不管在什么状态下，肘关节总是微屈的，并且有下垂之劲。即便是白鹤亮翅右臂向上掤时，肘仍然要下坠。在行拳走架中肘屈要坠、伸要坠、抬要坠、举也要坠。还有一点必须强调，就是“虚腋”。虚腋是指腋下要虚空，约留有一拳的空间。就像腋下夹一个热馒头，夹得紧了，烧得受不了，夹得太松了馒头就掉了，所以就要虚虚地夹住。这样肩沉了，肘坠了，腋虚了，就为下一步的“坐腕”打通了关节，打下了基础，为劲力畅通打开了通道，也有利于含胸拔背，气沉丹田。

12. 弟子：怎样才能做好“含胸拔背”？

答：杨公澄甫宗师在《太极拳说十要》中指出：“含胸者，胸略内涵，使气沉于丹田也。胸忌挺出，挺出则气涌胸际，上重下轻，脚跟易于浮起。拔背者，气贴于背也。能含胸则自然能拔背，能拔背则能力由脊发，所向无敌也。”含胸就是要胸部肌肉松沉，略内含，切忌挺出，做到胸部平坦，不挺不凹，在行拳走架中放松肩锁关节，两肩微向前合，两肋微收，使胸部自然宽松，即为含胸。能做到含胸，就能气沉丹田，就不会气涌胸际。能气沉丹田就能做到沉着、平稳、力整势圆。所谓拔背，是指当胸部略含时，背部肌肉放松，使背部舒展，脊柱调直拉伸，使背肌有一定的张力和弹性，皮肤有微微绷紧，产生一种放松拔长的感觉。从而才能气贴于背，力由脊发。

13. 弟子：如何理解“形如坐凳”？

答：练拳时，两腿屈蹲有度，像在凳子上端然而坐，自自然然。身形始终要虚领顶劲，沉肩坠肘，含胸拔背，松腰敛臀，尾闾正中。既不可撅臀，又不可使臀部故意前收而上体后仰。形如坐凳是对身形身法要求的一个形象比喻。有着三层含义：第一，保证收胯敛臀。收胯是要求两胯根水平端稳对齐，不可一高一低，或者一侧胯根外凸造成身形歪斜。敛臀即要求脊柱松垂，命门微后撑，臀部内敛。第二，保证尾闾正中。两胯左右端平与肩上下对齐，如自然端坐于凳，此时身形前进时，尾闾如犁耕地。第三，保证重心稳固。形如坐凳，能够使得身体重心平稳沉着，轻灵自然。重心不晃动，不妄动，不易暴露。无论是定势还是过渡动作都要求形如坐凳，如在做搂膝拗步、野马分鬃的连续动作时，实腿胯根下沉，当后腿提起虚悬于内踝处，此时实腿的肩、胯、腿的外侧要在一个垂直平面上，收胯敛臀，上体自然端正，犹如坐在凳子上一样，身体不可前俯后仰，臀不可左右摇摆，然后轻轻地送虚腿前迈。当步子迈出落地后，胯根左右撑开，裆虚圆，上体自然端正，也如坐在凳子上一样，无论定势还是动势都要“形如坐凳”，这样才有利于气沉丹田，行拳才能平稳、沉着、自然。有利于劲力贯通，内气顺达，沉稳中见轻灵，轻灵中见神韵。

14. 弟子：什么叫“敛臀”？

答：敛臀是在两胯根后收外撑，命门微后顶的基础上，尽量放松腰部和臀部肌肉，轻轻地使臀肌向外下方舒展，然后再轻轻地向前、向里收敛，就像把骨盆包裹起来，又像把小腹托起来一样，使内气能在丹田充实团聚。要求尾闾正中，臀部既不可向后撅起使得上身前倾，肩胯不合，也不可过度前收而使腹肌紧张，挺腹鼓肚，而要像在凳子上坐着一样的自然状态。做好敛臀，有利于身体平衡，加强化劲和放劲；有利于势圆力整，专注一方；有利于“腹部松静气腾然”。

15. 弟子：什么叫“护肫”？

答：肫：指鸟类的胃。正确的读音是（zhun）。太极拳家泛指腹前和两肋胁部位，它是容易受击打的薄弱部位，故而往往成为技击双方击打的目标，所以在练太极拳时就要求注意“护肫”。在行拳走架中只要做到沉肩坠肘、肘不贴肋、肘不离肋、肘不过背，就能很好地做到“护肫”。

16. 弟子：什么是内三合、外三合？

答：内三合指的是：心与意合、意与气合、气与力合。外三合指的是：肩与胯合、肘与膝合、手与足合。

17. 弟子：什么是三尖对齐？

答：三尖对齐是对传统杨式太极拳八十五式中个别动作的要求。如单鞭一式，我们要求左手尖高与鼻尖齐、左肘与左膝上下对齐、右手尖与右足尖上下对齐。我们为了教学方便称之为“三尖对齐”。当然大家在做动作时不要死对，虚虚对住就行了，不要为对齐而对齐，其主要意义在于神形合一，力整势圆，整而不散。

18. 弟子：拳谚说“练拳不练功，到老一场空”，请问师父，太极拳的基本功有哪些？

答：一般来说太极拳的基本功就是盘架子。功夫是从套路中练出来的。当然我们还可以把套路中的几个动作拿出来专门练习，比如搂膝拗步、野马分鬃、倒撵猴、云手，这几个动作有进、有退、有侧行，是活的桩功，每日要坚持练习。还有静止性训练，如提手上势或手挥琵琶，把这叫虚步桩或川步桩，把搂膝拗步叫弓步桩，把太极拳预备式叫无极桩。还有一种叫太极混元桩，其做法是：两脚开立略宽于肩，下肢略屈蹲，两手环抱于胸腹前，形如坐凳，怀若抱树，虚领顶劲，气沉丹田，意念集中，目垂帘耳后听，调心、调息、调身，端然而站。有人说百练不如一站，我认为要动静结合，架子要常盘，桩功也要练，不可偏废。另外，还有把某些单式提出来单练发劲，伸筋拔骨，都需专门练习方可。

19. 弟子：如何理解太极拳有重意不重形之说？

答：太极拳有“重意不重形，不在形式在气势，不在外面在里面”之说。这是指练拳很久，功夫已达相当程度，动作外形已合规矩而定型，不必分心在动作上、外形上纠缠的人而言。对一般初学者或练拳有一段时日的人来说，我认为要分步走，首先是重形不重意，在动作姿势的规范上做文章，以外导内。等动作姿势基本上正确了，再进入下一阶段即形意具练，各占一半。这个阶段要继续巩固动作姿势，同时要注意内外上下的配合，要做到始而意动，继而内动，然后外动，内外合一，以内导外。这个阶段很难，需几年的苦练，等到内外合一，浑然一体时，就可以进入下一阶段即纯以神行，也就是重意不重形阶段。现在我重点说一说重形的问题。

所谓“形”，就是“姿势”。姿势正确，不仅要合乎运动生理规律，而且要达到拳术技击要求。这对初学太极拳者很重要，必须下苦功夫力求姿势的准确性。学习时要循序渐进，慢慢来，不要急躁，一式学完练好了，再学下一式，不要想一天就吃个大胖子，不要急于赶进度，不要急于求成，要学一招，成一招，学一势，成一势，学多少练多少，时时处处保持拳架的准确性。要知道“姿势”是指全身而言，从头到脚，从内到外处处必须合乎法度，准确无误。如有一处不合法度，势必影响到其他动作的不准确，整体动作质量不高。所以，初学的拳友一定要规规矩矩地练，认认真真地学，把姿势动作做规范，把基础打坚固。不可忽略身体各部位的细小动作。要边学习边检查，边检查边纠正，反复练习，把单式在连贯练习中恰当地配合起来，掌握动作运行中的速度、路线和方法。外形的姿势如果练习正确了、到位了、合度了，就可以逐渐达到立身中正安舒，动作连贯圆活，上下相随自然，周身一家劲整，一举动周身无不轻灵，一举手无不合乎法度，一投足无不合乎规矩。其次，姿势正确是保证劲路通顺的关键，姿势不准确，劲力从劲源到劲点的过程有所断续，内外亦不能做到相合，久而久之，造成气血不顺，也不能起到养生的效果。

20. 弟子：请师父讲讲练太极拳“匀”的重要性。

答：“匀”是杨式太极拳的韵律和气质的表现。恩师讲：“匀”是最不好练的，速度均匀，上下相随，圆活连贯，绵绵不断，就是要求我们在练拳时在起承转合时都不可有突变。要自然圆活，不显山，不露水，不露痕迹，无断续处，无凹凸处，节奏平稳，呼吸深长自然，式式连贯，一气呵成。“匀”也是杨式太极拳练习的特点和方法，其目的是为了于缓慢之中，细心体悟身体每一处变化和整体势势连贯平稳的感觉和气势，但它不是太极拳的目的，不要为了匀而匀，为了慢而慢，这样练就本末倒置了，因为太极拳是通过匀和慢，练出身体内在极其灵敏的感觉和反应。同时，说“匀”并不是说没有节奏，一成不变。太极拳当中的节奏也属于技术范畴，它并非是身体外形的快慢表现，而是内在开合带动外在运动时，身体内在能量传输快慢的体验。例如，眼神、意念的收放，有快有慢，全凭神意调动。

21. 弟子：如何理解“气沉丹田”？

答：太极拳所说的气是人体先天之元气与后天通过放松练习而得到的内气结合而成的“气”，它既是一种内在感觉存在物，又是一种有益健康和辅助技击的内在能量。丹田通常是指下丹田，它不是一个具体的点，而是以小腹为中心的一个空间。从生理和现代医学的角度看，丹田并没有特殊的外在形态，但是通过固养丹田之气来养生或取得疗效已经被实践所证实。

道家认为，丹田是聚气、养气之所，是身体内在能量的枢纽中心。但是在练习太极拳当中，气沉丹田是一种笼统的说法。在心静体松，虚领顶劲，沉肩坠肘，含胸拔背，松腰落胯，动作圆满，处处以腰带身的基础上，日日揣摩练习，使劲路贯通，全身松透，再配合意念，以意导气，以气运身，久而久之，在行拳走架时，腹部就会产生一种圆满、厚实的内在感觉，这种感觉非常奇妙，随意念、劲路、外形动作的变化，丹田的表现形式亦是千变万化，时而上提，时而下沉，时而翻滚，时而鼓荡，时而平静，时而转动，时而聚合，时而虚散等，不一而论。丹田的感觉是功夫练到一定层次，自然而然产生的，初学者和无感觉者万不可故意鼓肚或凹腹，要顺其自然，在腰和松上，在虚领顶劲，松肩沉胯上下功夫，不必刻意意守丹田。有一定体会的拳友要细心体悟内外是如何变化的，要注意在行拳走架中，身体内在并非时刻都表现为气沉丹田，每个人在每式动作上内在的体会不同，不可统一而论。

22. 弟子：请师父讲讲太极拳“稳”的重要性？

答：恩师讲：“以腰为轴，虚实分明，轻而不浮，稳而不僵。”这是对稳的要求。也就是说，在行拳走架中，首先要以脊柱为轴，腰为动力。轴心不可乱摆或偏移，每个动作都应该是用腰来带动。其次要虚实分明。进退转换之间，迈步如猫行，轻起轻落。要做到，上步无须蹬，落地无有声，要没有丝毫多余的力滞留于肢体。上步时后腿猛蹬地，造成身体上窜，或者退步时前脚拖地，再如落步时如砸夯一般，此等弊病都应避免。腿脚上的虚实变化要渐变，不要突变，要平稳自然，不要起伏不定。这样再加上虚领顶劲，气沉丹田，就可以产生“立如秤准，活似车轮”的感觉，就可以有支撑八面的表现，就可以有从容不迫的气势，就可以轻灵而不流于漂浮，沉着而不犯僵滞，在阴阳虚实转换中形成整体运动。

23. 弟子：什么叫“双重”？

答：王宗岳太极拳论中说道：“每见数年纯功，不能运化者，率皆自为人制，双重之病未悟耳。”而对于如何理解“双重”，通常有三种解释。第一种认为如果两脚不分虚实，在行拳走架过程中，身体重量平均分担到两条腿上而出现迟钝现象谓之“双重”。此处的“双重”是指重量在两个腿上的均匀负担。我认为在行拳走架之中，身体重量在两腿之间的转换始终是处于运动之中的，都有一个重量分布“处中”的瞬间状态。就像人用两条腿走路一样，虚实转化顺其自然，很少出现停顿或者平均分配身体重量的情况。即便是做云手时，无论是大马步还是小马步，两腿平均分担身体重量的情形也只是一瞬间，如果这个瞬间出现停滞、凝固、僵化等，则是双重。打拳要像行云流水一般，没有一处是静止不动的。双重的第二种表现是，在行拳走架中，该虚的地方未虚，该松的地方未松，这也是虚实不分的表现。总是有多余的力存留于肌肉关节之间，致使动作重滞，运化不良，进一步说就是用意的同时身体肌肉也在用力，而非纯粹以意导气、以气运身所为，故而称之为“双重”，这是我们在日常练习中应特别注意避免的重点。“双重”的第三种表现形式是指在推手时，两力相遇，互相顶牛，使之劲路受阻，不能运化，往往会出现相持不下或两败俱伤，或者是大力胜小力的现象，这是推手的大忌，完全失去了太极拳推手的趣味。拳论上说：“左重则左虚，右重则右杳。”“偏沉则随，双重则滞。”都在说明推手时不顶不抗，顺随为之，舍己从人才能避免双重之病。在推手中如果能够很好地做到避免“双重”，且能上下相随，即使不发劲，也能自立于不败之地。

24. 弟子：何谓“迈步似猫行”？

答：“迈步似猫行”，在太极拳中意取其“轻、平、稳”之态。要求步法要轻灵、缓慢、柔和，轻起轻落，点起点落，不可高低起伏。彰显太极拳松静轻灵、中正平稳、神意内敛、精神专注的风格特点。

25. 弟子：太极拳为何有“内功拳”之称？

答：太极拳之所以被称作“内功拳”，就是指在意识的指导下“练意”“练气”“练身”的拳种，并以“练气”为主。只有内动导外形，外形合内动，内外合一，才可称得上太极拳或“内功拳”。我们说太极拳以内为主，实际上就是指以“意”为主。所谓“里边不动，外边不发”“始有意动，继而内动，然后外动”。在行拳走架中，所有的开合，都是由内导外，内外统一的。其要领是：“以心行意，以意导气，以气运身”“心静用意”，从而达到“聚气凝神，形神统一”的境界。

26. 弟子：“劲断意不断”如何理解？

答：这句话是讲练拳时要心贵静，意贵专。即思想集中，排除杂念，用意指导动作，始终着意，不可断续。就是说有些动作在外形上似乎劲断了，但意不能断，仍要相连，这就是劲断意不断。要在“旧力未尽，新力已生”上下功夫。正如太极图所示：阳未尽而阴已生，阴未尽而阳已生。只有意念上相连，方能做到外形上的连绵不断。只有做到意识领先，阴阳转换一线串成，无使有缺陷处，无使有凹凸处，无使有断续处，方可做到“劲断意不断，意断神相接”的高级境界。

27. 弟子：上下相随和上下相应有何区别？

答：上下相随，主要指的是在行拳走架中手和脚的协调配合，做到一到俱到，防止散乱。比如倒撵猴这个动作，当右手向后撩击时，左手要继续向前推按；当右手向上挑时，左手外旋使掌心斜向上，同时用大腿面领起左腿；当右手屈肘回掌到肩耳前时，同时左脚向后撤一步落地，左手也随左脚的后撤而松肩沉肘回收于胸前；当重心慢慢后移成为右虚步时，右手前推，左手收于左腹前要同时到位。从中我们可以看到手和脚之间，手和手之间似乎有一个无形的东西在牵连，使两膊相系，手足相合，一动俱动，一静俱静，手脚配合协调，做到意到、气到、劲到，手到、脚到、身到，柔和自然，这就是上下相随。上下相应，主要指的是在行拳走架中劲力要节节贯穿，使发之于腿的劲形于手指。手脚要对话，要有应答，正所谓其根在脚，发于腿，主宰于腰而形于手指。

28. 弟子：太极拳拳架的高低如何掌握？

答：拳架的高低可根据个人体质的不同、追求的不同、年龄的不同，而灵活掌握。年老体弱者架子可高一些，年轻体壮者架子可低一些。当然太极拳乃内功拳，练太极拳是为了增强内劲，不可使架子过低造成肌肉紧张而影响全身放松，进而影响内劲的贯通。

29. 弟子：练拳之前应注意什么？

答：过饥或过饱都不宜练拳。一般我们练拳都是早上练，起床后吃一点东西，喝一杯水再去练拳，空腹不宜练拳。由于运动、出汗、机体代谢增快，如空腹练拳，就容易产生低血糖反应，出现头昏、无力、心跳加快、注意力不集中、反应减慢等症状，对身体极为不利。吃饱饭后，人体大部分血液分布到胃肠系统，以保证消化器官的正常工作。此时大脑及四肢血液分布相对减少，如果去练拳，也容易出现头昏、心慌、恶心、四肢无力的症状。如经常这样，胃肠系统容易出现问题，对身体将会造成极大的伤害。还要注意穿着要宽松舒适，寒暖得体。不可袒胸露背练拳，这样一则不雅，二则易受风寒。还有练拳前要安排好家中的事情，一到拳场啥也不要想，排除杂念，一心练拳。还要注意练拳前要排空二便，练拳后不能马上进食或立即躺卧或就坐，可以在半小时后进食。

30. 弟子：练拳前热身运动重要吗？

答：当然。练拳前一定要做好热身运动。通过热身运动，把身体的机能调动起来，为尽快进入练拳状态做好准备，使各肌肉关节预热、兴奋、灵活，防止在练拳过程中扭伤。千万不可一来就急急忙忙站在队伍里练拳。热身运动没有固定的动作，各人以个人的爱好去做，但有一点需注意，就是从头到脚都要活动到位，活动开。我通常的做法是：简单的预热活动做完后，再反复做搂膝拗步、倒撵猴、野马分鬃、云手几个动作，从而很快进入练拳状态。

31. 弟子：每次练多长时间为好？

答：我的恩师曾说过，一遍不忘二遍熟，三遍四遍长功夫。我长期以来每天早上带拳就是连续两遍。这就像在炉子上烧水一样，一下子就要烧开，不能烧烧停停，停停烧烧，一辈子也烧不开，烧不开就不冒气。冒气说明把水变成气体了，发生了质变，我把这叫做“得气了”。练拳要“得气”，每天没有连续两三遍是不行的。当然具体情况具体分析，个人的时间和体质不同，身体状况允许，有时间就多练一会儿，体弱者或时间少就少练一会儿。反对一曝十寒，贵在循序渐进，持之以恒，晨昏无间才好。

32. 弟子：请师父讲讲练太极拳为什么要“静”？

答：“静”非常重要，因为静是松的前提，是用意的前提，是调身、调心、调息的前提。静，当然指的是内静，而不是外静，不是外表看好像是静静地，其实内心是乱哄哄的，杂念丛生。要从心里静下来，不得心浮气躁。要排除杂念，稳定安舒，心神泰然，集中心志。只有心神两静，寂寂空空，真正地静下来，才能存得起真心，养得起真气。在这个时候，手足虽然没动，在端然恭敬之中，阴阳开合之机，消息盈虚之数，俱已寓于心腹之内。所谓一志凝神，专主于敬，洗心涤虑，专注于静，平心静气，以待其动。静极自然就会动。打太极拳是这样，其他任何运动亦莫不皆然。必先得其静，然后乃能成其动。我还想说静的前提，是什么呢？是“敬”，即敬畏之心，重道之心。只有对太极拳心存敬意，虔诚敬畏，才能静下来。与人推手亦是如此，不敬则主动出击，自己的弱点、僵点必露于外，因此要有敬人之心，才能以细察其变，以静制动。

33．弟子：请师父讲讲太极拳“松”的重要性。

答：杨澄甫宗师说“松字很重要，我不说，你练几辈子也不知道”。这说明松字的确是很重要的，也是最难做到的。打拳时，在静下来之后，首先从精神意识上放松，从头到脚都要松开来，四肢百骸，关节肌肉都要松下来。

恩师曾经说过：“全身放松，经络畅通。由松入柔，运柔成刚。”松是前提，松是关键，松是基础。当然松包括内松和外松。内松即意松，指的是精神内敛，精神放松；外松即身松，指的是周身松开，通过练“松”，达到内外兼修。“松”的高层境界是松静，松柔，松沉，以求实现松净透空，这个“松”非几十年千锤百炼而不可得。在我学拳的时候，恩师总是不厌其烦地说：“放松，放松，要放松。学练太极拳就是从‘松’这里开始的，由松入柔，‘松’没有做好，就入不了太极拳之门。”

另外，要把“松”和“懈”分开。“松”是在虚领顶劲的基础上精神意识的放松；是在百会至会阴一线贯穿的基础上肢体的放松。其表现形式是：神情专一，精神内敛，神意腾然，肢体要有弹性，有张力，有掤劲。脊柱在虚领顶劲的基础上是拔开的，虚对的。关节是放松的，打开的，拔长的。精神不是萎靡的，肢体不是软塌的。“懈”：关节是闭合的，肢体是软榻的，精神是不振的。由于“懈”可造成经络闭塞，血脉不和，精神萎靡，动作滞重。这是个大题目，先辈和历代大师都有精辟的论述。

34．弟子：请师父讲讲练太极拳为什么要“慢”。

答：慢是练气、运窍、益寿之需要。“慢”是杨式太极拳的特色，但不是目的。人体的经络布满全身，使五脏六腑、四肢百骸、五官七窍、皮肉筋骨形成一个系统。这个系统包括十二经脉、奇经八脉，它们是沟通表里、协调阴阳、平衡虚实气血运行的通道。杨式太极拳之所以要慢，主要是要潜心打通经脉，保持周身气血畅通，促进人体血液循环，从而达到平衡阴阳、祛病延年的养生功效。

太极拳是一个整体运动，一举手，一投足，上下、前后、内外均要联动起来。不但要轻灵，更须贯穿。还要处处详审其虚实所在，内外是否合度，上下是否相随，所以说要不得不慢，只有“慢”，才能轻灵圆活，形舒劲整，仪态从容。非“慢”不能察其行，度其势，非“慢”不能有所感悟。

太极拳经云：“运劲如抽丝。”“运劲须无微不至。”练太极拳是个很精细的活，像绣花一样，一针都不能错，错了就是废品。要十分用心地去练。慢慢来，慢工出细活嘛。抽丝，我没见过，既然前辈都那么说，那一定是对的。总之希望大家把“慢”字记住，“慢”能出功夫啊。一般我们练一遍八十五式需要三十分钟左右。也有人练至四十分钟甚至更长，我认为只要能做到快而不浮，慢而不滞，速度均匀，圆活连贯就行。

35. 弟子：近几年听说您每天抽时间坐在凳子上练拳，请您谈谈是如何做的？

答：2006年前后我做了几次大的手术，体质很虚弱。当时一遍拳都练不下来，浑身冒虚汗，呼吸也急喘，我看不行，就每天在家里坐在凳子上练拳，准确地说是坐在凳子上“悟拳”。做法是这样的：端坐在凳子上，两手平放在大腿面上，两脚踩地踏平，上身保持正直自然，心静用意，按八十五式套路顺序用意更加缜密。以心行意，以意导气，以气运身，松柔缓慢，折叠缠绕，劲点转换，内气潜转，劲由内换，行气如九曲珠无往而不至，从头至尾，用意念来练拳，用心来悟拳，就这样不知不觉一两个小时过去了。这样不但使我的身体很快得到了恢复，吃饭也香了，睡眠也改善了，体力也增强了。逐渐每日又能练上两遍拳，还可以给拳友们改拳了。更重要的是通过“坐凳悟拳”，使我的行拳更加缜密，功力也有了一定的增长。通过“坐凳悟拳”使我更深刻地认识到“静思悟拳”“默识揣摩”的重要性。只要心中有拳，手上自然有拳，不管行、住、坐、卧，只要有心，就可以练拳。

36. 弟子：太极推手训练包括哪些内容？

答：太极推手训练包括两个方面：一方面是推手基本套路训练，它包括：平圆单推手、立圆单推手、折叠单推手；平圆双揉肘、立圆双揉肘、折叠双揉肘；定步四正手、活步四正手（包括合步四正手和套步四正手）；大捋推手及烂踩花等。其中平圆单推手、平圆双揉肘、定步四正手、活步四正手是以掤、捋、挤、按为主要手法，属正方向，亦称“四正推手”。大捋推手则是八法并用，且以捋和靠的动作为主，走斜方向，故亦称“四隅推手”或叫“四捋四靠”。烂踩花亦称“乱环”。指推手双方没有固定动作，没有固定模式，双方随机配合，以对方变化而变化。另一方面就是在此基础上训练听劲、化劲和发劲的功夫，不必拘泥于推手的套路，而是搭手便听之于心，用身体去感知和感悟彼此劲路的变化，见机行事，活灵活现。听、拿、化、发，粘、连、黏、随，虚实变化，阴阳开合皆在其中，奥妙无穷。逐日训练，方能体会到太极拳的精深和乐趣所在。

37. 弟子：推手的主要要领有哪些？

答：推手的要领其实和太极拳的要领是一致的。太极拳的要领不外乎“六字”“十要”。“六字”是静、松、正、匀、慢、稳（这是我的恩师对太极拳要领的高度概括）；“十要”就是杨公澄甫先祖的《太极拳说十要》，即虚领顶劲；含胸拔背；松腰；分虚实；沉肩坠肘；用意不用力；上下相随；内外相合；相连不断；动中求静。“六字”与“十要”的要求是一致的，仅仅是说法不同而已。不论是推手或走架，都必须符合这些基本要领。然而推手必定是两个人双方的对抗性运动，因此，推手除了要掌握以上基本要领外，还必须掌握“掤、捋、挤、按”这“四手”；明确“粘、连、黏、随”这“四要”；掌握”化、引、拿、发”这“四则”；避免或克服“顶、匾、丢、抗”这“四病”。这些不经过推手实践和长期的训练，显然是无法掌握的。所以要下大力气、长期地、不间断地去学习，去体会，去实践。

38. 弟子：推手中“四手”指的是什么？如何做才是正确的？

答：“四手”是推手中“掤、捋、挤、按”的简称。掤、捋、挤、按是太极推手中的主要劲法，也是太极推手的最重要的基本功，由于其是属于四个正方向，故也称为“四正手”。它在推手套路中是由两个人共同完成的。如当对方向我胸前按来时，我以掤接，以捋破其按；当我捋时，对方以挤破我之捋；当对方挤来时，我以按破其挤。这样就形成了“掤、捋、挤、按”四手。往复循环，趣味无穷。有些学员在推手训练中往往出现“四手不全”的现象。最易被大家忽略或丢掉的是“挤”。其表现在，当对方以捋破我按时，我即要松肩沉肘，向对方胸部挤去，这样就破坏了对方的捋势。挤势不如掤、捋、按势那样明显，但必须形意兼备，不可忽略。

39. 弟子：请师傅讲一下何谓“粘、连、黏、随”？

答：“粘、连、黏、随”是推手运动所必须遵守的四个要点。

粘：（音 zhan），是上提拔高的意思。在推手中主化，可使人带根拔起，重心移动。李亦畬《撒放秘诀》说：“擎起彼劲借彼力”。其中“擎”字，即指“粘”而言。

连：是顺从不离的意思。在推手中，连是探知敌情的先决条件。要把自己的劲与对方的劲有意识的连起来，不可有间断、丢失、凹匾。在运动中去感知对方的劲路的刚柔、虚实、大小、方向等种种变化，并在对方失误或露出破绽时能及时进攻。

黏：（音 nian ），是如漆似胶的意思。在推手中不管对方的劲路和动作如何变化，我的手臂就像胶漆一样黏住对方，与之周旋，迫使对方无法用招或用而无效。使对方不能摆脱被动的不利局面而为我所制。黏在推手中既主化，又主逼近。

随：是彼走此应的意思。在推手中随对方的运动而运动，不顶、不抗。在相随中探消息，在相随中探劲路，在相随中找机会。在外形上好像不占主动，而处于被动地位，实质上我意在人先，处处占有先机，量敌而进，得势则合，伺机进击。

40. 弟子：推手的“四病”是什么？

答：欲要取胜，须避“四病”。在推手中“四病”指的是顶、抗、匾、丢。

顶：在推手中是指顶牛的意思。凡在推手中用拙力硬顶对方的来力，不能随对方来力运化者，均可谓之“顶”。在推手中表现为听劲不敏，运化不圆活，和对方总是顶顶碰碰。

抗：在推手中是指用力抵抗的意思。《顶匾丢抗解》中说：“抗者太过之谓。”在推手中表现为：（1）心虚：总怕自己被压瘪，一遇来力，就用力顶抗，不能运化。（2）持强：总以为自己力量大，求胜心切，一遇来力，希图用大力强压对方而形成两力相争相抗的局面。

匾：在推手中是指由于掤劲不足或松懈而致，对方来力应之不及而被压瘪之意。在推手中表现为：（1）腋下不空，夹肋自锁。由于长期在行功走架中不注意动作要领的准确性，不能做到“肘不贴肋”“掤劲不丢”“腋下虚空”等，两臂常常自贴胸部或夹肋而自“瘪”、自“锁”。（2）腰胯不活，掤劲不足。在推手中反应迟钝，腰胯不松，转动不灵活，运化不良而被来力压匾。臂不能圆撑，掤劲全无，往往被对方突然的进攻而应之不及，被人以刚劲压匾。

丢：在推手中是指不能和对方相连、相随而离开，丢掉之意。凡在推手中粘不住，跟不上，不能相连相随而离开，丢掉应该粘住的部位，均为“丢”。这不但违反了“粘、连、黏、随”的要求，更重要的是不能及时感知对方的劲路变化，给对方造成进击的机会，最易被对方乘断离之际借机而入。

41．弟子：推手“四则”指的是什么？

答：推手“四则”指的是“化、引、拿、发”，它是太极推手运动攻守的四种带有原则性的技法。

化：即是化解对方来力之意。在推手中化和发是一对矛盾，是对立统一的。化主守，劲主柔而形圆。推手是十分重视化劲，有“重化不重发之说”。就化劲而言，它又可分为粘劲和走劲两种。粘劲主进，是阴中之阳，柔中之刚，虚中之实；走劲主退，是阴中之阴，柔中之柔，虚中之虚。《太极拳论》说：“粘即是走，走即是粘。”“走”是为了化敌，“粘”是为了制敌。

引：即化解对方来力并引其陷入背势之意。在推手中化引相连，化引并用，引同化主守，劲主轻而形弧。能引者，可使对方进入进则愈长，退则愈促，仰则弥高的险境。引为拿打下了良好的基础。

拿：即拿准对方“劲”的意思。拿是发劲的必要条件。当把对方之实劲引出后，就要用拿法，把对方之劲路掌控住，就像掷物一样，不拿是没法抛掷的。因此有说：“发前必拿”。拿人必须轻而不得其觉，轻而不得其过，只需控制住对方的劲路即可。拿人亦是讲求身体肌肉的放松，此处之拿与外家所主的擒拿不同，太极拳的拿是用内气拿人，用内功发人，而非肢体用力所为。

发：即把对方发出去的意思。在推手中，当把对方来力化掉，引出其实劲，拿住其劲路，就要毫不犹豫地发放。所谓“得实即发”。发劲必须顺着对方劲的运动方向发出去，不可顶着对方的劲，以致出现两力相抵的情况。发劲与化劲不同，化劲呈圆周运动，而发劲既要求利用惯性离心力，又要顺着圆周的切线，专注一方，呈直线地爆发出内劲。要达到满意的发劲效果，一要专注一方，二要劲整势圆，三要蓄劲松静。

42．弟子：练太极拳到底怎样呼吸？

答：呵呵，这是一个大问题，我想我也说不好，就简单地说几句。

人是离不开呼吸的，一个人如果没有呼吸了，那他的生命也就随之而终结了。练太极拳要求呼吸要均匀、细长，这样就保证了充足的吸氧量和充足的呼气量。

人的呼吸大体可以分为：（1）胸式呼吸（多见于成年女性）；（2）胸腹式呼吸（多见于成年男性）；（3）腹式顺式呼吸（多见于小孩）；（4）还有一种是腹式逆式呼吸（我们练拳的人把这种呼吸叫拳势呼吸）。以上前三种都是自然呼吸，它们都是在平静状态下，在不做功的状态下的呼吸。而腹式逆式呼吸则不一样，它是在吸气时腹部微收，而呼气时则腹部外凸膨出，这种呼吸是自然做功的状态下出现的。比如我们吐掌发声时小腹是外凸的，是实的；我们用一只手捂住小腹部，一手往前冲拳发声，看看小腹是鼓出来了，还是凹进去了，答案是肯定的。当我们练拳做开劲时，随着呼气，小腹也是鼓起来的，这就是拳势呼吸。从一定意义上说这也属于自然呼吸的一种。只是需要我们再进一步的强化训练一下就行了。当然在套路中不是每个动作都可以配上拳势呼吸，因为拳势有长有短，动作有简有繁，我们没有必要也不可能势势都能配合上拳势呼吸。比较复杂的动作中间必须有自然呼吸过渡才行。

是否需要动作配合呼吸或呼吸配合动作。答案是不需要，但很有必要。我们虽然不主张呼吸和动作的有意配合，但我们需要的是在自然呼吸的情况下，呼吸与动作相吻合的越多越好，一套拳下来，拳势呼吸越多，拳的质量就越高，效果就会越明显。

我的恩师讲："呼吸的极意是忘掉呼吸，绝不可强求动作配合呼吸"。若强求动作配合呼吸，必然造成"闭气"之病，影响放松，这是练拳之大忌。恩师讲："练拳时，若要领正确，呼吸自然缓、匀、深、细。虽然淋漓而呼吸不喘，这才是我们所希望的。也可作为一个衡量标准"。

43. 弟子：请师父讲讲您是怎样练习站桩的?

答：在 88 年以前，我每天除了练拳走架还是练拳走架，有了较好的基本功和基本准确的拳架，但腹部自觉还是空荡荡的，没有那种"气腾然"的厚实感觉。有一天恩师对我说："你现在的拳架已过关，在全国比赛中也取得了第二名的好成绩，但还要往深里去练，往里打，就要补站桩这一课，站桩是往内练的必由之路，不可忽视。"后来恩师就给我详细地讲了如何站桩。我是个笨人，就踏踏实实地按照恩师的传授去练。这一练就是六年。每天两个小时，就在我家楼下那间放杂物的小房子里，老伴把房门一反锁，两个小时后再来开门。这六年我收获真是太大了，简直无法用语言来表达。通过站桩，我知道了"内气鼓荡"是怎么回事，我知道了"大小周天"是如何运行的，通过站桩我感觉全身有一种充满气的膨胀感。在行拳走架中，拳架更浑厚、沉稳了，稍一用意，腹部就有感觉，就动了，随之就有一股子劲从脚下涌起，节节贯穿地运于手上。开合全在里边，里边不动，外边就不动，里边动多少，外边就动多少，真是奇妙得很。有人说"百练不如一站"，这太片面了。要动静结合，不可偏废。走架可使人反应灵敏，身法灵活，不可不练，相反要下功夫苦练。但这必定是耗气、耗能、耗体的；站桩可使人内劲充实，内气充盈，不可不练，相反必须要练，它是补气、补能、补耗的，因此我认为：百练必须一站，动静结合，不可偏废。

站桩：两脚分开，与肩同宽或略宽于肩，全脚平实踏地，脚尖向前，膝关节略屈蹲，胯根内收撑开，裆部虚圆，脊柱松沉竖直，重心落于两足之间。两手合抱于胸前，高不过胸，低不下腹，指尖相对，相距约两个平拳，掌心略向内下，使劳宫穴遥对神阙（肚脐）。基本站好以后要开始“三调”，即调身、调心、调息。

调身：做好“虚领顶劲”，头部要自然正直，颈项竖起，不可强硬。垂帘（即眼帘下垂）、内视（即眼神通过鼻尖下照丹田，鼻尖、心尖、肚脐三尖对齐）、反听（即两耳静听身后兼顾左右），下颌微内收，唇轻闭，齿轻合，舌尖轻抵上腭。松肩坠肘，大椎微微向上鼓起，含胸拔背，松腰落胯，脊柱竖直，形若坐凳，怀若抱树，胸前空松，背后撑圆。上有虚领顶劲，下有气沉丹田，百会和会阴上下呼应，自觉身正体松，上下一条线后，再进行调心。

调心：排除杂念，心静用意，神意内敛，把意念集中在丹田部位。心静则意专，故心一定要静下来，排除一切干扰，使自己尽快进入练功状态。自觉心静下来后再调息。

调息：就是调节自己的呼吸，使呼吸深、长、细、匀，不可出现“气象”，“风象”。呼吸采用自然呼吸、顺式腹式呼吸、逆式腹式呼吸均可。建议大家采用逆式腹式呼吸为好。这样为以后的“拳势呼吸”打下基础。每次站桩视自身情况而定，循序渐进，贵在每日坚持。

第六章

风雨同修路　真情慨万千

陆 风雨同修路 真情慨万千

说句心里话

——在咸阳 2005 年 9 月 10 日学会改选大会上的讲话

扎西

尊敬的戴芳信会长及新一届学会全体委员、

尊敬的全体会员代表及全体会员：

大家好！今天我很高兴，我高兴地看到了在全体代表的认真推选下，选出了以戴芳信同志为首的新一届代表委员会，我高兴地看到了新一届领导班子是一个充满朝气、充满实干精神的集体。我相信咸阳永年杨式太极拳学会在会长戴芳信同志的领导下，通过大家的共同努力会取得更大的进步和更辉煌的成绩。我对新的领导班子充满信心。我希望各位代表并通过你们转告给各位拳友，一定要支持新班子的工作，要用实际行动支持他们。希望大家紧密地团结在以会长戴芳信同志为核心的学会委员会周围，同心同德，加强团结协作，提高这个集体的凝聚力，使我们咸阳永年杨式太极拳学会健康发展。

今天我退下来了，说心里话我很高兴。学会成立十年来，不断发展壮大，取得了十分优异的成绩，跻身于国内大学会的行列，具有一定的影响，这些成绩的取得全有赖于在坐的大力支持和帮助，我一个没文化的老太婆能干什么？我衷心地感谢在过去十年里给于我工作支持的市委、市政府、市体育局、民政局、老干局及各辅导站点的同道们、拳友们；衷心感谢上届学会的全体委员及学员，你们对我个人及学会工作的支持和帮助我将永远记在心里，由于自己没文化，说话办事难免有不周到的地方，或多或少地影响了学会的工作，也伤了有些拳友的心，对此我表示深深的歉意。

虽然说我现在退下来了，但我还将尽我最大的力量支持学会的工作。我老太婆嘴笨不会说，没文化不会写，那么我就老老实实地给大家教拳。如果大家不嫌弃我这个老太婆，不怕我荒废了你的光阴，耽误了你的青春，我将全力相教。大家知道是太极拳救了我，我就以教拳回报社会，让太极拳给更多的人带来幸福和健康。

我没有习练过别的门派的拳种和国家套路，当然这不是说别的门派的拳和国家套路不好，而是单就传统杨式太极拳而言，我还没有练好，没有时间和精力兼练其他。传统杨式太极拳太好了，也太深了，不下功夫，不用毕生的精力，是很难登堂入室的，更难掌握其真谛。我衷心地告诫我的弟子们，你们要认真地去研习传统杨式太极拳，要潜下心来，不要浮躁，不敢有丝毫懈怠，不敢浅尝辄止，不要轻言自己会了。我苦苦研习了30多个春秋，深感太极的深奥无穷，我不敢轻言自己会了，自己掌握了太极拳的真谛。如果光阴能倒流，我将会更加努力地去体悟。

我们是杨式太极拳学会，就要以杨式太极拳为根本，要死死抓住这个根本，要保持传统杨式太极拳的纯洁性，要严格按照杨澄甫宗师晚年的定型架子去练。不要改！要知道我们的首要任务是继承，说句心里话，我们只有继承和弘扬的份，发展不是我辈能做到的。

最后，我衷心地祝愿咸阳永年杨式太极拳学会不断发展壮大，祝愿各位代表及全体会员家庭幸福，身体健康，笑口常开。再次感谢大家多年来对我工作的大力支持及对我家庭和个人的关心和帮助。谢谢大家！

二OO五年九月十日

解不开的情结
——怀念我敬重的杨振基老师

扎西

离杨式太极拳第四代传人杨振基老师仙逝一周年还有三个多月，我不知怎么就鬼使神差地不能入睡，不能安心练拳。和杨老师接触的一幕幕场景、一件件小事，总是萦绕在脑海中挥之不去。我想念他老人家……

一、与杨老师相识

记得在1991年第一届中国永年国际太极拳联谊会上，一天上午在食堂吃饭时，我看见很多人围着一个老人，开始我不知道他是谁。当听到周围的拳友说是杨振基老师时，我顿时来了精神，急忙挤进人群，站在杨老师的面前大着胆子说："杨老师您好。"杨老师问我："你是谁的学生，叫啥啊？"我回答说："我是赵斌老师的学生，叫扎西。"杨老师听后笑着拍着我的肩膀说："你就是扎西啊，赵斌老师的状元弟子，有时间来家里玩。"这就是我认识的杨老师，一个性格爽朗、平易近人的人。从此我和杨老师结下了不解之缘，有了十几次的探望和受教的机会。

二、传经送宝到咸阳

1995年5月10日是咸阳永年杨式太极拳学会成立的日子。这一天杨老师和夫人裴秀荣老师都来了。原本大会安排他们第二天游玩，没想到杨老师说："玩有啥意思，我想和咸阳的拳友们见见面，讲一讲太极拳。"当时我高兴得不知说啥好，这真是我们求之不得的啊。于是就分头打电话通知各个辅导站的骨干前来听课。一会工夫就有150余人挤满了会议室，走廊上和窗子外边都站满了人，聆听杨老师的讲课。杨老师以传统杨式太极拳的动作为主线，精彩地讲解了拳理、拳法、用法等诸多方面，深入浅出，使在场的学员们受益匪浅。杨老师讲完了，让大家提问题，他一一进行了解答，还不时地站起来，手把手地给学员纠正动作，让学员在他身上感知劲路的变化。我们为杨老师走到哪儿就把太极拳传到哪儿的精神所感动，更为他没有架子、平易近人、为传播太极拳不辞辛劳的精神所感染。

三、你要什么，我都会答应你的

自 1991 年和杨老师认识到 2006 年的十五年里，我先后十几次去邯郸参加国际太极拳联谊会，也十几次去探望他老人家，他们二老待我如亲人一样，每次都给我讲拳。有一次杨老师问我：“你为啥对我这么好？有啥要求？”我回答说：“我是杨家的弟子，是您的儿女，对您尽孝是我的本分，我没有啥要求。”杨老师说：“你要什么就提出来，我都会答应你的。”2006 年我去探望杨老师时，他已病卧床榻，我含着眼泪说：“杨老师，我来看望您老人家来了。”他看着我，断断续续的说：“好好……传拳，为了……大家的……健康传下去……责任啊！”

我的眼睛全被泪水模糊了，是啊，责任！他呕心沥血一生义务传拳，把健康的种子洒满人间；他只讲奉献，不讲回报；他只言拳事，不讲是非；他只求传承家传，一丝不苟，不求名利；他对人真诚、对拳实在，他不求名垂青史，却永远活在我们心中。

四、他叫我老老实实这样练

1995 年 5 月，杨振基夫妇在咸阳为扎西指导剑术

记得有一年去看望杨老师，他看了我的拳后语重心长地对我说：“拳是练出来的，按规矩好好练，就这样老老实实地练，不要走样，传下去。”听了杨老师的话我深受鼓舞，也暗下决心，这一辈子不学别的，不传别的，就学杨式拳、传杨式拳，踏踏实实地练，绝不走样，以不负杨老师对我的嘱托。

尊敬的杨老师，您老人家放心吧！我扎西不会忘记您的教诲，我要练好杨家的拳，广传杨家的拳。愿您老人家含笑九泉，安息吧！学生、弟子、女儿扎西再拜。

第一个获银牌的藏族武英

路迪民

10月的太原，秋风萧瑟。全国首届太极拳、剑比赛，在这里拉开战幕。陕西队54岁的藏族女职工扎西，以她规范的动作和稳健的表演，夺得了杨式太极拳第二名。战友们祝贺，记者访问，美国友人也相约到西安专程求教。可是，谁能想到，这位众口称赞的巾帼武将，却是已经去掉了三根肋骨，切除了二叶右肺，从死亡线上挣脱出来的人。

扎西当年究竟患的是什么病？有人说是肺癌，但无法肯定。据她讲，1970年在兰州军区总医院做手术时，爱人还在西藏，医生给她看了从自己肺部取出的瘤子，比核桃还大。后来在西安、成都、西宁老家多方治疗，均无效果。1974年5月，丈夫把她送到西安住下，并托付一位同乡准备她的后事。然而死神并不立即夺取她的生命，总是折磨着她。在她走投无路，砸碎药罐准备寻死的时候，一位好心的朋友告诉她，练太极拳可以强身治病。经过耐心劝慰，领她到西安兴庆公园去找西安市武术协会委员、太极名宿杨澄甫的侄外孙赵斌，学习正宗杨式太极拳，试一试看。

赵斌今年81岁，有人称其为“乐居神老”。这不仅因为他住在东关乐居场41号。还因为他曾是黄埔军校六期毕业生，杨虎城将军麾下步训教官，抗战胜利后即解甲深居，几十年如一日地授拳于古城之晨，一派闲云逸鹤般的气度。扎西遇到了这样一个正宗的太极拳师，自然受益匪浅。赵老在教拳之余，动辄就唱起“二郎山”“满江红”，鼓励她战胜病魔，恢复健康。赵老豪放的笑声，使她的悲观情绪烟消云散。扎西也把赵老当作自己的父亲一样尊重、爱戴。她一丝不苟地学，扎扎实实地练，赵老讲的要领，她认认真真地体会。当然，她学拳比别人要困难得多，但她的毅力也比任何人都大。

说也奇怪，不到三个月，身体居然明显好转了。病痛消除了，饭量也增加了。不言而喻，这是练拳和精神治疗的综合效果。尝到了甜头，扎西更加努力。自此，她每天早起乘车到兴庆公园，整整跑了三年，从未间断。渐渐地她由病弱变的健康起来，并且逐步增长了功力，不仅学会了太极拳，还学了太极剑、太极刀。她学拳从不急于求成。学得慢，但学得细。学会套路之后，又经赵老反复改正，精益求精。赵老师给西安永年杨式太极拳学会制定的箴言是："恒、专、不骄"。这三条，扎西是占全了。赵老曾在一次大会上说："扎西是我的武状元。"太原的比赛，终于证实了老师的这番赞誉。

"扎西"二字，原为藏语吉祥如意之意。太极拳给扎西带来了幸福，她也要使别人吉祥如意。1979 年初，扎西在西安动物园门口办起了拳场，义务授拳，一直坚持至今。

陕西省的选拔，全国的比赛，扎西都是首次参加。她确实很紧张，然而长期锻炼的基础使她未出现失误。"太极拳治好了我的病，赵老师是我的救命恩人"。她就是为说明这两句话而参加比赛的，也是由于这两句话而取得胜利的。

注：本文录自体育报 1986 年 11 月 24 日（星期一）第二版

扎西颂

张世昌

藏女从天降，阴阳掌中分，
奋战病魔头，太极功显神。

我的师姐，您好吧！

想当年赵斌老师以鸿雁飞抵我处告知你的事迹时，正值上个世纪 80 年代中期。师父眉飞色舞，其高兴和兴奋的心情一下子如电波般也传遍了我的全身。他在信中说，来自西藏的藏族女同胞扎西切掉了两块肺，硬是打太极恢复了身体，而且在全国首届太极拳比赛中荣获了银牌，扎西是他的爱徒，也是他的骄傲。师父还说，扎西算是我的师姐，让我向你好好学习。无奈我几十年在外地为生存奔波，一直无缘与师姐谋面。但我知道你，从师父那里知道你，从报刊杂志那里知道你，我神往已久，但几次去师父家里都和你失之交臂，感到命运如此迷茫，如此捉弄。师父仙逝以后，中断了我们的联系。

我的师姐，您好吧！

我们神交了二十年，终于如愿以偿见到了你。那是在 2004 年 11 月香港传统杨式太极拳国际邀请赛上，你和你的老伴坐了一天一夜的火车风尘仆仆地赶到了香港。我一下子认出了你，噢，你就是扎西。最让我难忘的是当你知道了我的名字后，不由分说拉住我的手对我讲，我知道你，师父说过，你是我的师弟！真是一见如故，毫无隔阂，姐弟俩相认，不约而同地同时想起了师父。师父在天之灵看到这个场面一定会高兴地哈哈大笑起来。我忽然发现，从远处看你是一尊菩萨，从近处看你还是一尊菩萨，我心底升起了一种神圣之感。你的神态如此安祥，那经年累月的坎坷、历练和故乡离别之情都深深地化做一团祥云萦绕在你的周围；你的生命如此顽强，是永恒不息的日月、太极与平顺自然之气全徐徐地溶成一泓清泉注入到你的身体；你的胸怀如此博大，是无欲则刚的信念、慈爱和遗世独立之魂喷射出万道光芒在普度着众生。啊，扎西菩萨！

我的师姐，您好吧！

从此我们在西安、青岛、邯郸、永年，每年都要乘太极拳大赛之风相聚在一起，那是多么开心的事啊！你的拳架以沉稳洒脱著称于世，风靡全国，在舒展飘逸的刀光剑影中培养并成就了以李海水为代表的一批又一批的学生和弟子。历数杨式太极拳的比赛和联谊，相比之下，在阵容整齐、表演有素方面当属咸阳代表队居高不下，这给了我很深刻的印象。水有源，树有根，是你的严格训练和谆谆教诲铸造了咸阳队的整体素质。但我又以为从更深的层次去发掘，是你的人格魅力在修养着他们，鼓舞着他们，你的身上诞生出一种凝聚力很强的气场，这是凡人所望尘莫及的。

我的师姐，您好吧！

你的格言是：要想打好拳，必先做好人。做人是第一位的，也是芸芸众生最迷惑、知其然而不知其所以然又如何去做到然的人生第一难题。你把它破解了，默默耕耘，无私奉献，心底明亮，爱心无边。凡是接触到你的人，都有这样的感受。你在全国的数千学生没有一个不是这样信服得五体投地。你的人生价值体现得这样澄静，这样平凡，没有轰轰烈烈，没有波澜壮阔，却是这样地此地无声胜有声。你的弟子也追随你去做大爱无疆和为和谐社会恪尽所能的事情。譬如说你在济南有一个七十一岁高龄的弟子，他叫魏甄有，老两口互帮互衬，敦厚踏实，披星戴月，拳不离手，在他俩身边也围绕了一大群和睦相处的学生，学习师姐你的风范，践行师姐你的为人。西安有个李文，是你的弟子，今年七十五岁高龄，至今还在为太极拳事业默默服务，他把西安永年杨式太极拳学会的内务打理得非常在行，当作自已应尽的义务。他上下团结，任劳任怨，获得了大家的拥戴。有其尊师必有其好弟子。他们的这种精神难道不是你的人格写照吗！

我的师姐，您好吧！

你对疾病“既来之，则安之”，你对天命安之若素，你做到了面对危难而坦然对之，你把静定之气和浩然之气恰如其分地融合在一起，表现出了你的大气。在当今物欲横流的年代，你能够持平守中，不为世俗所动摇，一如既往地义务授拳几十年，可以说是一气贯之。记得前年我专车到咸阳看望你老俩口，第一次到了你的家，才发现住的仍然是上个世纪 80 年代单位分发的老楼房，客厅小，住房少，设备简陋而拥挤，积淀出多年的陈旧。墙壁上虽说挂满了杨式太极拳的宗师照片和拳照，但相对自己的太极大师身份和当今社会的生活水平，怎么说都不大相称。有不少你的学生告诉我，凭借你的身手和影响，如果收取授拳费用，早就换成了小别墅，拥有了私家车。可是你异常固执，几十年分文不取，甚至还要拿出自己的退休金关照前来学拳的学生。伟大出于平凡，出于爱心，出于一尘不染。你德高望重，却对弟子的贺寿不以为是，反对铺张浪费和张扬，你是大隐隐于市。

我的师姐，您好吧!

你已经是近八十的老人了，众星拱月，弟子成群，但你从来没有忘掉师父的恩泽，每年春节专程向师母拜年，带去你虔诚的问候。2007 年春节，你不顾动完手术大病初愈需要静养，仍然在正月初一早上带着全家准时赶到师母家，恰好我也在那里。赵妈妈（这是我对师母多年来的称呼）和我们寒暄家常，亲如一家，几个经过人世沧桑的老人聚在一起，如泣如诉，那情景，那场面是非常感动的。而震撼我心的是你的孝道。你文化水平不高，但是你的思想和作为完全符合中华传统文化的准则。大恩不言谢，是指心息相通，知已己足，滴水之恩，当涌泉相报。写到这里，想起师父对你的救命之恩，又想起师父对我的知己之情，此时我热泪盈眶，真地想和你拥抱痛哭一场，以渲泄我内心如波涛汹涌般的亲情、乡情、师徒情、师兄弟情、师姐弟情，那才是真正的负阴抱阳的太极之情啊!

我的师姐，您好吧!

播撒吉祥的健康使者

弟子 齐香銮

我们是幸福的，朝夕与师父相伴。她一年三百多天，都在不厌其烦地给大家讲拳、改拳。一些外地的拳友也经常慕名前来学拳，有的拳友临走时要给她交钱，她风趣地笑着说："我要是收钱，几栋楼都盖起来了。一分钱不收，只要你们通过练拳，能使身体受益，就是对我最好的回报！"他们说："现在没有教拳不收钱的，我们实在过意不去啊！"恩师说："别人收钱我赞同，人家也应该收，毕竟教拳要付出很多的心血和精力，但我曾经给大家做过承诺：一生无偿授拳，一诺千金啊，怎么能说收就收回来呢？我别无所求，只要通过自己的努力和付出，让大家从中受益，我就心满意足了，呵呵！"师父就是这样，她从来不会为了得到什么才会刻意地去做任何事，而是发自内心的无所求地去做。

记得有一副对联是这样写的："事能知足心常泰，人到无求品自高。"这里所说的无求是告诫人们要舍弃满脑子的功利与浮躁，不为外物所羁绊，不为浮云遮双眼，从而获得一种超然物外的自在与宁静，不去强求，有所不求才会有所追求。"求"是人生品格的体现，淡淡的人生虽然没有轰轰烈烈的扬名内外，也没有高贵显赫的地位，但它的确是可望不可及的至高境界。这种境界是一种胸怀，又是一种信仰，还是一种品格，更是一种心态，能做到这样的心境，很难很难，它需要时间的磨砺，也需要坎坷的锤炼，更需要本身坦荡的心境，平静如水的淡泊心态，这种淡泊心态是无求中的平凡孕育着无尚的伟大，这样的淡泊便是一种崇高的境界和心态。恩师一生经历了太多的坎坷与磨难，但她看淡世事无常，静观花开花落，不为世俗所动摇，所以才会有"淡泊以明志，宁静而致远"的心境。在如今物欲横流的经济社会，面对金钱与物质的诱惑，她仍然能够一尘不染，不得不使人敬佩之情油然而生。

恩师是不幸的，她历经坎坷磨难无数：濒临死亡的多种疾病，老年丧子的致命打击。但她又是幸运的，绝望之中与她的恩师赵斌相遇相识并结为亲如父女的师徒，又有幸与传统杨式太极拳结缘，凭着坚韧不拔的顽强意志战胜病魔，把自己的太极人生演绎的绝顶精彩！仿佛上天在考验她的意志，2005 年，她的消化道一直不明原因地出血，住了几次院也没有得到确诊，血色素一度降到了六克，手指、眼睑、口唇苍白，面部毫无血色，下肢浮肿，浑身无力，就是这样她仍然没有停下教拳的脚步。有一次教完拳后她连路都走不动了，这才到西安第四军医大学做全面检查，后来确诊为“结肠血管畸形破裂”引起的出血。当时她已经七十多岁了，医生征求她的意见是否同意做手术时，她毫不犹豫地说：“当然要做，我的老伴儿身体还很好，许多人还等着我去教拳，我不能撂下他们不管啊！“就这样，在 2006 年的 12 月，同时做了胆囊、阑尾切除术和部分肠管切除吻合术。由于手术前失血太多，蛋白太低，手术后渗液太多，刀口很难愈合，我们守在她的病床前，看着医生用油纱条沾着白糖，剪开刀口缝合线后，从伤口处伸进去，把血水引流出来，都忍不住流下心疼的泪水，可我们的恩师啊，却咬紧牙关，忍着钻心的剧痛，一声不哼！术后一个月，看到表皮愈合了，她就急着出院，只休息了一个月，便又给我们改拳了。在中间休息时，我们看到她一直捂着腹部，就关切地问是怎么回事，她说：“一坐下腹部就有一个包块儿，躺下就没有了。”我们建议她赶快去四医大复查，结果是‘刀口疝’，就是说手术后，缝合的内层裂开了，只好又做第二次手术。将刀口切开后，发现大肠和周围组织粘连了，便将组织和大肠都切除后再缝合，可是去掉了周围组织后，根本无法缝合，只好又补了一个 16 厘米的补丁，才将刀口缝合上。因为补丁是硬的，而周围组织是软的，一接触就会钻心的疼，这种状况医生说要持续半年以上才会有所缓解。短短的两个月，就做了两次大手术，就是年轻人也受不了啊，可是，我们的师父面对疾病和磨难，她都是坦然面对。就像她的名字一样，她给许多人带来了吉祥，她遭受了磨难却给大家带来了健康！只休息了两个月，就又风尘仆仆地到山东去给那里的弟子们辅导拳去了，同时还给他们教了推手，两个半月后才回到咸阳。

恩师如今虽已年近八旬，但仍然像一头不知疲倦的老黄牛，看着她精神抖擞、不厌其烦地给全国各地慕名而来的拳友讲解、示范，谁能想到她曾是多次与死神擦肩而过的人呢？不由让我们既惊叹太极拳的神奇魔力，又佩服她历经磨难而不衰的坚强意志。

我的师奶扎西

徒孙 王岩

扎西先生是我师父李海水老师的师父，是我的师奶。

第一次走进扎西先生家的人无不感到惊讶，那是看到了与大师盛名不符的清贫与简陋；第一次走近扎西先生的人无不感到亲切，那是被老人家的和蔼可亲与热情所感染；第一次跟扎西先生学习太极拳的人无不被她的细致与坚韧所感动；扎西精神体现了恒、专、不骄的太极拳宗旨，映衬着太极的精华。

一

座落在古都咸阳半塬上的一所大学内，一幢普通的老式公寓中，居住着一位普普通通的老人。没有华丽的衣着，没有考究的装修，三室一厅的简单居室。平均只有十来个平方米的三室中各挤着一张双人木床；客厅是一个不足十五平方米的过厅，靠西墙放着一台旧彩电，这已是家中的贵重物件了；厅中间摆放着一张简易餐桌，配着三两把木椅；一张烤漆腿的三人沙发已经有些下陷，依着东墙。看着这简陋清贫的家，谁又能想到住在这里的老人正是赫赫有名巾帼太极大师——扎西。

扎西师奶虽然生活俭朴清贫，却用无私的爱时刻关心帮助着他人。传拳几十年，从学者数以万计，她从不收取学费。挤在三个居室中的双人木床，除了自己用，其他主要是为远道而来的学生预备的。常有学生来学拳，一住就是几天、十几天甚至数月。有的人经济上有困难，那就住在家里吃在家里，临走还给带上回家的路费。上世纪末期，正处在国家经济体制改革的关键时刻，有一些人到中年的学生或拳友下岗失业，还要赡老养小，家庭经济有困难，扎西师奶就拿出自己的退休金和积蓄予以帮助：孩子要上大学了给几千元学费；过年过节了给几百元生活费或生活用品、食品；到外地参加比赛给帮助一些路费甚至参赛费。老人家处处帮助他人，而自己却一贯勤俭，从不舍得多花一分钱，也从不让别人为她花钱。

师父曾给我讲过这样一个故事：有一次师奶带着弟子们去外地参赛，出于答谢师恩的心情，弟子们悄悄合计着大家掏钱给扎西师奶出路费。可比赛一回来，师奶就将我师父叫了去，不但批评了一顿，还让他将大家的钱一一如数退还。师父之所以给我讲这件事，是因为多年后我们为师父做了与当年他们为师奶做的相同的事。不过这次是师父自己将钱一一退给了我们。扎西师奶现有的弟子中，仍旧有数十人坚持一生义务授拳，分文不取。扎西师奶的高尚品德影响着她的弟子们，也教育着我们这一辈，永远都是我们学习的榜样。

二

在扎西师奶的家中没有奢侈的装饰和华贵的摆设，不过在客厅的最醒目处，倒是有两张放大的相片挂在墙上。一张是众位太极拳名家的合影，一张是师奶与杨振铎大师的合影。在名家合影中没有扎西师奶，听说当时她婉言谢绝了大家的盛情邀请，悄然地走开了，她说：他们都是名家大师，我只是一个小拇指，我不能坐在这里面。

在扎西师奶与杨振铎大师的合影中，她恭恭敬敬地站在杨振铎大师的身旁，银色的花发映衬着一张纯真的笑脸。据说当时摄影师已经摆放了两张座椅，可扎西师奶说："我是学生是晚辈，怎么能坐着同老师照相，快取掉一张椅子。"尊师重道是扎西师奶学拳的准则，更是她做人的准则。从师赵斌大师数十年，扎西师奶始终如一地严谨地按照师父所传学拳、练拳、教拳、传拳；从师数十年，扎西师奶每年都要给赵斌大师夫妇贺寿、拜年。老人家自己几年都不舍得做一身新衣服，却时常给师父、师娘添置新衣新鞋，送去弟子的一片孝心。直到现在，虽然太师父已仙逝多年，可年过七十六岁的扎西师奶依然年年不落地从咸阳到西安给她的师娘拜年，看望她老人家。

2005 年 5 月在西安举行杨式太极拳比赛暨专家研讨会，扎西师奶要在会后宴请各位名家大师与师兄弟们一同聚餐，由于当时她和我的师父都在会上忙碌着，无法对此事进行安排，就由我和我的另一位师叔来办理联系订餐、用餐及其相关事宜。在我看来这本是一件既简单又寻常的事情，可几个月后的中秋节，我同师父一起去看望师奶时，老人家一见到我就握着我的手说："王岩，谢谢你呀。那次在会上我忙得顾不上，多亏你呀。可要谢谢你呢。"我当时眼泪在眼眶里直打转—就这么点小事老人家却还这么着记在心上。

在那次宴席上，扎西师奶始终坐在餐位的下首，而让其他各位名家大师坐上首，并亲自将赵幼斌老师让到主位上落座。师奶的谦虚礼让不仅使我们更加崇敬她，也得到了大家的一致称道。席间，在场的杨振铎大师、裴秀荣大师、马伟焕先生等各位大师无一不对扎西师奶赞不绝口。原国家体委主任徐才先生与扎西师奶促膝而谈，语重心长地说："你的事迹我知道得有些晚，应该宣传，让更多的人知道。你是我们学习的榜样。"

三

在扎西师奶的客厅深处还挂着一张放大的相片，那是大师演练杨式传统太极拳八十五式的拳照。红色的拳衣，白色的背景，简单大方。一招一式，清晰明了。凡是跟扎西师奶学过拳的人都能体会到大师一丝不苟的严谨态度。手法、步法、身法、眼法都要一一做到；脚摆多少，腰转多少，手抬多少，都要一一有度；哪儿该合，哪儿该开，何处为虚，何处为实都须一一弄懂。扎西师奶常说："是太极拳救了我的命，我要把它好好地传下去，让它为更多的人造福，不能传歪了。"

扎西师奶曾在病榻上忍着伤痛说："没有了太极拳我还有什么用。我要多活几年，就是为了要给更多的人传授太极拳，也为了陪着老伴。"

老人家视太极拳如同自己的生命。在她因结肠穿孔而手术后的第三天，轮换到我和两位师姑陪护在她床前，当时正值因手术诱发早年肺部手术后遗症而不停地咳嗽。躺下咳得厉害震动伤口，坐着腹部压迫伤口疼痛难忍。天黑了，病房渐渐的安静了，老人家半靠半坐着，轻轻地对我说："王岩，你做个搂膝拗步让我看看。"我说："不行，等您病好了我做给您看。""你做，你做"师奶坚持着，一旁的师姑也只好随和着说："你就做吧，师父讲着拳才能好一点。"我既紧张又认真地做了一个搂膝拗步，师奶说："你摆脚的时候腰没转，这样身体是扭着的。还有，摆脚要摆到45度上，不能多，也不能少。45度是最稳当的支撑角度。你再做一遍。"我又做了一遍，"嗯，这就对了。不过，你提腿的时候还应该继续转腰，以腰带腿，要转够45度，这样才能使胯、膝、踝在同一个平面上，都在45度角上，手向后撩还要大于45度。你再做一遍。"我又认真地做了一遍。"好，就这样。但是手向前按出的位置不对，太靠外。小贾（我的师姑贾秀敏），你帮她按着手掌试试，"师奶叫过我师姑来帮我试力的方向，"向外了，手上是空的；向里了，就扁了。手掌要与后面脚的脚心相对。这样，后面脚蹬了，力量才能传到手上。前面的脚也要撑着，不能放掉。”深冬严寒，老人家额头上浸出了汗珠。当她又说“你再做一遍”时，我实在是不忍心了，说：“师奶呀，让我先慢慢体会一下，说太多了我记不住。”其实我何尝不想多听听扎西师奶这么细致地给我讲拳捏架子呢，可在此时病痛正无情地折磨着我的师奶，我不能啊！

一个多月后过年了。师父带着我去给师奶拜年。师奶在饭店订了餐，支撑着尚未痊愈的身体，亲自到饭店向大家致谢。感谢大家对她在病中的照顾，并让她的儿子代表她向每个人敬酒。大家对扎西师奶说：“您就是我们的妈妈，难道照顾自己的妈妈还要谢吗？要谢也是应该我们谢您，您为我们付出的太多了。”

“师父啊妈妈，啊亲爱的妈妈，你用那一生的心血弘扬太极文化，战胜自我，战胜病魔，练就一身太极功夫，拯救生命千万个。

师父啊妈妈，亲爱的妈妈，你一生传播太极文化，功比天大，吉祥如意送万家。

师父啊妈妈，啊亲爱的妈妈，你用那一生的心血弘扬太极文化，恒专不骄，心胸宽大，培养弟子千千万，承传国粹把种子撒。

师父啊妈妈，亲爱的妈妈，你的品德谦逊礼诚，朴实无华，吉祥如意好妈妈。

师父啊妈妈，亲爱的妈妈，你的恩情大若天涯，大若天涯，亲爱的妈妈。”

这是 2007 年 10 月，在为扎西师奶庆贺七十六岁诞辰时，师奶的弟子们饱含热泪满怀深情地为老人家唱出的心声。（《师父呀妈妈》的歌词是我的师父李海水所著。）

扎西师奶甘守清贫心静如水，纯洁无暇无私奉献，尊师重道心胸宽阔；扎西师奶辛勤耕耘着太极拳的沧海桑田，将用毕生的精力把健康幸福的种子撒播。

祝我的师奶永远扎西德勒（吉祥如意）！

二OO八年五月二十九日

师徒情　父母恩

弟子 杨志焘

1960 年，李师伯和扎西师父在西藏林芝地区工作。李师伯那时候在部队任藏汉翻译及后勤物资运输工作，当时平叛地区的路还没有修通，只能靠牦牛队驮运。在一次运输任务中，一头牦牛累死了，李师伯就自己背着 200 斤重的军用物资，赶着牦牛队，翻越波密县海拔 7300 米的东拉山，顺利将物资运到目的地。师伯说，他在运输队的时候，翻越东拉山就有 24 趟。

我是 1979 年入藏工作的，在那曲地区人民医院做牙科医生。1980 年因为给李师伯拔牙有幸认识他，当时他已经做了那曲地区商业局的局长。刚到西藏时，单位经常组织医疗队下乡，做地方病普查普治，我每次都积极参加。骑马下乡，深入牧区，路途上经常遭遇雨雪或者冰雹，有时候还要淌水过河或者露宿。就这样工作了几年后患上了高原性心脏适应不全症，连带并发风湿性关节炎，住院长达几个月都不见效。1983 年在李师伯的帮助下，妻子陪伴我到西安住院治疗三个月。她回那曲之前，我们一起去拜访了当时在西安教拳的扎西老师，妻子对扎西老师说："扎姨，志焘他身体不好，我想把他交给您，请您教他练太极拳，把身体练好。"我当时只是听李师伯说过太极拳能强身健体，也是半信半疑的。扎西老师说："哎呦，你身体这么瘦弱，一阵风都能吹倒啊，能坚持得了吗？只要你想学，能坚持，我就一定好好教你。"就这样，我在办完出院手续的第三天，即 1984 年 6 月 2 日早上，正式开始跟扎西恩师学习传统杨式太极拳。

刚开始学拳，恩师给我讲了杨式太极拳的来源以及她跟赵斌老师学拳的经历，她说："现在我在这儿给大家义务教拳，是为了让更多的像我以前那样的人，从病痛折磨中解脱出来，是太极拳救了我，我也要让太极拳救更多的人。"这段话仍记忆犹新，她当时眼神中显现的坚定，平和语气中的纯朴，时隔近三十年，仍使我倍受鼓舞和感动。

三个月后，我身体康复了，便回到西藏上班。不料 1986 年底，又旧病复发，再次到西安住院，并做了扁桃体切除术，术后为了止血止痛医生让我吃冰棒。当时正是元月份，数九寒天，恩师为了我，跑遍了整个西安城，最后在钟楼附近一家店为我买了一饭盒冰棒。

1987 年开春，恩师帮我联系好，租了一家楼梯过道下的一小间储物间，只能放下一张单人床和一个床头柜。师姐王新爱送来了枕头、床垫，恩师买了床单、被子。就这样我开始了跟恩师长达三年的学拳时光。三年时间里，我和恩师朝夕相处，是师徒亦是母子，我也不知道是哪辈子修来的福分，能让我结缘恩师这样的好人，在我病重危难之时，她总是像照顾孩子一样待我，还教授我太极拳。

恩师对赵斌师爷非常敬重，每周都去看望师爷。师爷当时没有退休金，生活没有来源。她去的时候总要拿些师爷最需要的食物或生活必需品，走的时候给师爷手里塞上三五元钱。赵斌师爷性格豪爽，经常当着我的面夸奖恩师，他老人家说："扎西是我的武状元，拳好，人更好。"

当时在西安还有一位太极拳大家，陈式太极拳第 11 代传人陈立清老师，陈老前辈和恩师关系非常密切。我跟恩师学拳的时候，有一段时间，每天上午接陈老前辈到恩师家吃午饭。饭毕，两位老人关起门来练习推手，晚饭后我又将陈老前辈送回家。这样每天接送陈老前辈，整整持续了半年多。恩师推手的功夫从不外露，也从不对别人讲自己推手得到赵斌师爷、傅钟文、傅宗元、陈立清等前辈的传授。有一次在家里关起门来，恩师给我讲解搬拦捶，我抓住她的右拳，她只是随转腰，右拳轻轻往前一松，我便身体僵硬，被击出了，那种感觉是松松透透的，不疼不痒，但是自己身体不知为何变僵硬了，站也站不住，恩师悄悄给我说，这就是拳架和

本文作者（后排右边站者）陪同赵斌师爷、扎西恩师拜访陈立清大师时合影

推手练出来的内劲。

有一天早上恩师和师叔张全安约好在小雁塔附近见面，她去的早，就在小雁塔下面练了一趟拳。由于地面比较潮湿，长了一层薄薄的青苔。练完拳后就留下一些脚印，但是看不出脚掌的形状来，都是一个个小圆圈，一坨一坨地散布在地上。大概过了四五天，有一个杭州来的老师父在动物园门口看我们练拳，练完拳后那位老人家直接找到恩师说："你是不是几天前在小雁塔下面练过拳？"恩师说："是啊。"老先生说："这就对了，我到处打听才找到你，你的拳练得真好，听前辈说拳练好的人，脚下踩出来的都是圆圈，果然名不虚传。"后来我和恩师就接这位老先生到家里，请他指点。老先生的名字我忘了，他说他是牛春明的弟子。这位老先生在西安待了有两三个月，每天都和恩师切磋技艺。恩师后来告诉我，老先生教给她一套练习呼吸的方法，虽然她自己因为肺部做过手术，但是练了还是很受用。

恩师不但是我国第一位藏族女太极拳师，也是第一位将太极拳传播到西藏的人。傅钟文老师来西安时告诉恩师，让她无论走到哪都把太极拳带到那里，恩师是这么做的，也是这么教导我们的。1989 年，李师伯退休后和恩师一起搬到了西藏驻咸阳干休所。干休所在西藏民族学院内，所以恩师一边着手培养一批当地的太极拳骨干，一边将太极拳传授给民院的藏族学生。我们做弟子的，虽无恩师那样的本领，但也是尽自己所能，希望更多的人能从太极拳当中受益。我自 1984 年跟恩师学拳后回到那曲，先后也教了一些藏族和汉族学员。1995 年我的师弟牛致富在拉萨市设点教授传统杨式太极拳、剑、刀。时至今日，恩师的弟子以及再传弟子已经遍布西藏各地区，成为在雪域高原传播太极拳的第一批开拓者。

毛主席曾说过："一个人做件好事并不难，难的是一辈子做好事。"而师伯和师父两位老人家就做到了，在长达四十多年的义务教拳过程中，更是以"毫不利己专门利人"的精神感染着他人。想着八十多岁、满头白发的师伯、师父，每天有 5 个小时都是在不断地给弟子、学员做动作示范，辛勤耕耘，我们做弟子的看着也暗自心疼她老人家。可是她老人家一讲起拳来，总是把自己置之度外，总是替别人着想，有一次一个外地学员在恩师家吃饭的时候，无意问了一个剑的动作，恩师马上放下碗筷拿起一只尺子比划起来，那个学员一看师父认真了，便劝师父先吃饭，师父说："饭可以不吃，这个动作你掌握不了，我饭怎么能吃下去？”于是就用了近半个小时给学员边做边讲……

她把太极拳、剑、刀已融入到生活中每个角落，无论走路、坐公交车、做饭……处处都在练拳。如剥蒜、切菜时蹲马步，乘公交车时站桩，走路时分虚实步等，这种练拳和传拳的忘我精神深深感染我们每一个人。

在恩师和师伯的影响下，我们一家四口都成了太极拳的爱好者和传播者。甚至连儿子的硕士毕业论文都写的是太极拳。回顾往昔，我能从病魔中挣扎出来并且有个健康的身体，一家四口受益于太极拳，是师伯和师父给了我们第二次生命，给我们全家带来了吉祥。到今天，我连同师兄弟，在雪域高原将传统杨式太极拳逐渐传播开，坚持义务授拳，也是希望能够将师父的心愿和精神传播开来，让更多的人认识到太极拳的好处，让更多的人能够体会恩师“传拳感恩”的精神，让师父和师伯的光和热，能够照亮更多的人。

二零一一年六月于拉萨

手术后第三天的晚上

弟子 刘兰萍

这是一个令我无法忘怀的夜晚，一个令我一想起来就掉泪的夜晚。那是2006年11月的一个寒夜，深夜三点多钟，当人们已经熟睡，进入梦乡之际，躺在医院病床上的恩师说："来，扶我下去走走，这样也许恢复得快一些。"我和师弟宋平对视后说："师父，您手术后才第三天啊，不敢下去。"师父说："你们不急啊，我急着呢，早点好就可以早点给大家教拳啊，快，快扶我起来。"没办法，我们拗不过师父，只好小心翼翼地把师父扶下床在楼道里慢慢地走动。当走到楼道前休息大厅时，师父说："不行了，走不动了，就在这儿坐一会儿。"看着师父坐在大厅的椅子上满脸憔悴的样子，看着师父双手上吊着输液瓶，身上挂着尿液袋，伤口上还插着引流管，真是"全副武装"的样子，我的心在痛，我的心在流血，我的双眼浸满了泪水。看着我满脸是泪，师父说："兰萍啊，你不要哭，你看我现在不是好好的吗，这次手术虽说是有一定风险，但是我必须要做！你看我已是七十六岁的人了，说大不大，说小不小，毕竟还是有年纪了，我的老伴身体很好，我要陪他，我欠他的太多了，我还有很多东西没教给你们，我不能就这样走了。为了太极拳我也要做这次手术。现在手术做了，很成功，我很高兴……"

初冬的夜晚还是有点冷，坐了一会儿，我说："师父您手术后日子还浅，身子骨还很虚弱，这后半夜有点冷，咱们还是回病房吧。"师父说："不着急，现在我也没有睡意，你们俩做几个动作让我看看。"我说："等您康复出院以后再说吧。"师父说："现在我没办法做动作，但我可以讲啊，快、快做。"我们只好从命了。做了几个搂膝拗步，师父说："好、好、好，拳架还是比较规范的，来，坐下来听我给你们讲一讲。你们学拳已有十余年了，拳架已基本准确了，要知道太极拳是内家拳，你们以后要往里打，不要在拳架上纠缠。拳要往下打，不要停留在手上。要心思缜密，用意准确。要在虚实开合上下功夫。打拳以前必须静静地站上一会儿，这很重要，千万不可忽视，站在那儿干啥呢？六个字即：调身、调心、调息。所谓调身，就是把有关的练拳要领默想一遍，尤其要注意虚领顶劲，松肩坠肘，含胸拔背，松腰落胯，裹裆敛臀等。要做到三平两竖一垂直。三平即顶平、肩平、胯平。两竖就是指两肩的肩井穴对两胯对两涌泉穴，这是两条竖线，一垂直就是中线即百会穴至会阴穴这条线要竖直，上下两个点要对应，这是人的中心垂线，在行拳走架中始终处于竖直，不可偏斜。欲使尾闾正中，管住这条线十分关键。做到胸不挺、腰不弯、臀不撅。两胯根要微微后收并向左右撑开，尾骨里收但不可过，过则腹紧，把脊柱调直就行了。所谓调心，就是让自己静下来，排除一切杂念，把所有的事情都抛开，进入练拳状态。心静用意才专，心不静，用意就不准确，手脚就会妄动，无所适从。心不静就松不下来。所谓调息，就是调节自己的呼吸，使呼吸平静自然。达到深、慢、匀、细的要求。切记呼吸一定要自然，不可强制用呼吸去配合动作，自然流畅就好。诸多要领检查完了，做到位了人就有一种神意内敛、舒适自然、气势腾挪的感觉。都安顿好了再举手起势。你俩现在也在外边教拳呢，一定要强调起势前这“无极桩”的重要性。首先是你们自己要好好站，认真练，慢慢悟，不要放过每个细节，等你练到身上了，往那儿一站，手一伸啥都有了。身体就是一本书，按你的感觉讲不会错，不会有多大的出入。”

时间一分一秒地流过，半个小时很快过去了，我们请求师父回病房休息，可师父又一次拒绝了。师父说：“不着急，等我把搂膝拗步给你们讲完再回病房。”师父接着说：“搂膝这个动作很重要，要做好不容易，要每天练，认真练，好好练才行。以右搂膝接左搂膝为例，首先在腰的带动下，肩、胯、膝、踝同时右转 45 度，右脚外摆 45 度不能大也不能小，其次右胯根后抽下沉使重量渐渐全部移至右腿，并带动后脚轻轻地离开地面，当左脚收至右踝内侧时要特别注意右脚、右膝、右腿、右胯的外侧要在一个平面上，小腿垂直于地面，力戒跪膝、顶胯、挺腹等毛病，重心要移至右脚跟内侧约 10 厘米处。当右腿坐实坐稳后再把左脚慢慢的送出去。当前脚掌轻轻落地的同时两胯向左右撑开，裆劲下沉，使内气由腰送传至两脚，待两脚有向上的反弹力时才转腰前推。此时要特别注意脚底下，前脚掌轻轻地向后撑，两脚互为其根，千万不可后脚一蹬前脚一弓。脚下有了手上才会有。还要注意前去之中必要后撑，前推之手和膀根有一个前后的对拉劲，胸部要微微后撑，不要跟着手跑。上有虚领顶劲，下有松腰落胯形成一个上下的对拉劲。把腰竖直了，胯向两侧撑开形成左右的对拉劲。命门要……”时间在一点点地过去，我们实在是忍不住了，泪水模糊了我们的眼睛，我们不听了，坚决地把师父送回了病房，这时已是黎明前四点多钟了。我心里久久不能平静，一个年近八旬的老人，一个刚刚做了大手术才第三天的老人，一个双手吊着输液瓶，身上挂着尿液袋，伤口上还插着引流管的重病人，是什么力量在支撑着她？她为了什么？我一下子明白了，为了太极拳，是太极拳……

亦师亦母

——在恩师七十八寿辰上的献词

大弟子 李海水

我不知道为什么，
每当提起妈妈两个字时，
心里总是暖暖的，热热的，
总是有话想给她说说。
我不知道为什么，
每当提起师父两个字时，
心里总是骄傲的，自豪的，
总是有话想对她讲讲。
妈妈生育了我们，
扶我们学走路，
教我们学说话，
含辛茹苦，备受艰辛。
妈妈就是我们的师父。
师父虽没有生养我们，
可她给我们传授技艺，
教我们学习做人，
诲人不倦，苦口婆心。
师父就是我们的妈妈。
亦师亦母，
不是一句空话，

也不是一句口号，
她是我们所有弟子的心声，
是我们发自内心的呼唤：
妈妈，您辛苦了，我们爱您。
师父，您受累了，您多保重。
岁月流逝，沧海桑田。
虽然岁月的痕迹悄悄地爬上了您的额头，
那分明是太极拳行云流水的烙印。
虽然岁月的痕迹使您黑发变银丝，
那分明是太极拳之海鼓荡的浪花。
您充满活力，您永远是那么高大。
啊！妈妈，
您生在高原，奉献给大川。
您永远是我们的榜样，
永远是我们自豪的典范！
您战胜自我，战胜病魔，
一次次从死亡线上走了回来。
您培育弟子，传播太极，
一次次累倒了，又顽强地站了起来。
您是一个太极的播撒者，
走到哪里就把太极拳的种子撒在哪里，
您走过的地方，就会留下一片太极的葱林。
您是一个吉祥的播撒者，
走到哪里就把吉祥如意送进千家万户，
您走过的地方，就会留下一片欢声笑语。
您为了杨式太极拳，
呕心沥血，无怨无悔，

您是真正的杨家弟子。

您为了杨式太极拳，

著书立说，古稀制碟，

您是杨家弟子的佼佼者。

您为了杨式太极拳，

身患重病仍不想躺下

因为，有一个声音在呼唤；

那就是责任 ，责任啊！

师父啊妈妈，

您就放心吧！

我们会接过您手中的接力棒

一代一代传下去，

我们能做到， 我们一定做到！

我们没有忘记“恒专不骄”的四字箴言。

我们更没有忘记传播太极拳的重任在肩。

今天，

在您七十八寿诞的日子里，

我们共同祝愿您身体安康、幸福永年！

在您七十八寿庆的日子里，

我们向您保证：不忘练拳先做人的教诲，

做一个德艺双修的太极人，

练好太极拳 传好太极拳。

2009 年 10 月 25 日

后记

经历了两年零三个多月，《感恩太极》这本书数易其稿终于搁笔交稿，准备付梓。掩卷之后，思绪万千。八百三十八个日日夜夜对我等晚辈来说，在编辑与整理的同时人格上再次得到了洗礼，人性上再次得到了升华，理论上再次得到了丰富，拳艺上再次得到了提高。能参与编辑和整理扎西先生著作《感恩太极》，是我等晚辈三生有幸之事。先生虽年已八秩，然目聪体健，每日仍近五个小时练拳、教拳不辍，这是我等晚辈的福气。她能毫无保留地将毕生体悟与经验口述出来，不仅思维敏捷，而且充满着情怀与智慧，这又是太极拳界的万幸。

我等晚辈皆受教于先生恩惠，感怀其精神，诚敬其人格，虽有心共同努力将先生所学所悟记录下来，却因学识所限，难免造成许多遗憾。其一，先生的生命中充满着感人的情怀和无私的品质，我等在尽心体悟时，所言所写，仍不及先生本人之风范与操守。其二，她在教拳当中质朴且充满智慧的语言，处处为他人着想的故事，也未能全部记录下来。其三，由于我等晚辈练功层次不够，对先生很多深层的体悟和身体经验记录得不够充分和准确，尤其是对每一式动作的内在感受未能一一记录，甚为遗憾。

如果这本书能对初学者有一定的帮助，使他们不走偏路，顺利进入太极之门；对学有时日，有待提高的拳友们有所启迪，使他们能向更深层次去探讨，太极功夫有所提高，步入太极之殿堂；对一个社会工作者或其他领域的朋友们通过第一章、第六章的阅读，能对他们有所震撼，从中领悟到“扎西精神”，对他们的人生观、世界观及处世为人有所影响、有所帮助的话，我们就感到无比的欣慰。

拳术当中蕴含的精神，是中国传统文化的凝练和表达，其厚重而飘逸，高雅而含蓄，智慧而不失礼仪，是对儒家“仁义礼智信”的践行，对道家

“无为不争”的领悟，对佛家“慈悲为怀”的顶礼。而回归到先生的生活里，她老人家说：“有去磕头的时间，不如好好练拳教拳，帮助更多的人，让他们受益。”这才是真正大彻大悟的智者情怀。

我们很难用言辞表达先生身上的某种精神，但是与她相处，对人在世间的责任，人在宇宙生命中的地位，人在自身命运中的自尊自爱，都会产生一种庄严虔敬的心理影响。人生、拳术与心灵交汇的体验，透过先生一生的践行与体悟，使得有缘的读者些许能够分享到这份质朴的感恩情怀，这也是对我们莫大的鼓舞与慰藉。

整理者

二零一一年 九月十五日